国家社会科学基金项目资助（18BGL067）

光明社科文库
GUANGMING DAILY PRESS:
A SOCIAL SCIENCE SERIES

·经济与管理书系·

会计舞弊风险指数构建
及影响因素研究

李　清┃著

光明日报出版社

图书在版编目（CIP）数据

会计舞弊风险指数构建及影响因素研究 / 李清著
. --北京：光明日报出版社，2023.10
ISBN 978－7－5194－7547－5

Ⅰ.①会… Ⅱ.①李… Ⅲ.①会计检查—研究 Ⅳ.
①F231.6

中国国家版本馆 CIP 数据核字（2023）第 197736 号

会计舞弊风险指数构建及影响因素研究
KUAIJI WUBI FENGXIAN ZHISHU GOUJIAN JI YINGXIANG YINSU YANJIU

著　　者：李　清	
责任编辑：杜春荣	责任校对：房　蓉　李佳莹
封面设计：中联华文	责任印制：曹　净

出版发行：光明日报出版社

地　　址：北京市西城区永安路 106 号，100050

电　　话：010-63169890（咨询），010-63131930（邮购）

传　　真：010-63131930

网　　址：http://book.gmw.cn

E－mail：gmrbcbs@ gmw.cn

法律顾问：北京市兰台律师事务所龚柳方律师

印　　刷：三河市华东印刷有限公司

装　　订：三河市华东印刷有限公司

本书如有破损、缺页、装订错误，请与本社联系调换，电话：010-63131930

开　　本：170mm×240mm

字　　数：260 千字　　　　　　　印　　张：16.5

版　　次：2024 年 3 月第 1 版　　　印　　次：2024 年 3 月第 1 次印刷

书　　号：ISBN 978－7－5194－7547－5

定　　价：95.00 元

内容简介

　　以沪深上市公司为样本，构建了二分类 Logistic、因子分析 Logistic 和 BP 神经网络舞弊识别模型，探讨了二分类模型的构建基础、优点和固有的不可调和的缺陷，进而分析了会计舞弊风险指数模型的构建基础和优缺点，并基于正态分布法确定指标阈值构建了舞弊风险指数，使舞弊风险一目了然。同时进行了指数评价，并基于舞弊三角形理论进行了指数影响因素研究，以便通过改变显著的影响因素降低舞弊风险指数，为舞弊防治提供新途径。

前　言

　　会计信息是利益相关者决策的重要依据，舞弊导致了会计信息扭曲，从而误导了使用者的判断决策，造成资源错配和各方损失，阻碍了资本市场健康发展。由于发生频繁、危害巨大、防范困难，因此关于会计舞弊识别和治理的研究从未间断。会计舞弊识别模型包括离散的二分类识别模型和连续的舞弊风险指数模型两大类，舞弊与否的二分类识别模型发展较早，各种模型较为丰富，并且新构建的模型层出不穷，原因在于一方面舞弊频发有识别预警需求，另一方面，近几十年来各类模型的识别准确率却始终未能达到令人满意的水平，处于停滞状态，有较大提升空间，存在诸如构建基础存疑等瓶颈问题难以突破；反观会计舞弊风险指数研究则刚刚起步，尚属空白，指数指标体系以及指标阈值的确定是难点，本书试图填补这一空白。本书创新性地基于正态分布法确定指标阈值构建了会计舞弊风险指数，并进行了指数排序、评价、均值差异检验，以及风险预警和基于舞弊三角形理论的指数影响因素研究，为舞弊识别和治理研究开辟了新途径。指数将多种手段的舞弊风险用一个数字直观表征，实现对舞弊风险程度的连续精细刻画、快速识别和实时预警，是识别和治理舞弊的有效工具之一。

　　本书得到了国家社会科学基金项目的资助，在此表示衷心感谢！感谢光明日报出版社及编辑对本书出版给予的大力支持！书中引用了部分中外学者的研究成果，在此一并表示衷心感谢！书中若有不足之处，敬请读者批评指正。

吉林大学商学与管理学院会计系　李清

2023 年 1 月 1 日于长春

目　录
CONTENTS

1

第一章

绪　论

第一节　会计舞弊风险指数定义

一、会计舞弊定义

美国注册会计师协会（AICPA）发布的《审计准则公告第 99 号：财务报表审计中对舞弊的考虑》（SAS No. 99，2002）中第 5 条对舞弊的定义是："舞弊是一个宽泛的法律概念，审计人员不对是否发生了舞弊做出法律决定。相反，审计师应关注导致财务报表重大错报的行为。区分舞弊和错误的主要因素是导致财务报表错报的基本行为是有意的还是无意的。就报表而言，舞弊是一种故意行为，导致作为审计对象的财务报表出现重大错报。"

我国《独立审计具体准则第 8 号：错误与舞弊》（1997）中对舞弊的定义是："本准则所称错误，是指会计报表中存在的非故意的错误或漏报。本准则所称舞弊，是指导致会计报表产生不实反映的故意行为。"

《中国注册会计师审计准则第 1141 号：财务报表审计中对舞弊的考虑》（2007）（以下简称《审计准则 1141》）中对舞弊的定义是："财务报表的错报可能由于舞弊或错误所致，舞弊和错误的区别在于，导致财务报表发生错报的行为是故意行为还是非故意行为。舞弊是指被审计单位的管理层、治理层、员工或第三方使用欺骗手段获取不当或非法利益的故意行为。"

综上，会计舞弊就是管理者故意使用欺骗的手段错报财务报告，从而损害股东和债权人等利益相关者利益、获取自己非法利益的违法违规行为。

二、会计舞弊风险指数定义

会计舞弊风险指数是衡量会计舞弊风险范围和程度的分值，由各个舞弊风险指标得分的加权和构成，刻画舞弊风险具有连续、定量、精细化的特点。

第二节 研究背景

美国的安然（1997—2001）①、赞美上帝（PTL）俱乐部（1987）、南方健康（1997—2002）、世界通（2001），日本的嘉娜宝（1999—2003），意大利的帕玛拉特（1989—2003），菲律宾的最佳世界资源（2012），以及我国的郑百文（1994—1998）、琼民源（1996）、红光实业（1996—1997）、活力二八（1996—1998）、银广夏（1998—2000）、渝开发（1998—2000）、蓝田股份（1999—2000）、秦丰农业（2000—2004）、康美药业（2016—2018）、东方金钰（2016—2017）、獐子岛（2016—2017）、康得新（2015—2018）等公司一系列的会计舞弊事件震惊了国际社会及资本市场。本书依据深圳国泰安CSMAR数据库统计，在1996—2017年的22年中，沪深上市公司总共发生了1264起会计舞弊事件，平均每年58次，舞弊类型主要包括虚构利润、虚列资产、虚假记载、披露不实、误导性陈述、欺诈上市等，另有1821起推迟披露事件以及1335起信息披露重大遗漏事件。舞弊事件的发生如此密集频繁，因此，构建会计舞弊风险指数发布预警，对于证监会或各省证监局快速确定监管公司，对于警示银行等债权人选择正确的放贷对象，对于警示投资者选择正确的公司进行投资，对于监督和警示上市公司如实披露年报中报季报，有着重要作用。

将纷繁复杂的问题指数化是一种趋势，目的是将复杂的实际问题只用一个数字直观地反映出来。企业是一个复杂的系统，其业务过程包括人力资源、

---

① 括号中为舞弊年份。

采购/支付、生产转换、销售/收款、投资/筹资等，会计要确认、计量、记录和报告上述业务过程的方方面面，使用的一级会计科目就有100多个，二级、三级科目多达几百个，而任何一个科目都存在舞弊风险，也就是说，要想更全面、更准确地探测出各种手段的舞弊风险行为，舞弊风险指数指标体系理应覆盖所有科目，从而成为一个庞大的指标体系。指标体系如此庞大复杂，所以也非常适合用一个指数去综合刻画并反映出公司的舞弊风险程度。

同时，本书进一步实证研究了舞弊风险指数的影响因素，以便找到显著的影响因素，为防范舞弊发生提供建议。

第三节 研究意义

1. 学术价值。（1）结合中国情境分析舞弊动因和手段，丰富舞弊动因理论内涵。为改进和完善审计准则和会计准则等相关制度提供理论和实证依据。（2）推动我国会计舞弊预警体系的构建，加快付诸应用的步伐。

2. 应用价值。构建上市公司会计舞弊风险指数—发布舞弊风险指数—运用指数进行舞弊风险评价和预警—进行指数的影响因素分析—提出降低舞弊风险指数的对策。（1）对我国上市公司会计舞弊风险状况进行定量监测、评价和预警。本书构建会计舞弊风险指数，将多种手段的舞弊风险用一个数字直观表现，实现舞弊风险程度的精细刻画、快速识别和实时预警，是防范和治理舞弊的有效途径之一。"舞弊风险指数是监管部门有效率地确定监管对象并维护法律的权威和尊严、税务机关及时发现并遏制企业税务风险、信用评级机构对企业进行正确的评级分类、投资者获得更高回报避免投资失败、银行选择正确放贷对象、供应商避免赊销和应收账款坏账风险、注册会计师节省宝贵的审计时间且规避审计风险避免昂贵的诉讼、内部审计人员快速识别审计重点提高效率、财务分析师避免误判和声誉受损的易用决策工具。"（李清，党正磊，2019）及时发布舞弊风险指数，有助于震慑舞弊行为，提高信息披露质量，保护投资者利益，为资本市场健康发展保驾护航。（2）对策建议。挖掘舞弊风险指数深层次的影响因素，从而通过改变这些显著影响因素的大小，达到降低舞弊风险的目的，为改善公司治理和内部控制提供政策建议。（3）方法平移。囿于数据获取困难的原因，本书研究对象只限于上市公司，但是将该研究思路和方法应用到其他非上市企业，同样可以进行这些企业的舞弊风险指数构建、舞弊风险状况评估和预警以及指数影响因素研究。

第四节　研究目标

以我国上市公司为研究对象，研究目标包括：（1）选择会计舞弊风险指数指标体系；（2）构建我国上市公司会计舞弊风险指数；（3）运用指数进行排序、舞弊风险状况评价及发布预警；（4）实证检验舞弊风险指数的影响因素；（5）根据显著的影响因素提出降低舞弊风险指数的对策建议。

第五节　研究方法

总体而言，就是在充分占有资料的基础上，沿着"理论研究—实证研究—对策研究"的路线进行系统研究。

1. 文献研究法。国内外经历了理论探索、舞弊"红旗"总结提炼、识别模型构建等研究阶段，积累了大量文献，迫切需要进行系统性整合，进行综合性舞弊风险指数构建正当其时。本书通过演绎推理和归纳法相结合，进行理论指导下的分析和案例经验材料筛选基础上的综合，筛检会计舞弊手段和征兆指标。

2. 案例研究法。研究我国上市公司会计舞弊案例，总结舞弊行为规律，基于会计、财务、业务流程深入分析舞弊风险点。

3. 实证研究法。基于选定的舞弊手段和征兆指标，构建我国上市公司会计舞弊风险指数。以舞弊三角形理论为指导选择指数的影响因素，实证检验出显著的影响因素，作为舞弊防治的突破口。使用的方法包括标准正态分布、标准分数、算术平均法权重、均值差异检验之 t 检验或 U 检验、逻辑斯蒂

（Logistic）回归、因子分析、误差逆传播（Back Propagation，BP）神经网络、相关分析、线性回归、广义最小二乘法（GLS）回归、内生性检验等。

第六节　创新之处

1. 尚未见到其他同行构建会计舞弊风险指数的公开研究成果，我们则率先探讨了指数构建方法并进行了我国上市公司会计舞弊风险指数的构建。以综合量化的指数形式统御全部指标体系，形式简明、内涵丰富、应用性强，是舞弊防范研究发展到一定阶段后的进阶性研究，体现了舞弊程度由二分类到连续刻画的思想脉络。

2. 模型构建基础不同。以往的研究是先选取非舞弊和舞弊样本，然后构建 Logistic 等二分类模型，再将新样本带入模型，用以判别该新样本是否舞弊。建模时由于舞弊行为尚未被发现，或者几年以后才被发现，这就使得"非舞弊"公司的选取缺乏客观性。不同于将公司进行舞弊与否判定的二分类，舞弊风险指数事先并不需要知道样本类别，而是认为在压力、机会和借口面前所有公司都存在舞弊风险，只是程度不同而已，由此提出以更加细化的指数代替简单二分类的观点。

3. 区别于 Logistic 模型将舞弊风险指标得分值线性相加、根据总得分超过阈值进行预警的方法，舞弊风险指数采用非线性累进的指数构建形式，既关注总指数排序情况，也关注各个分指标得分排序情况，只要有一个指标超过阈值就进行舞弊预警，模型更灵敏、更符合实际，应用价值更高。

4. 舞弊风险指标选择思路不同，不包括内部控制、公司治理等其他指标，而主要包括财务指标，因为不论舞弊风险点多么隐蔽、舞弊手段如何花样百出、舞弊动因多么复杂，舞弊结果最终会在财务指标上体现出来，即出现指标异常，这就使得舞弊指数构建具有可操作性，简单易行，能够达到事半功倍的效果。例如，存贷双高指标巧妙地采用了"存"和"贷"的乘积设计，能准确识别出虚增货币资金的舞弊行为。

5. 阈值创新，舞弊阈值的确定方法更科学。借鉴医学参考值的确定方法，首次使用我国上市公司舞弊发生概率 1.129%、标准正态分布和标准分数等统计方法确定舞弊阈值为 2.28，不含有主观因素，因此，方法更科学，得到的阈值更符合客观实际，舞弊识别准确度也更高。

6. 大样本评价。首次使用大样本构建舞弊风险指数，通过指数可以详细地掌握各个公司、各个行业、各个地区、各个板块等的舞弊风险程度状况，使隐性的舞弊风险一目了然。

7. 将内部控制、公司治理等非财务指标作为指数的影响因素进行实证分析，站在更高的理论层面上挖掘舞弊产生的动因。

8. 丰富了舞弊防治途径。通过改变显著的影响因素大小，为降低舞弊风险指数、防范和治理会计舞弊提供了新途径。

9. 丰富了舞弊重点公司的判断路径。通过显著的影响因素，判断未来舞弊风险指数高的公司、判断舞弊监管和舞弊审计重点公司的路径变得丰富起来。

10. 为会计师事务所或监管机构研发商品化舞弊识别指数模型提供了新方法，推动舞弊识别研究向前跨越一步。

11. 丰富了舞弊识别和治理的研究文献。

第二章

文献综述

会计信息是资本市场参与者决策的重要依据之一（Ball，Brown，1968）。会计舞弊是对会计信息的扭曲、篡改，从而误导利益相关者决策、错配资源，阻碍资本市场健康发展。由于危害巨大、防范困难、屡屡发生、尚未根治，因此相关研究从未间断，"主要集中在舞弊动因理论、舞弊手段、舞弊识别指标体系、舞弊识别模型、舞弊防范治理等方面"（秦江萍，2005）。

研究路径沿着"理论—手段和指标—识别模型—治理"进行，且早期研究识别准确率的文献居多（囿于建模技术和健康样本存疑，目前准确率难以提升，待人工智能建模方法突破之时，该类文献又会增多）；近期单纯研究舞弊影响因素的文献居多。早期文献多称为舞弊、欺诈、信息失真、造假、利润操纵、信息质量、信息披露违规；近期文献多称为公司违规（含领导、经营、信披违规），当然公司违规样本里包括前面各种称谓的舞弊样本还是研究的重头戏。早期文献多为几年之内的几十个到几百个小样本，近期文献多为十年以上的上万个样本。早期文献几乎没有拓展性研究，近期文献都有诸如中介机制效应、调节异质性检验。早期文献稳健性检验很少有，即便有也单一；近期文献稳健性检验篇幅较大，如内生性检验以及替换模型、样本、变量等。早期舞弊文献的统计模型多为 Logistic、概率单位回归（Probit）；近期文献在其之上增添了有序或多分类 Logistic、负二项回归、泊松（Poisson）回归、部分可观测 Probit（Bivariate Probit）。早期文献多使用 SPSS 软件进行统计分析；近期文献多使用 Stata 软件。上述很多条目的改变表明会计领域实证研究能力的提升。文献综述如下。

第一节 会计舞弊动因理论文献

研究舞弊动因，国外主要有冰山理论、三角形理论、菱形理论、量表理论、五角形理论、GONE理论①、风险因子理论等。国内主要有二因素假说、三因素假说和四因素假说等。详见第三章理论分析。

具体到我国资本市场，公司舞弊的动因主要包括：迎合市场预期或特定监管要求（如获取上市资格、为了配股、避免退市、掩盖财务困境等）、偷税、侵占资产、牟取以业绩为基数的个人报酬最大化、骗取外部资金等。

第二节 会计舞弊手段文献

《审计准则1141号》中指出，舞弊手段至少包括："（1）故意漏记、提前确认或推迟确认报告期内发生的交易或事项；（2）构造复杂的交易以歪曲财务状况或经营成果；（3）隐瞒可能影响财务报表金额的事实；（4）篡改与重大或异常交易相关的会计记录和交易条款；（5）不恰当地调整会计估计所依据的假设及改变原先做出的判断；（6）滥用或随意变更会计政策；（7）编制虚假会计分录，特别是在临近会计期末时。"②

黄世忠和黄京菁（2004）指出，"最常见的报表舞弊手法是不恰当地确认收入、高估资产、低估负债和费用。50%公司的收入确认存在问题（其中记录虚假收入占26%，提前确认收入占24%，以掩盖亏损），并相应地高估了资产。资产高估表现为价值高估、记录虚假资产或记录未曾拥有的资产，以及违反规定将费用项目资本化（如固定资产、在建工程、无形资产和待摊费用

---

① GONE是四个单词的缩写，该理论认为舞弊的动因包括贪婪（Greed）、机会（Opportunity）、需要（Need）、暴露（Exposure）四因子。

② 中国注册会计师协会

中包含了研发费用或广告费用）。经常出现错报的项目是应收账款、存货、应收票据、现金、固定资产、无形资产、投资。"

阎达五和王建英（2001）指出企业可能采取以下手段操纵利润，进而导致一些财务指标出现异常：（1）通过非营业活动提高营业外收入、投资收益，如出售资产、出售投资、改变投资的核算方法等，可能导致营业外收入/利润总额偏高、投资收益/利润总额偏高、营业利润/利润总额偏低。（2）通过虚假销售、提前确认销售、有意扩大赊销调整利润。由于无法取得货币资金，可能导致应收账款/流动资产偏高、应收账款周转率偏低。（3）推迟确认已经发生的费用和损失。挂账的费用太多，就会导致资本化费用过高，可能导致待摊费用/流动资产偏高、无形资产/总资产偏高、递延资产/总资产偏高。（4）通过关联交易调整利润，可能导致其他应收款/流动资产偏高。均值差异检验结果显示，以下利润操纵手段普遍存在，即通过增加投资收益等非经常性损益提高利润、其他应收款比重异常而表现出的与关联单位进行交易以提高利润、通过人为扩大赊销范围或提前确认销售或搞虚假销售以增加营业利润。

其他舞弊手段还包括：变更会计政策调节利润、利用资产重组扭亏为盈、借关联交易调节利润、通过计提减值准备调节利润、少计营业收入偷逃税款等（史书新，高万荣，安郁厚，2002；成慕杰，李忠宝，2002；黄世忠，黄京菁，2004；岳殿民，韩传模，吴晓丹，2009；康金华，2009），如图 2-1 所示。

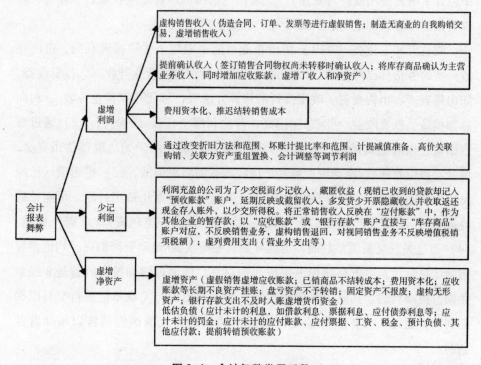

图 2-1　会计舞弊常用手段

第三节　会计舞弊识别指标体系文献

提炼舞弊"红旗"标志和构建指标体系的途径主要有：（1）问卷调查（Albrecht 和 Romney，1986；王泽霞，梅伟林，2006；王泽霞，沈佳翔，甘道武，2014）；（2）舞弊手段和财务报告分析（Dechow，Sloan，Sweeney，1996；Summers，Sweeney，1998；Beneish，1999；阎长乐，2004；黄世忠，黄京菁，2004；阎达五，王建英，2001；李延喜，姚宏，高锐，2006；姚宏，李延喜，高锐，2007）；（3）通过舞弊动因理论选择舞弊动因的替代变量作为指标体系（陈关亭，2007；Skousen，Smith，Wright，2008；韦琳，徐立文，刘佳，2011；洪荭，胡华夏，郭春飞，2012；陆瑶，胡江燕，2016；滕飞，辛宇，顾小龙，2016；权小锋，肖斌卿，尹洪英，2016；周开国，应千伟，钟畅，2016；蒋尧明，赖妍，2017；孟庆斌，李昕宇，蔡欣园，2018；王兵，何侬，吕梦，2019；吴芃，卢珊，杨楠，2019；邹洋，张瑞君，孟庆斌，等，2019；卜君，孙光国，2020；梁上坤，徐灿宇，王瑞华，2020；陈西婵，刘星，2021；董盈厚，马亚民，董馨格，2021；文雯，乔菲，2021；王可第，武晨，2021；杜兴强，张颖，2021；乔菲，文雯，徐经长，2021；吴世农，陈韫妍，王建勇，等，2021；张新民，葛超，杨道广，等，2021；牟卫卫，刘克富，2021；李文佳，朱玉杰，2021；谷溪，乔嗣佳，2021；叶康涛，刘金洋，2021；王菁华，2021；张曾莲，施雯，2021；李世辉，卿水娟，贺勇，等，2021；雷啸，唐雪松，2021；陈艳，张武洲，2022；袁芳英，朱晴，2022；于瑶，祁怀锦，2022；李文贵，邵毅平，2022；张学志，李灿权，周梓洵，2022；李晓慧，王彩，孙龙渊，2022；周静怡，刘伟，陈莹，2022；陆超，王宸，2022；赵鹏举，刘力钢，邵剑兵，2022；黄顺武，李雪，2022；陈峻，孙琳琳，鲍婧，2022；王伊攀，朱晓满，2022；叶钦华，叶凡，黄世忠，2022）；（4）抑或努力穷尽各种特征变量通过数据挖掘模型筛选出显著的财务或公司治理指标（Persons，1995；Spathis，2002；李政，张文修，钟永红，2006；蔡志岳，吴世农，2006；Kirkosa，Spathisb，Manolopoulosc，2007；陈国欣，吕占甲，何峰，2007；李延喜，高锐，包世泽，等，2007；姜金玲，李延喜，高锐，2008；吴革，叶陈刚，2008；蒙肖莲，李金林，杨毓，2009；岳殿民，吴晓丹，韩传模，等，2012；李双杰，陈星星，2013；金花妍，刘永泽，2014；李清，任朝阳，2015；Hajek，Henriques，2017；张曾莲，高雅，2017）。

阿尔布雷希特（Albrecht），罗姆尼（Romney）（1986）为了找到会计舞弊征兆进行了问卷调查，结果表明"许多良好的预警指标都与管理人员的个人素质有密切关系，例如关键执行人员独断专行等"。

美国防舞弊财务报告委员会即特雷德韦委员会（Treadway Commission，1987）[1] 认为会计舞弊通常与财务困境相随。

---

[1] Treadway 为该委员会的主席姓名特雷德韦。

美国防舞弊财务报告委员会赞助组织委员会（Committee of Sponsoring Organizations of the Treadway Commission，简称COSO，1992）发现"舞弊公司设置审计委员会的比例更低，独立董事比例更小，独立董事和外部董事持股比例更少、任期更短"。

珀森斯（Persons，1995）发现"舞弊公司规模通常较小；有更高的财务杠杆、更低的资本周转率；流动资产比率更高，多为应收账款和存货"。

德肖（Dechow），斯隆（Sloan），斯威尼（Sweeney）（1996）以1982—1992年受到美国证券交易委员会（SEC）指控违反公认会计原则的92家公司（盈余操纵类型为：多报收入37家，延迟确认损失7家，少报贷款损失准备金5家，多报有价证券3家，多报库存8家，夸大收入和低估支出的组合14家，增加其他收益9家，披露问题4家等。涉及的行业为：计算机设备13家，商业服务11家，测量仪器、照片、手表共7家，存款机构6家，耐用品批发、电气设备、化工产品各5家等），以及按照行业、规模和年份配对的参照公司为样本，使用Logistic回归以及样本均值和中位数差异检验等方法进行了研究。结果显示，操纵盈余的公司，更有可能让董事会由管理层主导，更有可能拥有同时担任董事会主席的首席执行官，更有可能拥有同时也是公司创始人的首席执行官，不太可能拥有审计委员会，不太可能有一个外部的大股东。另外，盈余操纵的一个重要动机是以低成本吸引外部融资，可实际经济后果是，当操纵盈余被公开时，操纵盈余的公司经历了融资成本的显著增加。

萨默斯（Summers），斯威尼（Sweeney）（1998）研究了内幕交易与舞弊的关系，在存在舞弊的情况下，内幕人士通过大量的抛售活动来减持公司股票，内幕交易可以作为识别会计舞弊的信号。

梁杰、王璇和李进中（2004）通过对1991—2003年31组沪深数据检验发现，报表舞弊与股权集中度、流通股比例、高管持股比例负相关，与股权制衡度、国家股比例、内部人控制程度（高管和董事兼任的人数/董事会人数）正相关。

陈国进、林辉和王磊（2005）通过对2001—2002年2104组数据、上年自变量、Logistic模型检验发现，违规概率与第一股东持股比、第一和第二股东持股比之差、资产对数、核心总资产收益率（ROA）负相关，与首次公开募股（IPO）至违规年限的平方正相关。

屈文洲和蔡志岳（2007）通过对2001—2005年188组数据研究发现：盈余管理、内幕交易和大股东掏空对舞弊发生概率有显著的正向影响。

蔡志岳和吴世农（2007）通过对2001—2005年390组数据、Probit、有序Probit、广义线性模型检验发现，违规发生的概率、程度、频次与两职合一、主营收入增长、十大所审计负相关，与董事会会议数、负债率、被ST①正相关。

杨清香、俞麟和陈娜（2009）通过对2003—2007年12240组数据检验发现，舞弊发生的概率与董事会会议次数或其持股比例、两职合一、公司规模正相关，与董事会稳定性、企业盈利负相关，与董事会大小呈U形关系。

汪昌云和孙艳梅（2010）通过对2001—2008年306组沪深数据检验发现，大股东治理（第一股东国有性质或持股比例）、高管薪酬激励额、企业规模与会计舞弊负相关，且通过对调节效应检验发现股权分置改革后这种负相关关系增强了，即进一步降低了舞弊发生概率。区分股东与管理层冲突导致的舞弊以及大小股东冲突导致的舞弊后发现，所有权、控制权两权分离度与第二种类型的舞弊正相关，且与股改前相比，股改后减弱了这种正相关关系，即降低了舞弊发生概率。

冯旭南和陈工孟（2011）通过对2001—2009年12210组数据和Logistic回归检验发现，舞弊或违规发生的概率与终极所有权、托宾Q（Tobin's Q）、资产收益率、规模（总收入）、独董比例、董事会人数负相关，与亏损、两权分离度、两职合一正相关。

陆瑶、朱玉杰和胡晓元（2012）与陆瑶和胡江燕（2016）通过对2001—2009年12576组数据以及2000—2013年22768组数据检验发现，机构持股比例与舞弊或违规发生概率负相关，与舞弊或违规后被发现的概率正相关。相反，首席执行官（CEO）与董事间的老乡裙带人情关系变量与舞弊发生概率正相关，与舞弊后被发现的概率负相关，且通过对交叉乘积项的调节效应检验发现，股权集中度分别削弱了老乡关系变量与舞弊发生、被发现的相关

---

① ST即Special Treatment（特别处理）的缩写。

关系。

万良勇、邓路和郑小玲（2014）对 2003—2012 年 15072 组沪深数据，以公司治理理论进行分析并指导选择自变量，以独董网络中心度为自变量，以违规发生因素（股权集中度、国有股比例、董事会会议次数、两职合一、公司规模）、违规被发现因素（行业托宾 Q、个股年回报率、营业收入增长率、资产负债率、事务所排名前十否）为控制变量，构建了部分可观测 Bivariate Probit 模型，结论显示：独董网络中心度对违规概率有显著负向影响。按因变量分组检验显示，对信息披露类型的违规有显著的抑制作用，而在其他组中则不显著。按业绩分组检验显示，在低 ROA 组中显著负相关，在高 ROA 组中不显著。另外，若独董供职于审计委员会则该组中显著，而另一组中不显著。

张然、陈思和雷羽（2015）通过对 2005—2010 年 353 家（含 37 家造假公司）在美中概股数据检验发现，收到美国证监会意见信，以及意见信中提出的问题数量与财务造假概率显著正相关。

周开国、应千伟和钟畅（2016）通过对 1998—2011 年 286 组违规数据检验发现，沪深公司两次违规间隔天数（频率）与媒体关注度正相关。分位数回归发现，违规间隔天数越小组（频率越高），其正相关的系数越大、监督力度越大。机制检验的分组回归显示，没有国有股的组中媒体关注度不显著，有国有股的组中媒体关注度显著，说明上述正相关是行政介入所致而非声誉所致。

滕飞、辛宇和顾小龙（2016）通过对 2006—2013 年 12273 组数据检验发现，本行业产品市场竞争程度高低（公司收入/行业收入的平方和）与舞弊或违规发生概率正相关，与舞弊或违规被发现概率负相关。进一步进行分组回归以及系数差异检验发现，相较于信息披露违规组，上述相关关系在经营违规组中更显著。

权小锋、肖斌卿和尹洪英（2016）通过对 Logistic 模型和 2004—2009 年 2249 组数据检验发现，下年度舞弊或违规概率与本年度投资者关系管理指数（含组织制度、信息披露、沟通投资者有效性指标，且用主成分合成指数）负相关，且分样本回归显示，在信披舞弊组中或经营交易违规组中均显著负相关。交乘项调节检验显示，内控水平交乘项增强了上述负相关关系，而分析师跟踪数、媒体报道数交乘项不显著，即对上述负相关无影响。

蒋尧明和赖妍（2017）通过对 2010—2015 年 12348 组数据、Logistic、有序 Logistic、泊松回归检验发现，舞弊或违规概率、程度、次数与公司社会资本水平（以银行借款、政府补贴、供应商应付款、其他公司股权投资、客户应收款，合成变异系数法权重指数）负相关，且五个分指标均负相关。交叉项的调节效应检验显示，市场份额或称产品市场竞争变量（公司收入/行业收入）加强了这种负相关。分组检验显示，无论地处东部组中还是中西部组中、无论市场化指数高组中还是低组中均负相关。

孟庆斌、李昕宇和蔡欣园（2018）对 2007—2016 年 16274 组数据，使用泊松、负二项、Logistic、Probit 模型检验发现，舞弊次数或概率与公司战略得分（升序为防御、分析、进攻型，得分由固定资产占比、研发占比、收入增长率、费用占比、员工波动即稳定性、员工人数与收入的比值 6 个指标赋值综合得到）正相关，控制变量方面舞弊与股价波动、收入增长率、负债率、同伴舞弊比例正相关，与国有企业、四大审计、分析师报告数、股权集中度、盈利能力负相关。按信息环境分组回归发现，在盈余管理高组、媒体报道少组、分析师报告少组中显著正相关，其他组中不相关；按内控分组检验发现，在内控有缺陷组中、内控指数低组中显著正相关，其他组中不相关；按高管特征分组检验发现，在年龄小组或男性多组中显著正相关；按舞弊类型分组回归发现，与信披舞弊相比，在领导舞弊、经营舞弊组中显著性概率更小更显著。

陆蓉和常维（2018）通过对 2000—2016 年 30722 组数据和 Logistic 模型检验发现，一个公司舞弊或违规的概率与同地区其他公司舞弊或违规的比例正相关，即存在同伴效应。按照舞弊或违规类型分组检验发现，在信披违规组中显著正相关，在经营交易违规组中不显著。进一步按照产权性质分样本回归发现，国企组中自变量为国企同伴的系数大于民企同伴的系数，民企组中自变量为民企同伴的系数大于国企同伴的系数，表明国企舞弊更多地受国企影响，民企舞弊更多地受民企影响。类似的分组回归发现（年龄高低组、薪酬高低组），年龄相仿的高管间存在更多的舞弊模仿，薪酬相仿的高管间存在更多的舞弊模仿。

胡海峰、马奔和王爱萍（2019）使用2006—2016年13001组数据，将欺诈分为发生和被发现两个过程，以公司治理理论分析并指导选择股权性质和结构为自变量，以欺诈发生因素（ROA、现金及等价物与资产比、负债率、两职合一）、欺诈被发现因素（股价大幅下跌否、股价波动率、ROA异常波动）、欺诈发生且被发现因素（董事会规模、并购、托宾Q、总资产）为控制变量，使用Bivariate Probit模型检验了股权性质和结构对于欺诈发生和被发现的影响，结论显示：国有公司发生欺诈的概率低于非国有公司，但发生欺诈后国有公司被发现的概率更高。全样本检验显示，第一股东持股比（Top1）与欺诈发生负相关，与被发现不相关；分组检验显示，国企组中Top1与欺诈发生负相关，与被发现正相关，民企组中Top1与欺诈发生不相关，与被发现负相关。另外，前十股东持股比与欺诈发生正相关，与被发现负相关。非控股股东（第2~10股东）持股比例越高的公司，欺诈发生的概率越高，即正相关。

孟庆斌、邹洋和侯德帅（2019）使用2010—2015年8611组沪深数据，以卖空机制（成为卖空标的）为自变量，以违规发生因素（股权集中度、高管持股比、产权性质、董事会规模或会议次数、独董比、两职合一、个股年回报率、总资产）、违规被发现因素（股票年波动率、流通股年换手率、行业托宾Q、负债率、收入增长率、上市年限）、违规发生且被发现因素（机构持股比、股价同步性、分析师数、四大审计否）为控制变量，构建了Bivariate Probit模型。结论表明：卖空机制对违规发生有显著的抑制作用，即负相关；对违规被发现有显著的提升作用，即正相关。分组检验显示，上述正负相关性是在股价同步性高组中显著，在低组中（透明度高）不相关；在有股权质押组中显著，无质押组中不相关；在负债率高组中显著，低组中只有违规被发现显著，与发生不相关；在经营或信披违规组中显著，在领导违规组中不相关。同时股价同步性是显著的中介变量。进一步，融券余额与违规发生负相关，与被发现正相关。

王兵、何依和吕梦（2019）通过对2008—2016年18586组数据检验发现，会计舞弊或违规与财务总监薪酬溢价度（个人薪酬减行业中位数）负相关。交叉项调节检验显示，董事长权力大小（薪酬占比或两职合一）削弱了上述负相关关系。分组回归显示，非国有组中负相关在 1% 的水平，比国有组中 10% 的水平更显著。另外，Bivariate Probit 检验显示财务总监薪酬溢价对舞弊后被发现的概率无影响——既未隐藏亦未揭露。

吴芃、卢珊和杨楠（2019）通过对 2005—2015 年 249 组数据检验发现，舞弊概率与传统媒体关注度、负面基调、综合倾向以及网上媒体关注度负相关，分组检验显示负面基调和网上媒体关注度在国企或民企组中均显著，而其余两种情况则只在国企组中显著。

邹洋、张瑞君和孟庆斌等（2019）通过对 2007—2017 年 8050 组沪市数据、Logistic、泊松回归检验发现，开通沪港通与包括会计舞弊在内的公司违规次数以及是否违规负相关。分样本异质性检验显示，在民企组中显著负相关，在国企组中不相关；在股权分散组中显著，股权集中组中不相关；在分析师少（即信息透明度较低）组中显著，在分析师人数多（即信息透明度较高）的组中不相关。机制检验显示，分析师人数（沪港通导致分析师人数增加，即正相关）是显著的中介变量。

马奔和杨耀武（2020）对 2006—2015 年 11355 组数据，以欺诈激励理论进行分析，以分析师关注度（人数或关注否）为解释变量，以欺诈发生因素（负债率、ROA、股权性质、现金及等价物/总资产、两职合一）、欺诈被发现因素（股价波动率、股价暴跌、ROA 异常波动）、欺诈发生且被发现因素（总资产、并购、托宾 Q、董事会大小、股权结构）为控制变量，通过 Bivariate Probit 模型检验显示：欺诈发生、被发现均与分析师关注度负相关，前者体现了分析师的监督积极作用，后者体现了分析师掩盖效应的消极作用。调节检验显示，托宾 Q（市场周期）交乘项系数均为正削弱了上述作用，即牛市监督放松、掩盖亦放松；是否并购交乘项系数前者（欺诈发生）为正、后者（欺诈被发现）为负。另外，欺诈概率与净利润或每股收益（EPS）的预测偏差正相关，与市盈率（PE）偏差不相关。

卜君和孙光国（2020）通过对 2012—2016 年 7664 组数据检验发现，沪深企业被调研以及调研人数、次数、机构数与舞弊概率负相关，与舞弊至被处罚间隔月数负相关，与舞弊被发现正相关。且盈余管理（即透明度）、盈余预测差异（即信息不对称度）、内控水平、掏空程度（其他应收款）是显著的中介变量。

梁上坤、徐灿宇和王瑞华（2020）通过对 2004—2016 年 22520 组数据检验发现，会计舞弊与董事会断裂带程度（子群体距离即欧氏距离，或者子群体相似度）负相关，且在断裂带深层组显著（持股比、知识、经历等），表层组不显著（年龄、性别等）。交叉项检验发现，非国有产权组负相关更强，高管权力（CEO 职称高否或持股否、两职合一否、股权分散否等虚拟变量值均值）越大，负相关更强。进一步发现，断裂带程度与舞弊发生负相关，与舞弊被发现正相关。

岳殿民和李雅欣（2020）通过对 2008—2014 年 6640 组数据检验发现，舞弊概率与聘请法律背景独董或其来自十大律师所或其来自重点高校负相关，法律环境与其交乘项系数显著为负，即增强了上述负相关。

陈西婵和刘星（2021）通过对 2003—2018 年 14790 个供应商和 20695 个客户数据分别检验发现，会计舞弊（因变量）既与客户集中度（前五客户销售额占比）正相关，也与供应商集中度（前五供应商采购额占比）正相关。反过来，舞弊（自变量）对企业银行贷款成本（利息）和数量有显著正向影响；另外，交乘项客户集中度系数为负，交乘项供应商集中度系数为负，即削弱了上述正相关。

文雯和乔菲（2021）通过对 2015—2019 年 14425 组数据、Probit、泊松、Logistic、负二项回归检验发现，国家队（含汇金、中证金融、救市基金等）持股否或持股占比与舞弊发生概率或发生次数（因变量）负相关，进一步显示，与发生负相关，与被发现正相关。异质性检验发现在非四大审计组中显著，或在舞弊严重组中显著，或在汇金及中证金融组中显著，或在市场化环境好（即指数高）组中显著。中介效应显示，国家队股东提高了企业内控指数（即水平）以及信息透明度（即吸引了更多跟踪分析师），缓解了代理问题（即降低了盈余管理、收益波动崩盘风险），进而降低了舞弊概率和频率。另外，持股时间年数（自变量）与舞弊概率、次数负相关，有无国家队持股两组中舞弊概率或次数均值差异显著。

董盈厚、马亚民和董馨格（2021）通过对 2007—2018 年 16962 组数据检验发现，沪深非金融类公司金融资产比例与同伴均值正相关，即存在同群效应，且同伴金融资产比例平均值与公司违规或舞弊发生概率正相关，与舞弊后被发现的概率负相关，究其原因为同群效应（即同伴金融资产比例均值）降低了市场信息透明度，进而增加了舞弊发生概率。

王可第和武晨（2021）通过对2007—2018年23091组数据检验发现，舞弊概率与审计收费正相关。调节效应显示，高质量审计（境外审计师、清洁意见）、内部监督（第2~5股东持股）、外部监督（分析师）、环境（法律、市场化水平）以及高水平内控削弱了二者间的正相关关系。

袁先智、周云鹏和严诚幸等（2021）使用2017—2018年3459组数据通过吉布斯随机搜索，从183个备选财务指标中筛选出8个与舞弊高关联特征因子，即预付款项增长率、其他应收款/总资产、在建工程增长率、长期借款/总资产、其他收益/营业总收入、投资净收益/营业总收入、财务费用/营业总收入、扣非净资产收益率（ROE）。

杜兴强和张颖（2021）通过对2003—2016年5482组数据、泊松模型、Logistic、有序Logistic检验发现，独立董事返聘与舞弊发生次数以及舞弊是否发生负相关。

乔菲、文雯和徐经长（2021）通过对2003—2018年25948组数据、Logistic、泊松、条件Logistic、负二项、Probit检验发现，纵向兼任高管或董事长在控股股东公司任职，与包括会计舞弊在内的公司违规次数以及公司是否违规负相关。分组检验表明是与信息披露或经营违规负相关，与领导违规不相关。代理成本（其间费用占收入比降低）是显著的中介变量。调节检验显示，内控指数交乘项系数为正，即在内控指数越低时，纵向兼任高管对违规的抑制作用越强；信息环境交乘项系数为负，即在公司信息环境越差时（股价同步性越高时）对违规的抑制作用越强。另外，有或无纵向兼任两组中违规次数和概率差异显著。

吴世农、陈韬妍和王建勇等（2021）通过对2003—2017年22395组数据和Logistic检验发现，舞弊或违规概率与地区社会资本指数（含社会规范、信任、网络等指标，用主成分合成指数）负相关。机制检验显示，机构持股为显著的中介变量，而腐败、融资约束中介变量不显著。双重差分模型（DID）显示，与之前相比，十八大后四年的样本舞弊概率更小，与舞弊发生概率负相关。

张新民、葛超和杨道广等（2021）通过对 2007—2015 年 9106 组数据检验发现，税收规避程度与会计舞弊负相关，交乘项调节效应检验发现内部控制水平削弱了二者间的负向关系。分组检验显示在利润负增长组中负相关，在利润增长组中不相关。

牟卫卫和刘克富（2021）通过对 2011—2018 年 18916 组数据、普通最小二乘法（OLS）、Probit 回归、负二项回归、托比特（Tobit）回归、泊松回归、两阶段最小二乘法（2SLS）检验发现，舞弊或违规与地区金融科技发展水平（数字普惠金融指数）负相关。分组回归显示与信披或领导人违规类型负相关，与经营违规类型不相关；严重或一般舞弊两组中、国企或民企两组中、东部或中西部两组中、ROE 高或低两组中，均显著负相关。

李文佳和朱玉杰（2021）通过对 2003—2018 年 27395 组数据和 Logistic 模型检验发现，一个公司舞弊或违规的概率与该公司儒家文化强度（注册地、办公地周边孔庙数）、与"高管故乡孔庙数/地区面积"负相关①。按因变量违规类型分组回归显示，在信息披露、公司治理不规范、股东自利违规组中均显著负相关，但在资金使用违规组中不相关。全样本调节检验显示，国有企业交乘项系数为负，即增强了上述负相关关系；行业竞争强度交乘项系数为正，即削弱了上述负相关关系。机制分析显示，声誉机制（增发或 IPO 聘请四大所否、IPO 至违规间隔年数）是显著的中介变量，降低代理冲突（在职消费/收入，期间费用/收入）是显著的中介变量。

谷溪和乔嗣佳（2021）通过对 2006—2018 年 13177 组国企数据和 Logistic、有序 Logistic、负二项模型检验发现，舞弊或违规的概率、程度、频次与国企混改程度（股权性质个数、融合度）负相关。舞弊动机调节检验显示，无形资产交乘项为负数，即增强了上述负相关关系，而股权质押交乘项不显著；舞弊机会调节检验显示，CEO 权利交乘项为负数，即增强了上述负相关关系，而分析师跟踪度交乘项不相关；舞弊合理化调节检验显示，男性高管比例、高管年龄交乘项为负数，即增强了上述负相关关系。

---

① 李文佳，朱玉杰. 儒家文化对公司违规行为的影响研究［J］. 经济管理，2021（9）：137-153.

叶康涛和刘金洋（2021）通过对 2012—2017 年 4395 组数据检验发现，舞弊发生概率与收入增长率和业务增长率（分为库存、生产、销售增长率）差的绝对值正相关，且正向差与收入舞弊正相关，负向差与真实盈余管理正相关。

王菁华（2021）通过对 2009—2018 年 23365 组数据检验发现，一个地区的彩票文化氛围（彩票销售额/地区 GDP①）与公司舞弊或违规概率、盈余管理正相关，与会计稳健性负相关，与舞弊被发现概率负相关，但与企业社会责任（CSR）不相关，表明上述正相关并非缘于道德而是风险偏好。② 调节检验显示，内控水平与彩票文化交乘项为负数，即削弱和抑制了上述正相关；分析师数交乘项系数也为负；盈利下降（ROA 或收入），交乘项系数为正，即增强了上述正相关。以篮球和足球队数量为工具变量的内生性检验显示结论稳健。

张曾莲和施雯（2021）通过对 2018—2019 年 8215 组数据检验发现，公司若为明晟指数股（国际化），则其舞弊的概率或次数更低。安慰剂和变换样本检验显示结论稳健。分组异质检验显示，四大审计组中不相关，非四大组中显著；两权分离高组中不显著，低组中（治理水平高）显著。机制检验显示，分析师预测偏差度（改善透明度）是显著的部分中介变量，而另一中介机构持股量则不显著。另外，是否国际化两组中舞弊概率或次数均值和中位数差异显著。

李世辉、卿水娟和贺勇等（2021）通过对 2010—2018 年 12618 组数据检验发现，舞弊或违规次数与高管风险偏好（投资性房地产或金融资产比例、自生资金满足率）正相关。调节检验显示审计费用与偏好交乘项系数为负，即削弱了上述正相关，进一步发现盈余管理（风险溢价）交乘项不相关，二者联合表明审计费用多是缘于投入而非风险溢价，排除合谋风险。分组检验表明经营违规组显著，领导或信披组不相关。

雷啸和唐雪松（2021）通过对 2007—2018 年 16344 组数据检验发现，会

---

① GDP 即国内生产总值。

② 王菁华. 彩票文化能够影响企业财务违规行为吗？–来自地区彩票消费的证据［J］. 审计与经济研究，2021（6）：70-80.

计信息可比性与舞弊或违规发生概率负相关，与被发现正相关。分样本回归显示，上述相关性在民企组中显著，在国企组中不相关；在分析师多组中显著，分析师少组中不相关。信息不对称（EPS 预测偏差降低）是显著的中介变量。

陈艳和张武洲（2022）通过对 2017 年党组织参与治理这一政策前后，即2012—2016 年和 2017—2019 年 14260 组数据、双重差分模型和 Logistic 检验发现，舞弊发生概率与国有企业和政策实施后两个虚拟变量交乘项负相关。

袁芳英和朱晴（2022）通过对 2011—2020 年 15433 组数据、Logistic、泊松、多分类 Logistic 模型检验发现，企业舞弊或违规概率、次数与分析师数（或是否关注）负相关。信息透明度（深市评级）是显著的部分中介变量。分组回归显示，国有和非国有组中上述负相关均成立；内控水平低组中上述负相关成立，高组中不显著；非四大组中上述负相关成立，四大组中不显著。

于瑶和祁怀锦（2022）通过对 2008—2019 年 14495 组民企数据、OLS、Tobit、泊松、负二项回归检验发现，十大股东中有无国有股、有多少与民企舞弊（或违规）概率、次数负相关，与违规至被处罚的间隔年份负相关；Bivariate Probit 回归显示与违规发生负相关，与违规被发现正相关，且在中小板、创业板、主板中均显著。按因变量分组回归显示，在信披、经营违规组中显著，在领导违规组中不显著；在违规严重组中显著，一般组中不显著。按国有股东级别分组回归显示，在地方组中显著，中央组中不显著。监督和资源支持机制检验显示，代理成本（资产周转率）、掏空（其他应收款）、股权质押是显著的监督中介变量；信用贷款、净商业信用（预收+应付-应收-预付款）、政府补贴是显著的资源支持中介变量。包括工具变量、替换变量或模型在内的多种检验显示结论稳健。

胡海峰、郭松林和窦斌等（2022）通过对 2006—2017 年 11824 组数据检验发现，舞弊或违规概率与连锁董事网络中心度（声誉机制，以四指标主成分合成）负相关。

李文贵和邵毅平（2022）通过对 2009—2019 年 19017 组数据检验发现，违规或舞弊发生概率、次数与发布的当地监管信息数量负相关。分样本检验显示，在民企组中显著，国企组中不相关；在大股东违规、公司违规组中显著，在高管违规组中不相关；在经营违规组中显著，在信披违规组中不相关。以地区人口为工具变量的内生性检验显示负相关结论稳健。机制检验显示，大股东行为（股东会议数、其他应收款掏空）、内控质量（有效性、缺陷）是显著的中介变量；信披质量（盈余管理、审计意见）作为中介则不显著。违规经济后果是降低了创新（专利数量）。

张学志、李灿权和周梓洵（2022）通过对 2014—2018 年 11994 组数据检验发现，舞弊或违规概率（含经营、信披、领导违规）与实施职工持股（或持股比例）负相关。Bivariate Probit 回归显示与舞弊发生负相关，与被发现正相关。按照公司价值托宾 Q 高低，或者收入成长性高低、高管持股高低、股权集中度高低分样本回归，上述负相关在八组回归中均成立；另外检验显示，在透明度低组中、在媒体关注高组中更显著。机制检验显示，内控水平（迪博指数或有无缺陷）、代理成本（管理或经营费用率）是显著的中介变量。

李晓慧、王彩和孙龙渊（2022）通过对 2012—2019 年 20838 组数据检验发现，在内控缺陷组中，舞弊与四年内事务所被注协约谈过负相关，而在内控有效组中不显著，似无相关模型检验（suest）发现两组系数差异显著。另外舞弊与约谈次数负相关，交乘项显示与内控缺陷相比，内控有效增强了上述负相关关系。剔除 ST 以及最近一年或非标意见样本（尚无法判断舞弊否）结论稳健。进一步，在内控缺陷样本中，民企组中舞弊与约谈负相关，国企组中不显著；市场化进程低组中舞弊与约谈负相关，高组中不显著。审计质量（盈余管理）是显著的中介变量。

周静怡、刘伟和陈莹（2022）通过对 2006—2015 年 13038 组数据检验发现，审计师专长（事务所客户收入/行业收入）与舞弊或违规发生负相关，与被发现正相关。内控质量与专长交乘项异质检验显示，公司内控质量越低时，上述正负相关性系数得以增强。相反，战略与专长交乘项显示，战略越激进，上述正负相关性系数得以增强。另外，审计师专长与违规至被发现的月数负相关，与违规严重否负相关。

陆超和王宸（2022）通过对 2010—2019 年 22982 组数据以及 Probit、Logistic、负二项、泊松模型检验发现，经济政策不确定性指数与公司舞弊违规次数或概率正相关。机制检验显示，融资约束（增大）、业绩 ROA（下降）、机构持股（下降）是显著的中介变量。调节检验显示，内控指数与不确定性交乘项为负削弱了上述正相关关系；产品市场竞争度交乘项为负、国企交乘项为负、高管年龄交乘项为负削弱了上述正相关关系；海归高管占比交乘项为正增强了上述正相关关系。

赵鹏举、刘力钢和邵剑兵（2022）通过对 2003—2019 年 4962 组数据检验发现，公司舞弊或违规概率与近亲家族二代高管（控制人与二代高管为父母子女关系）负相关。调节效应数字化转型交乘项系数为正数削弱了上述负相关关系，政策不确定性交乘项系数为负数增强了上述负相关关系。分样本回归显示，在信披违规组中显著负相关，在领导或经营违规组中不相关；在一般违规组中显著，在严重组中不相关。

黄顺武和李雪（2022）通过对 2010—2019 年 18660 组数据检验发现，舞弊概率或次数与可融券卖空负相关。内控指数（提升）、关联交易额占比（掏空下降）、资产周转率（代理成本下降）是显著的中介变量。分组检验显示，在内控水平高组中显著负相关，低组中不相关；在机构持股高组中显著，在审计费用高组中显著，低组中不相关。

陈峻、孙琳琳和鲍婧（2022）通过对 2007—2019 年 18190 组数据检验发现，一个公司会计舞弊频数或概率与其客户议价能力（大客户收入占比或平方）正相关。按事务所分组检验显示，八大所审计的样本上述正相关不显著（即审计监督起作用），在非八大所组中上述正相关显著。按议价能力高低分组检验显示，在低组中八大所与议价能力交乘项负系数绝对值更大、更显著，审计监督作用更明显。

王伊攀和朱晓满（2022）使用 2008-2018 年 4355 组数据、OLS、Logistic、Probit、泊松、负二项模型检验显示，违规或舞弊的概率和次数与有政府大客户（或其采购额占比）负相关。分组检验显示，在实体投资（固定资产购置）高组中、董事会人数多组中显著负相关，低组中不显著；在股权集中度（前十股东持股平方和）低组中显著负相关，高组中不相关；在一类代理问题（高管薪酬代替）轻组中显著负相关，高组中不相关；在掏空等二类代理问题（第一股东持股量代替）重组中显著，轻组中不相关。机制检验显示，融资约束（降低）、不确定性感知（负面词语降低）是显著的压力中介变量；内控指数（上升）、内控缺陷（下降）是显著的内部机会中介变量；分析师数（上升）、跟踪研报数（上升）是显著的外部机会中介变量。

叶钦华、叶凡和黄世忠（2022）依据信息系统论以及复式簿记理论钩稽关系，提出了舞弊识别五维度指标体系，即财税、业务及行业、内部控制、公司治理、异常数字特征。

综上得出，舞弊识别指标普遍选取公司特征、公司治理、内部控制、其他关系人、外部监管、宏观环境六类变量，以探测高估资产、虚增收入、低估负债、虚减费用等形式的舞弊，但目前尚无公认能"包治百病"的指标体系。上述六类变量具体为：

1. 公司特征。规模，上市年龄，交叉上市，财务状况（财务困境、收益率、负债率、增长率、周转率，以及与货币资金、现金流、应收账款或票据、存货、其他应收款、固定资产、在建工程、无形资产、商誉、收入、减值、费用、利润相关的其他指标，如盈余减现金流），业财偏差，价值托宾Q，党组织嵌入。

2. 公司治理。包括股东会、董事会、监事会、经理层、激励、监督、决策、外部治理诸多要素。（1）股权。国企或民营，流通股数，国有股数，国家队持股，国企混改，机构持股，职工持股，股权集中度或制衡度，两权分离度，终极所有权，投资者关系，投资者实地调研。（2）董事会。规模，会议次数，稳定性，断裂带，独董网络中心度，独董数，独董返聘，审计委员会，公司战略。（3）监事会。规模。（4）高管。年龄，性别，独断专行，风险偏好，纵向兼任，与董事老乡裙带关系，家族高管，高管董事兼任内部人控制，两职合一，内幕交易。（5）激励。董监高持股或薪酬。（6）外部治理。产品市场竞争，融券卖空机制，沪深港通及明晟股国际化。

3. 内部控制。内控五要素，内控披露指数或目标指数。

4. 其他关系人。社会资本，舞弊同伴效应，同伴金融资产，客户集中度，政府大客户，客户议价能力，供应商集中度。

5. 外部监管。证监会意见信或监管函，审计事务所排名，注协约谈，审计师专长，审计费用，税收规避，媒体关注报道数，跟踪分析师数或研报数。

6. 宏观环境。市场化，法律，经济政策不确定性，地区金融科技水平，区域文化（彩票文化、儒家文化）①。

第四节 会计舞弊识别模型文献

识别舞弊的模型有两大类：二分类模型与指数模型。前者发展较早，属于定性离散模型，后者发展晚，刚刚开始研究，属于定量连续模型。分别综述如下。

一、二分类识别模型文献

会计舞弊二分类识别模型主要包括：（1）Probit 回归（Beneish，1999；蔡志岳，吴世农，2007）；（2）Logistic 回归（Dechow，Sloan，Sweeney，1996；Fanning，Cogger，1998；Lee，Ingram，Howard，1999；Bell，Carcello，2000；Spathis，2002；Lin，Hwang，Becker，2003；Hajek，Henriques，2017；蔡志岳，吴世农，2006；姜金玲，李延喜，高锐，2008；马晨，张俊瑞，2011；钱苹，罗玫，2015；张曾莲，高雅，2017）；（3）部分可观测 Bivariate Probit 回归（万良勇，邓路，郑小玲，2014；胡海峰，马奔，王爱萍，2019；孟庆斌，邹洋，侯德帅，2019；马奔，杨耀武，2020）；（4）贝叶斯判别（李延喜，高锐，包世泽，等，2007）；（5）人工神经网络（Fanning，Cogger，1998；Lin，Hwang，Becker，2003；Kirkosa，Spathisb，Manolopoulosc，2007；Hajek，Henriques，2017；蔡志岳，吴世农，2006；蒙肖莲，李金林，杨毓，2009）；（6）决策树（Hajek，Henriques，2017；Kirkosa，Spathisb，Manolopoulosc，2007）；（7）贝叶斯信念网络（Kirkosa，Spathisb，Manolopoulosc，2007）；（8）粗糙集（李政，张文修，钟永红，2006；于跃浠，金树颖，牛择贤，2011）；（9）支持向量机（沈乐平，黄维民，饶天贵，2008；金花妍，刘永泽，2014）；（10）案例推理（李清，任朝阳，2015）。另外，还有聚类阈值挖掘（徐静，李俊林，唐少清，2021）、集成学习 XGBoost 算法（周卫华，翟

---

① 原文来自 经济管理、审计与经济研究 杂志。

晓风，谭皓威，2022）等。

范宁（Fanning），科格尔（Cogger）（1998）对最初选择的包括公司治理（董事会人数，外部董事占比，董事会是否有学术董事，是否有律师董事，是否有审计、薪酬、提名和战略决策4个委员会，4个委员会中外部人员占比），审计师/机构（去年是否更换了审计师，过去3年内是否更换了审计师，是否具有当前审计报告资格，过去3年中是否有合格的审计报告，是否有非六大审计师），代理问题（CEO、其他高管、董事持股比，是否有长期薪酬计划、短期薪酬计划、利润分配计划），附属公司（子公司数，是否有多个外国子公司），资本结构（债务取对数，债务/权益），经营成果［奥尔特曼Z得分（Altman Z-score），过去3年销售额的几何增长率，销售额/总资产］，职员［是否更换了去年的首席财务官（CFO），过去3年中是否更换了CFO，是否更换了首席执行官（CEO），在过去3年内是否更换了CEO，CEO和CFO是否为同一人，董事和高管是否有家族关系］，诉讼（过去3年中是否被诉讼），会计政策选择（对存货是否采用后进先出法，是否采用加速折旧法），报表账户和比率（应收账款/销售额或总资产，毛利率，库存/销售额或总资产，坏账准备/销售额或应收账款，净不动产、厂房和设备/总资产，应收账款或毛利率是否超过去年的1.1倍，税前净收入/销售额或股东权益）等在内的62个变量进行均值差异检验，发现其中20个变量在25%的水平上差异显著，成为识别舞弊财务报表的可能指标。为进行进一步的模型开发，使用其中8个指标，以及150家训练样本、54家保留样本建立了模型，结果显示，舞弊、正常、总体判别精度百分比为：神经网络（训练69%、80%、75%，保留66%、59%、63%）要明显高于线性判别分析（训练69%、71%、70%，保留67%、37%、52%）、二次方判别分析（训练88%、55%、71%，保留78%、22%、50%）和Logistic模型（训练71%、68%、69%，保留67%、33%、50%）。笔者对总资产、总负债等变量取自然对数，试图使数据具有正态性和稳定的方差。

贝内什（Beneish，1999）使用1982—1992年74家被美国证券交易委员会（SEC）处罚或被媒体披露的欺诈企业以及2332家配对企业数据，将之分为两个集：训练集（1982—1988年）欺诈50家、配对1708家；测试集（1989—

1992 年）欺诈 24 家、配对 624 家。以应收账款周转指数、资产质量指数、毛利率指数、销售增长指数、总应计项目与总资产之比、销售管理费用指数、折旧指数、杠杆指数为自变量，构建了 Probit 回归 M-score 模型。结果显示，前 5 个变量与舞弊概率显著正相关，当假设欺诈与非欺诈企业的误判成本是 40：1、20：1、10：1 时，训练集（或测试集）欺诈企业判别精度分别是 76%、74%、58%（或 56.1%、50%、37.5%）。

李（Lee），英格拉姆（Ingram），霍华德（Howard）（1999）以 1978—1991 年 56 个会计舞弊和同行业、同年度配对公司为样本，构建了 Logistic 模型，结果显示会计盈余和经营现金流量之差与舞弊显著正相关，包括该变量的模型，其识别准确率远高于忽略该变量的模型。

贝尔（Bell），卡塞罗（Carcello）（2000）使用 77 个欺诈、305 个非欺诈公司数据，将其中的 37 个欺诈和 143 个非欺诈公司作为训练集估计模型，其余的 40 个欺诈、162 个非欺诈公司作为测试集评估准确率，构建了 Logistic，结果显示：产权性质（私有或公有）、盈利能力不足、公司迅速增长、管理层过分强调满足盈利预测、薄弱的内控环境、管理层向审计师撒谎或过度回避等自变量与欺诈显著正相关。训练集识别精度为：总体 85%、非欺诈 86.01%、欺诈 81.08%。审计师可以使用该模型评估因欺诈导致的财务报表重大错报风险。

斯帕蒂斯（Spathis，2002）以虚假、非虚假报表各 38 个为样本，初选了 17 个财务变量，为避免信息重复剔除了相关的变量，并进行了均值差异检验，最终使用 10 个变量构建了 Logistic 模型。与虚假报表显著相关的变量为：营运资本/总资产（负相关）、存货/销售收入（正相关）、资产负债率（正相关）、奥尔特曼财务危机 Z 值（负相关）、ROA（负相关）。模型回带精度为 84.21%，但未进行交叉验证也没有测试集客观评估精度，故有必要使用大样本来验证识别精度结论。笔者建议以下主要是报表以外的变量有待于未来研究，如分支机构数量、公司规模、财务经理变换率、董事会规模、审计意见、审计师类型和更换频率、折旧方法、存货评估方法、长期发展趋势、行业地位等，行业地位在企业增长和财务困境变化方面很可能提供有价值的信息。

林（Lin），黄（Hwang），贝克尔（Becker）（2003）以 40 家财务报告舞

弊的美国公司，以及按照同行业、规模接近进行配对的 160 家非舞弊公司为样本，由于收入的确认和计量以及会计估计的使用是最困难的审计问题，因此选取与其有关的财务指标和财务趋势作为变量，如坏账比率、应收账款比率、毛利率与净销售额之比、净销售额、应收账款以及坏账准备等，建立了模糊神经网络模型，准确率达到 76%，高于 Logistic 模型，特别是在舞弊样本识别方面。

基尔科斯（Kirkosa），斯帕蒂布（Spathisb），马诺洛普洛斯（Manolopou-losc）选取希腊制造业 38 组企业数据，初选了 27 个财务变量，使用均值差异显著的 10 个变量［营运资本、营运资本/资产、债务/净资产、负债率、（收入－毛利）、财务危机 Z 值、息税前利润、收入/资产、ROA、毛利/资产］构建了贝叶斯信念网络、神经网络、决策树模型。10 折交叉验证显示，神经网络回判精度为：总体 80.0%、非舞弊 77.5%、舞弊 82.5%；贝叶斯信念网络精度是：总体 90.3%、非舞弊 88.9%、舞弊 91.7%。缺点是小样本且 1:1 配对，没用大样本验证精度。

德肖（Dechow），葛（Ge），拉尔森（Larson）等（2011）使用 354 个舞弊和 88032 个非舞弊样本，以财务指标、应计项、非财务指标、表外业务、市场相关指标为变量，使用 Logistic 回归建立了 F-score 模型，结果显示：应计项、应收账款变动率、存货变动率、软资产比例、现金销售率、总资产净利润率的变化量、是否再融资、是否有经营性租赁、股票收益率等变量对舞弊有显著影响，模型准确率为 63.74%。

哈耶克（Hajek），亨里克斯（Henriques）（2017）研究了纽交所和纳斯达克的上市企业，涵盖电信设备（24 家）、制药（26 家）、医疗用品（36 家）、软件（30 家）、电脑/外围设备（26 家）、机械（24 家）、银行和金融服务业（74 家）等行业，将 2005—2015 年 311 组舞弊和健康报表分成 2 个集（建模集 466 家、评估集 156 家，即 3:1 的比例）。选取了 9 大类 32 个财务变量，包括公司规模（收入或资产），公司声誉（基金或内部人所持股份），盈利能力（ROE、ROA、净收益/收入、营业利润率等），经营比率（资产或现金或非现金营运资本/收入等），业务状况（收入增长或未来 5 年收入的增长等），市场价值比率（市盈率、股息/股价、过去 5 年或未来 5 年 EPS 的增长、股价/销售额、市净率等），资产结构（固定资产/资产），流动性比率，杠杆率。还选取了 8 个文本语言变量，即年报的管理层讨论与分析（MD & A）部分中不确定单词频数、语气强词汇频数、语气弱词汇频数、诉讼单词频数、限定词汇频数、积极词汇频数、（积极−消极词汇频数）/（积极+消极词汇频数）、消极词汇频数，统计显示：年报中消极词汇出现的频率较低可能表明企业没有舞弊行为，即舞弊企业更多地运用消极言语。文中运用 Logistic 回归、Logistic 模型树、朴素贝叶斯、随机森林、决策树、集成方法、支持向量机、JRIP 提取规则算法、神经网络、AdaBoost. M1 算法、贝叶斯信念网络等 14 种统计和机器学习方法，构建了基于财务变量和文本语言的智能特征筛选和分类的报表舞弊识别模型。判别精度最高的是贝叶斯信念网络：总体样本90.32%，健康公司 95.39%，舞弊公司 85.19%。

蔡志岳和吴世农（2006）使用沪深公司 192 组舞弊和配对样本，以贝内什（1999）财务指标以及股权集中度、机构持股比例、董事会治理、薪酬激励、外部审计、产品市场竞争等公司治理指标为变量构建了 Logistic 和神经网络模型，识别准确率分别为 69.35% 和 73.39%。

李延喜、姚宏和高锐（2006）使用 1997—2005 年健康和欺诈各 20 个公司的 17 个财务比率，计算每个比率 13 期的期期相关系数及其均值旨在去除时序影响，比较两组样本的 17 个相关系数均值，由此筛选出相关系数差异较大的 10 个指标，即差异越大表明越具有区分力。以均值作为中心上下浮动的一个区域进行安全区、欺诈区和灰色区判定。使用新的 9 家欺诈、6 家健康样本判别显示准确率为 78%。

李政、张文修和钟永红（2006）的粗糙集模型使用 2001—2005 年 883 家公司（违规 108 家，健康 775 家）的 9 个治理（大股东为政府否及持股比、两职合一否、董监数、会议数等）和 24 个财务（含 ROE、负债率、现金流/利润、权益增长率等）变量，经属性离散并使用约简后的 6 个属性获取了 98个 IF 判别规则，识别健康、违规公司准确率为：训练集 98%、66%；检测集98%、68%。

刘君和王理平（2006）对 87 组样本的 31 个初选变量（盈利、增长、股权、效率、偿债等）进行 t 检验，筛选出 9 个变量（ROA、留存收益占比、

ROE、股权集中度等）作为径向基神经网络的输入，总体、舞弊、健康企业分类精度为 91.1%、93.5%、88.7%（建模集），检验集分类精度均为 86.7%。

蔡志岳和吴世农（2007）以 2001—2005 年 192 组数据（130 对建模，62 对测试），以 8 个财务（合成 3 个因子）、2 个市场、11 个治理（合成 4 个因子）变量以及条件 Logistic 进行建模研究。均值和中值的 t 检验和威尔科克森（Wilcoxon）符号秩检验显示 7 个因子和 1 个市场变量差异显著。违规、健康、总体准确率建模集分别为 67.7%、76.9%、72.3%，测试集分别为 61.3%、66.1%、63.7%。

李延喜、高锐和包世泽等（2007）对初选的 70 家企业的 14 个财务变量（1995—2004）进行 t 检验后，使用 5 个有显著差异的变量构建了欺诈和正常两个贝叶斯判别函数，计算企业的两个函数值并将其判为值大的一方，总体、对照、欺诈企业的回判精度分别为 71.4%、68.6%、74.3%，交叉验证精度分别为 68.6%、62.9%、74.3%。

姚宏、李延喜和高锐（2007）使用 1995—2004 年 35 组欺诈和健康公司的 26 个财务比率（如房屋设备/资产或折旧、毛利/同行毛利或过往毛利、现金毛利/同行水平、现金或坏账/应收账款、增量应收账款/增量收入、现金流/成本或利润或收入、增量库存商品/增量收入或增量营业成本或增量应付账款、应付账款/收入、跌价准备/存货、成本或费用/收入、税/收入。其中与收入、费用、资产、减值折旧、税相关的科目占比分别为 97%、45%、29%、19%、13%）提取了含原始变量 76% 信息的 9 个主成分，并合成了加权总指标 F，将 70 个 F 值排序后分割，定义 F<0 或 F>1 为欺诈区、[0.35, 1] 是安全区、[0, 0.35] 是灰色区。不考虑灰色区的 28 个样本，欺诈区总计 18 个样本和安全区总计 24 个样本的回带准确率均达 83%。另对 2002—2004 年 500 个新样本判别显示，54%（270 个）落入欺诈区，30%（150 个）落入安全区，16%（80 个）落入灰色区。

与其他文献不同，曾月明、宋新平和葛文雷（2007）选取的是 2005 年 36 组欺诈可能性样本（企业得到非标意见）和非欺诈可能性样本（企业得到标准意见且未被监管方处罚过），对基于欺诈动因选取的财务困境类、维持增长类、改观财务状况类的 23 个变量进行 U 检验并使用 17 个差异显著的变量构建了 BP 神经网络和 Logistic 模型，总体、欺诈可能性、非欺诈可能性企业判别精度分别为 88.89%、83%、94%（BP 网络），86%、78%、94%（Logistic）。

姜金玲、李延喜和高锐（2008）对初筛的 70 家企业的 13 个变量（1995—2005 年）进行差异 t 检验后使用其中显著的 5 个变量（增量存货/增量收入、增量存货/增量成本、增量存货/增量应付账款、固定资产/折旧、固定资产/资产）构建了 Logistic 模型，总体、欺诈、正常企业回判正确率分别为 75.7%、71.4%、80%，以 2006—2007 年的 25 家欺诈企业进行泛化测试，其正确率为 80%。

沈乐平、黄维民和饶天贵（2008）以 2002 年 300 组建模数据（30+270）以及 2003 年 500 组评判数据（30+470）的 53 个变量（财务 10 个、管理层会议 9 个、董监 4 个、股权 28 个、规模 2 个）构建的径向基核函数支持向量机判别函数，其总体、正常、欺诈企业判定精度分别为 87%、87.4%、83.3%（建模集），77%、77.7%、66.7%（评判集）。

与其他人不同，蒙肖莲、李金林和杨毓（2009）使用的是包括制造、采矿、零售、建筑、交通等 11 个行业在内的银行非上市客户数据建模。训练集（2000—2004 年）有 131 个舞弊和 1404 个健康客户，测试集（2005—2006年）有 67 个舞弊和 711 个健康客户。对初选的 25 个变量进行方差分析保留 10 个差异显著的变量（如营运资本、ROE、ROA、奥尔特曼 Z 分值、负债率、利润等）用于构建概率神经网络、Logistic 和神经网络。测试集交叉验证后 3 个模型总体、健康、舞弊的准确率分别为 84%、84%、84%（概率神经网络），85%、86%、73%（Logistic），81%、81%、81%（神经网络）。

韦琳、徐立文和刘佳（2011）借鉴 SAS No. 99 和三角形理论选取了 2000—2009 年 126 家企业的 25 个变量（压力含财务目标、稳定性、个人需求、外部压力，机会含股权、组织、监管、关联交易，借口含审计更换或意见），经差异检验探测舞弊征兆变量，使用 20 个变量构建的 Logistic 模型对总体、健康、舞弊企业回带正确率均为 93.7%，缺少检验集认证正确率。

于跃洊、金树颖和牛择贤（2011）使用 20 个小样本探讨了集成模糊与粗糙集构建欺诈综合判别函数的方法。

洪荭、胡华夏和郭春飞（2012）基于 GONE 理论选取了 2006—2009 年 178 个企业的 27 个变量（两职合一、风险好恶等 3 个贪婪变量，关联交易、公司治理等 6 个机会变量，配股、保牌等 3 个需要变量，变更审计、线下项目、审计意见 3 个暴露变量，另有 12 个控制变量）构建了 Logistic 模型，含有控制变量的模型对总体、健康、舞弊企业判别正确率均为 79.8%，高于不含控制变量模型的 70.2%、76.4%、64%。

岳殿民、吴晓丹和韩传模等（2012）对 2002—2006 年 245 组样本的 21 个变量经方差分析后使用 17 个显著变量构建的 Logistic 回归，其总体、健康、欺诈企业的判别精度分别为 76%、69%、83%，高于斯帕蒂斯（Spathis，2002）、珀森斯（Persons，1995）的模型精度。

陈庆杰（2012）以 2001—2010 年 67 个欺诈和 77 个对照样本、31 个变量（CEO 特征 9 个、股权特征 7 个、董监特征 4 个、财务特征 8 个、审计意见、保牌及配股）构建了径向基神经网络，留一法交叉验证精度为 79.9%。

李双杰和陈星星（2013）以沪深 36 组舞弊和非舞弊公司为样本，使用粗糙集对初选的 27 个指标进行约简后保留 7 个指标［货币资金/（应收票据+应收账款）、应付账款/总资产、存货/营业收入、息税前利润/总资产、现金流量结构比率、经营活动现金净流量/总利润、投资活动现金净流量/净利润］，构建了 BP 神经网络，准确率为 71.43%。

房琳琳（2013）对 2004—2012 年 48 个被特别处理（ST）且有欺诈以及 48 个健康企业的 31 个变量（现金流、效率、盈利等）进行 t 检验，以探测变量分类能力并作为 Logistic 的输入指标，总体、健康、欺诈企业的判别精度分别为 88.5%、85.4%、91.7%。

金花妍和刘永泽（2014）基于三角形理论和 SAS No.99 选取了 2007—2011 年 116 对样本的 33 个变量（报酬契约、财务稳定性等 16 个动机变量，重大交易审批有无漏洞、公司治理等 12 机会变量，以教育程度代替道德等 5 个借口变量），经 t 检验筛选后使用 21 个变量构建的 Logistic 和支持向量机模型，其总体、舞弊、正常企业的判别精度分别为 87.5%、83.6%、91.4%，向量机精度为 94%-100%（10 折交叉验证）。

李清和任朝阳（2015）的案例推理模型由 2003—2012 年的 362 个样本和

基于舞弊菱形理论初选的 22 个变量（压力含现金比率、费用率等 14 个财务变量，机会含国有股、变更审计等 5 个治理变量，合理化含诉讼和审计意见 2 个变量，能力含并购 1 个变量）构建，经属性筛选后保留 7 个变量，使用熵值法加权以及仿兰氏距离等 4 种相似案例计算方法，总正确率分别为 64.7%、65.7%、66.7%、68.6%。

钱苹和罗玫（2015）使用沪深公司 147 个舞弊、15408 个非舞弊样本，借鉴 M-score 和 F-score 模型使用 Logistic 回归建立了 C-score 模型，结果显示：应计项、现金销售率、其他应收款比例、是否亏损、股票月换手率波动率、机构投资者持股比率、股权集中度、是否为熊市、是否再融资等变量对舞弊有显著影响，模型准确率为 73%。

李清和任朝阳（2016）对初选的 1996—2011 年 252 家企业的 15 个财务变量（含奥尔特曼 Z 分值、应计项、收入/存货、资产质量等）进行去除共线性和降维的主成分合成，使用 6 个主成分和泰勒展开含有平方和交乘项的函数形式构建了非线性 Logistic 模型，其识别总体、健康、舞弊企业正确率分别为 67.5%、75%、60%，高于普通线性 Logistic 模型的 65%、75%、55%。

张曾莲和高雅（2017）依据三角形理论，将 2005—2013 年 61 对数据的 19 个变量映射为压力（含毛利率、现金流/利息或资产、净利润/收入或权益或资产、周转率、负债率等 14 个财务变量），机会（含股权和董事会等 4 个治理变量），借口（高管薪酬），外加 1 个综合指数变量（由 41 个战略、预测、非财务、拓展财务自愿披露变量打分合成）。经差异检验后保留 7 个变量建立 Logistic 回归，不含综合指数的模型总体、健康、舞弊公司判别准确率分别为 74%、85%、62%，含综合指数的模型判别准确率分别为 78%、82%、74%。

杨贵军、周亚梦和孙玲莉等（2019）使用 2006—2017 年 158 个舞弊和 4115 个健康公司数据，基于本福德（Benford）定律首位数字频率筛选异常自变量构建新的本福德因子变量，按照 1∶1 随机抽取 158 个健康配对公司（重复 1000 次，形成 1000 对样本），1000 次 Logistic 回归显示，含有本福德因子变量的模型准确率的中位数更高，分别为 57.59%、59.18%。

徐静、李俊林和唐少清（2021）使用 2016—2020 年财务比率、聚类异常指数、阈值进行挖掘，结果显示，离群公司（指标显著异于同行公司）中有76.47%（2020年）、95.65%（2016-2020年）为舞弊或违规公司。

周卫华、翟晓风和谭皓威（2022）使用2000—2020年3006个舞弊、15693个非舞弊数据及其27个财务、运营、监督和治理变量，基于机器学习XGBoost算法构建了X-score模型，其测试集总准确率为85%，高于钱苹和罗玫（2015）C-score模型的55%以及德肖（Dechow），葛（Ge），拉尔森（Larson）等（2011）F-score模型的36%。

需要指出的是，与传统的Probit等二分类模型相比，部分可观测Bivariate Probit模型在研究欺诈或舞弊的影响因素方面分解得更加细致，也能够据此提出更加细致、更加多元化的欺诈或舞弊的防范对策，但在识别舞弊准确率方面并没有实质性进展，因为"健康"公司样本不洁净存疑问题始终难以解决。

二、舞弊风险指数模型文献

李清和任朝阳（2016）以通用设备制造业的93家公司为样本，运用多数原则法确定舞弊风险阈值，对指标进行舞弊风险程度打分，进一步将单项指标得分加总求和，得到多数原则法阈值舞弊风险指数，阈值确定是难点。在另一项研究中，李清和党正磊（2019）以水利、环境和公共设施管理行业的29家公司为样本，将23个指标提取了11个公因子，计算出因子分析法舞弊风险指数。2017年4月15日，中国财务舞弊研究中心在厦门国家会计学院成立，预期成果之一是研发五维度指标体系的财务舞弊指数，目前尚未披露研发技术细节。除此之外，尚未见到有关舞弊风险指数的其他研究文献，会计舞弊风险指数研究刚刚起步。

第五节 会计舞弊的防范和治理文献

Treadway Committee（1987），以及博洛尼亚（Bologna）、林德奎斯特（Lindquist）和威尔斯（Wells）（1993）认为，"应通过以下防线来防范治理会计舞弊的发生：高层的道德伦理价值观和管理理念、业务过程控制、审计委员会和内部外部审计的有效性。"具体措施包括：建立反舞弊政策和行为准则、对管理层和员工进行反舞弊培训、进行舞弊刑罚教育、经常岗位轮换、利用信息技术进行控制、设立举报信箱、突然审计，审计的重点对象是小企业，或是工龄超过5年、31~45岁的男性员工。

黄世忠（2001）认为欺诈的成因包括两权分离的问题——信息不对称，审计聘任制度，欺诈成本低，剥离上市，关联交易和重组。缓解的措施有设置高管持股、审计委员会、独立董事制度，提高审计独立性（事务所由监管方指定，三年轮换，赔偿机制，合伙制）等。

吴联生（2001）认为细化明确领导和会计的刑事和民事责任，设立举报，加密对信息质量抽检的频次是欺诈有效防治办法。

朱国泓（2001）认为应采取优化激励（股票期权，除了监督外给予监事会定薪激励高管董事的权利）、强化会计控制（如监事会设置审计委员会、细化舞弊相关审计准则、发展法务会计、完善准则及公司法责任认定）二元治理策略。

葛家澍和黄世忠（2002）基于对安然事件审计会计的剖析归纳出以下舞弊防范启示：诚信教育和制度设计应并重，切忌只迷信独立审计、五大所、独立董事、行业自律及市场力量。

杨雄胜（2002）认为流动性和真正委托人的缺失造成了会计囚徒困境，解决欺诈的措施是让领导成为唯一责任人，而与受指使的会计无关。

章美珍（2002）认为防范舞弊应明确审计委员会、会计和审计师的责任，包括赔偿责任。

綦好东（2002）认为舞弊的被治理主体是复合的，包括高管、大股东、地方政府、审计中介，对行为人刑事或民事追责是有效防范措施。

吴联生（2003）认为规则性失真由自生的会计域秩序与人造的会计规则间偏差促成（治理措施：极尽能力精确表达域秩序），违规性失真由信息不对称、契约不完备促成（措施：契约的科学架构），行为性失真由人类有限的理解或执行能力促成（措施：素质提升，查验加强）。

汤谷良和朱蕾（2003）总结施贵宝等美国诸多欺诈事件后提出启示，反舞弊必须治理约束CEO、纠正生存理念（重在产品盈利而不是资本并购）、推行价值型理念（重在未来现金流，淡化短期盈余）、谨防股票期权的负面性（由造假抬高股价获利）、规避盲目超常扩张（易导致人财物管理结构扭曲，诱发舞弊）、划清企业内外市场各主体间的独立分工界限。

杜兴强（2004）认为治理生态优劣与舞弊发生负相关，应通过提升会计师和分析师独立性、造假成本、信息技术和准则完善度抑制舞弊。

雷光勇（2004）认为舞弊治理应该包括规制寻租方（含高管诚信理念，审计委员会及内审、激励、多重评价），治理审计合谋方（含独立性、同业互查、惩戒和声誉），改善外部环境（含产权、监管、大众参与意识）等措施。

雷又生、耿广猛和王秋红等（2004）归纳了会计道德缺失的诱因，如监管不足、道德滑坡规范缺乏、领导逆向选择、会计囚徒困境、治理结构失衡。提出应从严格执法、构建道德准则及考评机制、抑制领导短期行为处进行治理。

赵德武和马永强（2006）认为治理系统基础审计（了解治理结构及有无缺陷，股东影响及高管舞弊风险，内控测试评价，舞弊"红旗"寻找及测试，额外审计等）是揭露舞弊的有效模式。

杨大楷（2009）提出了欺诈治理的四不为措施，即不必为（以完善融资、考核或激励等减轻压力）、不能为（以堵塞治理漏洞，完善监管、审计、媒体监督和赔偿机制消除机会）、不愿为（以诚信教育、信用监督去除借口）、不敢为（法律惩戒）。

苏欣（2016）总结了治理舞弊常常无效的原因，探讨了将审计和法集成的法务审计治理原则（发现、全覆盖、高效原则）、实现路径（征兆预判、取证分析、核查挖掘、业财均审、报告定论）。

陈邑早、陈艳和于洪鉴（2020）基于对合理化研究短板的现状，探讨了合理化的维度（认知、责任、认同）、形成机理（如认知失调）、作用路径（如情绪缓释）、识别度量（如审计、盈余、高管、量表等）方法，给出了个人特质层、制度层治理合理化舞弊的框架。

另一大类舞弊治理防范思路就是，根据实证检验结果，依据合理化借口、机会、压力三大类因素对应的具体的、显著的公司治理（如投资者调研，国家队持股，高管裙带关系，纵向兼任，董事会断裂带，卖空机制，审计委员会）、内部控制（如监督，内部环境）、外部监管（如注协约谈、媒体报道、监管问询、分析师跟踪），以及其他关系人（如政府大客户、社会资本等）、宏观因素（如区域文化、经济政策不确定性）和企业特征（如业财偏差、企业文化）指标提出舞弊防范建议，即与舞弊正相关的指标抑制之，负相关的指标提升之。

第六节　目前研究存在的问题

由综述可知，分类识别模型的文献较为丰富，原因在于报表舞弊事件屡禁不止，有识别需求，加之模型识别准确率始终未能达到令人满意的水平，仍有较大提升空间。但是会计舞弊风险指数研究才刚刚起步，几近空白，指数化的评价体系尚待建立和完善。该问题的研究背景是信息披露质量问题备受关注，相关领域指数化（内部控制指数、会计指数）研究不断发展。其理论基础是舞弊动因理论，编制基础是会计舞弊风险评价体系研究。为了构建符合中国资本市场情境的会计舞弊风险指数，尚需进一步突破：首先，认清会计舞弊手段的多样性、舞弊行为的复杂性，但归根结底在财务指标上体现出来的思路，构建起反映舞弊征兆的财务指标体系，是指数成功编制的思想基础。其次，突破已有二分类模型在评价舞弊风险时对舞弊识别因素线性加总的"与"的思维局限，采取"或"的思维模式，既要考虑总指数排序又要关注各个分指标得分排序，是舞弊风险评价合理化的根本所在。最后，从我国具体情境出发深入分析会计舞弊行为动机，并结合三角形理论，构建起指数的压力、机会、借口影响因素指标体系，是进行实证研究并找到抑制舞弊的显著影响因素的保障。

归纳起来，会计舞弊识别、治理研究尚存在以下问题：（1）被处罚的"舞弊公司"是确定的，但"非舞弊公司"就真的没有舞弊行为吗？非舞弊公司难以判别，以此二分类为基础建立的识别模型缺乏客观性。其实对于一个公司而言，往往不是舞弊与否的问题，而是舞弊程度高低的问题，因为每个公司出于自身利益的考虑均存在舞弊风险。舞弊风险指数能克服以往研究只把企业分成舞弊或非舞弊两类而造成的分类粗、误判多、研究缺乏精细化的缺点；指数是能够量化会计舞弊风险程度的综合集成指标，对舞弊风险刻画具有连续性、精细化的优点，实现对舞弊风险程度定量监测预警。（2）会计舞弊风险指数研究刚刚起步，指数化的综合评价体系有待建立；更科学的指标阈值的确定方法有待研究；尚缺乏通过舞弊风险指数对全部公司的舞弊风险分布状况和程度做出全局评价和预警的掌控能力和手段。（3）本书以我国上市公司为研究对象，构建了会计舞弊风险指数，以便对公司舞弊风险程度和内部控制状况做出更客观的评价和预警。由于不同公司的舞弊风险指数差异较大，指数究竟受到哪些因素的影响？本书以构建的指数作为因变量，实证检验指数与公司治理、内部控制等影响因素的相关性和显著性，以期通过改变显著的影响因素达到降低舞弊风险指数的目的。

第三章

会计舞弊动因的理论分析

关于会计舞弊动因的研究，国外主要有冰山理论、三角形理论、菱形理论、舞弊量表理论、舞弊五角形理论、GONE 理论（四因素论）、风险因子理论等；国内则主要有二因素假说、三因素假说和四因素假说等。从另一个更具体、更易于量化的视角分析，内部控制、公司治理水平对会计舞弊风险指数具有重要的影响，因此会计舞弊的动因理论还包括内部控制理论、公司治理理论，以便根据这些理论指导选择舞弊风险指数的影响因素自变量。

第一节 会计舞弊动因的冰山理论等理论分析

一、冰山理论的渊源

在心理学界、文学界、医学界、管理学界都广泛应用着冰山理论。1895年冰山理论最早产生于弗洛伊德的心理学研究-"歇斯底里"研究中，在中译本《自我与本我》（弗洛伊德，2015）一书中可以看到弗洛伊德将人格定义为冰山，冰山水上部分和水下部分分别为自我意识层面和无意识层面，其中，水下部分的人格特质才是个体发展与行为表现的决定力量。

1932 年海明威在他的作品《午后之死》中提出："如果一位散文作家对于他想写的东西心中有数，那么他可以省略他所知道的东西。读者呢，只要作者写得真实，就会强烈地感觉到他所省略的地方，好像作者已经写了出来。冰山在海里移动很庄严宏伟，这是因为它只有 1/8 露出水面。"而占有 7/8 的丰富的情感世界和复杂的主题思想隐藏在了水面之下，这就是海明威著名的冰山理论（柳东林，2001）。

维吉尼亚·萨提亚是美国心理治疗大师，著有《萨提亚家庭治疗模式》等书籍（萨提亚，2007）。萨提亚的冰山理论指出，一个人的"自我"就像一座冰山，别人能看到的只是表面很少的一部分——行为，而更大的部分即内在世界却隐藏在水下更深处，不为人所见，即水面上是行为，水下面是应对方式、感受、观点、期待、渴望、自我，是真正的自我。因此，萨提亚冰山理论告诉医护人员，病人只"说出了一小部分需求，是冰山一角，大部分需求是隐含需求。为患者提供个性化护理服务的关键不仅仅是满足患者能够表达出的需求，重点在于是否满足了患者更大的隐含需求"（尚娥和雷蕾，2010）。

汪寿阳、敖敬宁和乔晗等（2015）提出了"商业模式冰山理论"，指出商业模式具有显性知识（冰山水上部分）和隐性知识（冰山水下部分），隐性知识对于成功地分析商业模式至关重要，"强调必须用系统科学的方法对其进行分析，解释了为什么成功的商业模式难以被复制这一管理学难题"。

综上可知，无论是心理学界、文学界、医学界，还是管理学界，其冰山理论的核心都是将一个事物划分为两部分：显性的和隐性的。显性的占有较少部分，如1/8；隐性的则占有较大部分，如7/8，隐性部分可能起到更主导的作用。

二、会计舞弊的冰山理论

会计舞弊的冰山理论认为，舞弊的动因包括水面以上容易被观察到的组织管理结构因素，如内部控制、公司治理等；以及水面以下隐藏的、更大的、更危险的、更加基础和根本性的主观行为因素，如人的价值观、理念、诚信、态度、情感和潜在的败德可能性等。因此，该理论给注册会计师审计的启示是，不仅要重点评估组织管理结构因素的舞弊风险——这只是冰山一角，更要充分关注由于管理者个人主观因素导致的舞弊风险——更大的冰山（秦江萍，2005；孙青霞，韩传模，2012）。《审计准则1141号》中第22条也指出：注册会计师不应依赖以往审计中对管理层、治理层诚信形成的判断，应当以职业怀疑态度充分考虑由于舞弊导致财务报表发生重大错报的可能性。第 49 条指出：注册会计师应当了解管理层为防止舞弊而实施的内部控制，目的是进一步了解管理层对舞弊风险的态度。

三、会计舞弊的三角形理论

克雷西（Cressey，1950、1953）最早进行了违背信任的财务舞弊动因研究，发现违反信任需有三个因素：不可共享的隐秘的财务问题、违反信任的机会、违反信任者的合理化。多年来 Cressey 的三因素理论被学界、审计及监管机构广泛使用并被称为舞弊三角形理论（Fraud Triangle），即动机/压力、机会、合理化/借口。为了帮助注册会计师更有效地发现报表舞弊，SAS No. 99（2002）也从动机/压力（16 个）、机会（14 个）、合理化/借口（12 个）3 个方面，提出了识别报表舞弊的 42 个风险因素（黄世忠，2006）。修订版的《国际审计准则第 240 号：审计师在财务报表审计中与舞弊有关的责任》（ISA No. 240，2009）中指出："舞弊，无论是舞弊性财务报告还是侵占私吞资产，都涉及实施舞弊的动机或压力、感知到的实施舞弊的机会以及行为的某种合理化。"我国《审计准则 1141 号》（2007）中第 12 条也指出，舞弊的发生通常涉及下列因素：动机或压力、机会、借口。

压力是进行会计舞弊的直接原因，是"火源"（Lister，2007），如面临财务困境、退市焦虑、无法满足财务预测、迎合市场预期、销售额下降、薪酬与公司绩效挂钩、对个人利益的强烈渴望、个人财务损失、贪婪等。"压力可以是财务压力也可以是非财务压力或政治和社会压力，非财务压力可能源于缺乏个人纪律或赌博、吸毒等其他弱点。而当人们觉得自己不能因为自己的地位或声誉而显得失败时，就会产生政治和社会压力。"（Murdoch，2008）。机会提供了进行会计舞弊的条件和时机，是"火上浇油"（Lister，2007），如内部控制、公司治理、外部审计存在缺陷，组织结构或交易过于复杂等。合理化/借口则为进行会计舞弊找到了与其道德观、价值观、行为准则相吻合的主观理由，而不论理由本身是否真正合理，是"保持火焰燃烧的氧气"（Lister，2007），如出发点是一个很好的愿望、别人都这么做、没有人会受到伤害、暂时度过困难、为了投资者需要保持高股价、别的公司也采用激进的会计政策、为了公司的利益、法律条文模糊不清等。

三角形理论在发展中又形成了两种观点：一是认为舞弊时三因素缺一不可，二是认为当只有一个因素足够强烈时，也会发生舞弊（韦琳，2011；孙青霞，韩传模，2012）。

四、会计舞弊三角形理论的拓展理论

尽管 Cressey 的舞弊三角形理论和模型得到了监管审计机构和准则标准（SAS No. 99，ISA No. 240）的支持，但不乏后来者（Albrecht，Howe，Romney，1984；Wolfe，Hermanson，2004；Kranacher，Morris，Pearson，et al. 2008；Kranacher，Riley，Wells，2011；Dorminey，Fleming，Kranacher，et al. 2012；Tugas，2012；Gbegi，Adebisi，2013；Kassem，Higson，2012）对三角形理论进行了批评、思考补充和拓展，提出了自己的见解，认为会计舞弊的动因还应包括个人诚信、个人能力、外部监管影响、公司治理机制等因素，以期望自己构建的新模型能更好地检测、预防和阻止舞弊，这些新的理论和模型包括以下几种。

（一）舞弊量表理论（Fraud Scale）

阿尔布雷希特（Albrecht）、豪（Howe）和罗姆尼（Romney）（1984）提出的舞弊量表由"压力、机会、个人诚信"组成，即用个人诚信替换了难以观察到的合理化，作为舞弊三角形模型的替代方案。量表评分时，压力高、机会大、个人诚信度低则表明舞弊风险程度较高；相反，压力低、机会小、个人诚信度高则表明舞弊风险程度较低；当三个因素处于均衡状态时，舞弊风险程度是中性的。审查诚信的优点是，个人诚信可以通过一个人的决策过程和决策结果来观察到，可以从过去的行为中推断出个人的诚信，从而评估其实施舞弊的可能性（Dorminey，Fleming，Kranacher，et al. 2012；Kassem，Higson，2012）。更重要的是，个人诚信会影响一个人合理化不适当行为（为不当行为辩解）的可能性，例如，正直的人不太可能为不适当的行为辩护。从这个角度来看，个人诚信是合理化概念和结构成分的提炼、改进和细化（Dorminey，Fleming，Kranacher，et al. 2012）。舞弊量表通过修改一个人合理化不适当行为的可能性，进而修改人们对合理化的评估。

（二）舞弊菱形理论（Fraud Diamond）

沃尔夫（Wolfe）和赫尔曼森（Hermanson）（2004）在舞弊三角形理论三因素之上增加了个人能力因素，形成了舞弊菱形理论和模型，即"动机/压力、机会、合理化、能力"，以提升舞弊预防和侦测效果。机会为舞弊打开了大门，动机/压力和合理化借口吸引人走向它，但是，个人能力影响舞弊是否真的会发生。笔者认为该理论的主要贡献在于，在评估舞弊风险时，明确且单独考虑了实施舞弊的能力，而不是像以前那样主要从环境因素的角度来看待舞弊的机会，例如公司的内部控制存在漏洞，尽管存在舞弊三角其他三要素，但是如果没有掌握控制弱点存在的技术技能的高管及其抗压且敢于鲁莽冒进的舞弊决定，舞弊可能永远不会成为现实，换言之，高管的个人能力是决定这种控制弱点是否最终会导致舞弊的主要因素，尤其在金额较大的，例如数十亿美元的舞弊案中表现得更为明显。

（三）舞弊五角形理论（Fraud Pentagon）

图加斯（Tugas，2012）通过对包括安然、南方健康、世界通信、萨蒂扬计算机服务、帕马拉特等公司在内的美国、意大利、日本、印度和菲律宾8起会计舞弊案件的研究发现，案例公司除了具备动机压力、机会、合理化、能力4种舞弊动因外，笔者还归纳出了一种新的舞弊因素，即外部监管影响，从而在舞弊菱形理论之上又增加了外部监管影响因素，形成了舞弊五角形理论和模型，即"动机/压力、机会、合理化、能力、外部监管"。笔者认为薄弱的外部监管将对舞弊发生的可能性产生乘数效应或倍增效应，因此，公司高层必须定期审查公司治理准则，以了解有关外部监管机构授权的变化，此外，建议在审计时，审计人员应该在内部控制一览表中考虑外部监管的影响。

（四）新舞弊菱形理论（New Fraud Diamond）

贝吉（Gbegi）和阿德比西（Adebisi）（2013）结合本国舞弊现状分析动因，归纳出了公司治理新因素，从而提出了新舞弊菱形模型。该理论模型包括"动机/压力、机会、个人诚信、能力、公司治理"因素，公司治理因素位于菱形的正中央，与其他四因素重叠交叉均有交集，公司治理的良莠同样是舞弊发生的指示器和表征。该模型是对舞弊菱形理论及其他模型的整合与扩展，笔者认为该模型可以使法务会计师或审计师更好地理解舞弊发生的原因，考虑导致舞弊发生的所有必要因素，有助于更有效地调查、评估、侦测和预防舞弊风险。

（五）新舞弊三角形理论（New Fraud Triangle）

卡西姆（Kassem）和希格森（Higson）（2012）构建的模型包括"动机/压力、机会、个人诚信和能力"，原因在于，笔者认为阿尔布雷希特（Albrecht）、豪（Howe）和罗姆尼（Romney）（1984）的舞弊量表模型，以及沃尔夫（Wolfe）和赫尔曼森（Hermanson）（2004）的舞弊菱形模型均应视为克雷西（1950）舞弊三角形模型的扩展，因此将其整合到一起，称为新舞弊三角形模型，目的是让外部审计师考虑导致舞弊发生的所有必要因素，更好地了解舞弊的原因，以有助于他们有效评估舞弊风险。

五、会计舞弊的 GONE 理论

GONE 理论认为舞弊的动因包括贪婪（Greed）、机会（Opportunity）、需要（Need）、暴露（Exposure）四因子（Bologna，Lindquist，Wells，1993）。贪婪意味着道德水平的低下。机会与权力有一定关系，如管理当局拥有管理会计工作的权利，如果权利得不到应有的监督，则管理当局就有了通过会计舞弊获取利益的机会。需要是舞弊的初始动机，如摆脱公司财务困境的需要或是扩充个人财富的需要。暴露指舞弊被发现的可能性和对舞弊者惩罚的程度，如果暴露的概率高、惩罚得重，则有足够的震慑力事前阻止舞弊的发生。也就是说管理当局或个人等舞弊者有贪婪之心和需要时，只要有机会且认为不太可能暴露时，就会进行舞弊行为（李若山，敦牧，1999）。

六、会计舞弊的风险因子理论

博洛尼亚（Bologna）和林德奎斯特（Lindquist）（1995）从 GONE 理论扩展而来的风险因子理论认为，舞弊的动因包括道德品质、动机、机会、被发现的概率以及受惩罚的程度。即可以分为两类：外因（一般因子）和内因（个别因子）（李若山，敦牧，1999；李若山，金或昉，祁新娥，2002）。外因指舞弊的机会、被发现的概率以及受惩罚的程度，是组织层面的。内因指道德品质、动机，是舞弊者个人层面的。该理论与 GONE 理论的对应关系是：

贪婪（道德品质）、机会（机会）、需要（动机）、暴露（被发现的概率以及受惩罚的程度）。

舞弊风险因子理论、GONE 四因素理论、三角形理论的对应关系（秦江萍，2005；孙青霞，韩传模，2012）如表 3-1 所示。

表 3-1　舞弊风险因子、GONE 四因素、三角形理论对应关系

舞弊风险因子		GONE 四因素	三角形
个别风险因子	道德品质	G 贪婪	借口
	动机	N 需要	压力
一般风险因子	舞弊机会	O 机会	机会
	被发现的概率	E 暴露	
	受惩罚的程度		

七、国内会计舞弊动因理论

关于会计舞弊动因的研究，国内主要有二因素假说、三因素假说和四因素假说等。

（一）二因素假说。朱国泓（2005）通过案例分析得出，"我国上市公司财务报告舞弊的土壤和原因包括两大方面：激励不足和错位，以及会计控制的虚化和弱化"。即从激励和会计控制视角出发，构建了会计舞弊的二因素假说，并从激励优化、会计控制强化两方面提出了财务报告舞弊的治理对策。

（二）三因素假说。梁杰和刘英男（2005）受到 Cressey 和 SAS No. 99 的舞弊三角风险评价模式的启示，提出了会计舞弊的三因素假说，认为"会计舞弊不可或缺的三大元素是：诱因、机会和手段。巨大的利益驱动成为造假的原动力，环境控制的缺乏使造假成为可能，变化多样的欺诈手段促成造假的实现"。笔者认为，当其中任意一个元素的可能性增加时，舞弊的可能性就会增加，当三个元素的可能性都增加时，舞弊的发生将确信无疑。

（三）四因素假说。娄权（2004）认为财务报告舞弊的影响因子包括 4 种，即文化（社会文化、组织文化）、动机（契约动机、竞争性资本市场动机）、机会（信息不对称、不完全合约、公司治理失败、投资者存在功能锁

定、监管不力）和权衡（舞弊收益与舞弊成本的考量、未来收益与当期收益的权衡）。当这 4 种因子全部具备时，舞弊就会发生。

综上所述，仁者见仁，智者见智，关于会计舞弊动因的理论研究尚无统一定论，仍有发展空间，但三角形理论是目前应用最为广泛的理论。

第二节　会计舞弊动因的内部控制理论分析

由内部控制理论指导选择会计舞弊风险指数的影响因素自变量。

美国安然（1997—2001）、世界通信（2001）等公司的会计舞弊事件，促使 2002 年美国国会通过了《萨班斯-奥克斯利法案》，法案要求上市公司评价内部控制的有效性，披露实质性重大缺陷，定期披露内部控制报告。受此影响，各国均已认识到了内部控制的重要作用。

一、COSO

COSO 报告对内部控制的定义是："内部控制是企业董事会、管理层以及其他员工为达到财务报告的可靠性、经营活动的效率和效果、相关法律法规的遵循三个目标而提供合理保证的过程。"内部控制由"控制环境、风险评估、控制活动、信息与沟通、监控"[①] 五大要素构成。

1985 年，美国会计学会（AAA）、注册会计师协会（AICPA）、内部审计师协会（IIA）、财务经理协会（FEI）、管理会计师协会（IMA）共同赞助成立了防舞弊财务报告委员会（National Commission On Fraudulent Financial Reporting，又称 Treadway Commission）。1987 年，又赞助成立了 COSO 委员会，专门研究内部控制问题，并于 1992 年 9 月发布了 COSO 报告即《内部控制：整体框架》（储稀梁，2004）。2004 年 9 月，COSO 结合萨班斯法案进行扩展，发布了新报告《企业风险管理：整体框架》，增加了一个观念（风险组合观）、一个目标（战略目标）、两个概念（风险偏好、风险容忍度）和三个要

---

① 阿妮塔·S. 霍兰德，埃星克·L. 德纳，J. 欧文·彻林顿. 现代会计信息系统［M］. 杨周南，赵纳晖，陈翔，等译. 北京：经济科学出版社，1999：169-199，421-461.

素（目标制定、事项识别、风险反应）变为八要素，并将原先的"控制环境"扩展为"内部环境"（朱荣恩，贺欣，2003）。

（一）控制环境

控制环境决定了组织的基调，影响人的控制意识，包括：（1）组织结构；（2）管理理念和业务运行风格；（3）董事会和审计委员会的参与；（4）权利和责任的分配；（5）正直和伦理行为；（6）竞争力；（7）人力资源政策和实践；等等。

道德伦理价值观是控制环境的基本要素，有良好道德品质的人常常基于正确的理由做正确的事。公司应雇佣诚实的人，建立道德行为准则，规定公司中什么行为是适当的或不适当的。

良好的管理理念也有助于避免出现高风险的环境。例如，雇员是否具备完成工作的知识和技能；管理层接受业务风险和报告财务状况时，采用的是保守的方法还是合理的方法；公司对高风险业务是否持审慎态度；对会计政策的采用是否遵循谨慎性原则；董事会中是否有来自组织外的代表；是否有审计委员会来监督财务报表的审计过程；企业是否有清晰的组织结构，职责分工是否恰当，报告关系是否确定，是否能及时规划、控制和监控重大活动；雇员是否了解公司政策、自己职责以及该向谁报告；管理层是否建立了强调正直和道德行为的企业文化；等等。

人力资源政策和实践与雇佣、提升、培训、评估、解聘等相关，人是组织最重要的资产，条件是雇佣、培训、组织得当，否则人力资源就会变成负债而不是资产。

总之，"若高层管理人员的道德伦理行为的标准高，就会雇佣有能力的员工，对他们进行适当的工作培训，建立良好的组织结构，使一个人的工作检查另一个人的工作，并保持保守的管理风格和财务报告制度"。这时组织具有强有力的控制环境。

（二）风险评估

企业的风险至少包括："战略、决策、操作、财务和信息风险。"这些风险与财务报告、经营活动、法律法规的遵循相关。风险评估就是识别可能发生的风险及其发生的可能性的过程，评估时应重点调查的区域包括：企业曾在哪些方面发生过错误和损失，其他类似的企业曾在哪些方面发生过损失，向雇员询问最可能发生错误和舞弊的地方。

（三）控制活动

"控制活动是组织建立的一系列政策和程序，以保证采取必要的行动降低与组织目标相关的风险。"包括职责分离（授权、执行、记录、保管）、物理接触控制、信息处理控制、业绩检查、轮岗、联签等。控制活动也可划分为：预算控制、会计系统控制、不相容职务分离控制、财产保护控制、运营分析控制、绩效考评控制、授权审批控制等。

（四）信息与沟通

信息与沟通是以一定的形式，在一定的时间内识别、收集和交换信息，使员工理解内部控制的各个角色及任务，顺利履行其职责。"人们应该理解自己的活动如何与他人的工作相关，以及例外情况如何报告给高层管理人员。"开放的交流渠道有助于及时报告和处理例外情况。要交流的还应包括组织的政策、会计和财务报表、其他经营信息等。"公司可建立总裁办公会制度、重大信息内部报告制度、经济运行分析例会机制、预算执行反馈机制等多渠道的信息沟通机制，确保各类信息在公司内有效传递。"[①]

（五）监控

监控是评估一段时期的内部控制质量的过程，包括及时评估控制的设计和运行情况，并在必要的时候采取必要的行动。监事会、董事会审计委员会分别对董事、高级管理人员的管理行为进行监督，检查公司财务和监督公司的内部审计制度及实施，审查公司内部控制等职权。内部审计人员可以定期对内部控制进行检查，评价其有效性；政府部门的检查、外部审计人员的报告等，都会对内部控制是否充分和如何改进提供信息。通过监控，可以加强经营管理，健全内部控制制度，防范经营风险，提高经济效益和信息可靠性。

二、我国企业内部控制规范

为了防范舞弊及财务困境或破产等风险，提高经营管理水平，我国相继

---

① 阿妮塔·S. 霍兰德，埃星克·L. 德纳，J. 欧文·彻林顿. 现代会计信息系统：第1版 [M]. 杨周南，赵纳晖，陈翔，等译. 北京：经济科学出版社，1999.

颁布了各种内部控制规范。

从 2001 年 6 月起，财政部陆续颁布了包括基本规范、货币资金、采购与付款、销售与收款、担保、对外投资、工程项目等规范在内的《内部会计控制规范（试行）》。

自 2006 年 7 月 1 日起上海证券交易所要求所有上市公司实施内部控制指引。深圳证券交易所从 2007 年年报开始实施内部控制指引。自 2009 年 7 月 1 日起所有上市公司改为实施由财政部、审计署、证监会、银监会、保监会五部委发布的《企业内部控制基本规范》。为了与国际趋同，基本规范借鉴了 COSO 五要素且内容上体现了风险管理八要素实质，内控目标在 COSO 3 个目标的基础上增至 5 个，即增加了资产安全和实现发展战略，自 2011 年 1 月 1 日起逐步实施内部控制 18 项应用指引，以及内部控制评价指引和审计指引。

三、内部控制指数

为了仅用一个数值就可以统一量化繁杂的内部控制指标，进而便于排序，评价企业内控水平，直观显示出舞弊、经营、遵法等风险漏洞和防范水平，各国相继构建了内控缺陷指数（打分加权和）（Ashbaugh-Skaife, Collins, Kinney, 2007)、披露指数（打分加权和）（Botosan, 1997；Moerland, 2007)、目标指数（变量行业标准化后加权和）（Tseng, 2007；王宏，蒋占华，胡为民，等，2011)。我国的内控指数有东财综合指数、厦大披露指数、浙大指数、迪博两种指数即披露指数或目标指数等。

综上所述，薄弱的内部控制为会计舞弊提供了机会，也成为舞弊动因之一。根据内部控制理论五要素，以及由五要素或五目标分别合成的内部控制披露指数或目标指数，可以指导选择会计舞弊风险指数的影响因素自变量。

第三节　会计舞弊动因的公司治理理论分析

由公司治理理论指导选择会计舞弊风险指数的影响因素自变量。

一、公司治理定义

拥有资金的所有者未必有经营能力，同样有经营能力者未必拥有资金。为了解决资金和人才统一的问题，现代公司制采取的是经营权和所有权相分离的策略，也是其主要特征之一，但由此产生了委托代理问题（Jensen，Meckling，1976），拥有两种权利的人的利益不完全相同，存在较大偏离，在经营者有能力无信任的环境下，产生了代理成本，需要通过公司治理结构来解决。经济学家吴敬琏（1994）指出："所谓公司治理结构，是指由所有者、董事会和高级执行人员即高级经理人员三者组成的一种组织结构。在这种结构中，上述三者之间形成一种制衡关系。通过这一结构，所有者将自己的资产交由公司董事会托管；公司董事会是公司的最高决策机构，拥有对高级经理人员的聘用、奖励以及解雇权；高级经理人员受雇于董事会，组成在董事会领导下的执行机构，在董事会的授权范围内经营企业。"

二、公司治理形式：内部治理与外部治理

（一）内部治理

"股东会、董事会、经理层、监事会相互制衡共同实施对公司的治理，称为内部治理。"[①] 它采用激励、监督、决策机制，促使代理人——经营者努力工作，使经营者与所有者利益一致，最大限度地增加委托人——所有者的效用和利益，降低代理成本，避免偷懒、高在职消费、机会主义等道德风险。

1. 激励。激励的核心是将经营者对个人效用最大化的追求转化为对所有者或公司利润最大化的追求。内部激励的内容包括：（1）报酬激励，如工资、股票、养老金计划等；（2）剩余支配权激励，在股东和经营者之间分配事后剩余或利润；（3）经营控制权激励，使经营者具有职位特权，享受高在职消费；（4）荣誉、声誉等精神激励；（5）对经营者聘用与解雇的激励机制。

2. 监督。监督机制是指利害相关者对经营者的经营成果、行为或决策所

---

① 李维安，武立东. 公司治理教程［M］. 上海：上海人民出版社，2002：53-63；《中华人民共和国公司法》，2005 年 10 月 27 日。

进行的客观而及时的审核、监察与督导的行动，内部监督的内容包括：（1）股东的监督，分"用手投票"和"用脚投票"两种形式。"用手投票"指通过股东会集中投票，替换不称职的董事会成员，从而促使经理人员的更换。"用脚投票"指股东在股票市场上抛售股票。（2）股东会的监督，对高层经营管理人员和重大经营活动的监督表现在：选举和罢免董事与监事的权利，对玩忽职守董事的起诉权，对公司经营的知情权及账目文件的阅览权，通过监事会对经营者监督，等等。（3）董事会的监督，如董事会聘任和解雇经理人员，制定重大长期战略来约束经理行为等。（4）监事会的监督，监事会经股东会授权，完全独立地行使监督权，不受其他机构干预，以董事会和总经理为监督对象，监督公司的一切经营活动，包括业务和会计监督，如监督董事或经理人员执行业务时的违法行为，随时审查公司财务账目，审核董事会编制的提供给股东会的各种报表，公司出现重大问题时提议召开股东会。

3. 决策。激励与监督的目的，就是要促使经营者努力工作、科学决策，实现所有者利益最大化，因此，公司内部治理不仅要建立有效的激励监督机制，而且要建立一套科学的决策机制。决策机制包括：（1）股东会的决策权，如选举和罢免董事和经理，审议公司章程，批准年度财务报告，决定利润分配方案，对公司合并、分立、解散等行使投票权，对公司经营方向、投资方案进行决策；（2）董事会的决策权，如聘任、监督经理并决定其报酬，制定公司经营目标、重大方针，提出利润分配方案供股东会审议，通过修改和撤销公司内部规章细则，决定公司财务原则，代表公司签订合同，决定公司待遇，召集股东会，等等。

（二）外部治理

公司的有效运行和科学决策，不仅需要内部治理机制，还需要一系列通过资本、经理、产品市场和国家法律法规来发挥作用的外部治理机制。在资本市场上，如果经理经营不善，公司股价下跌，公司股票就可能被别人或别的公司低价大量买进，公司控制权发生转移，从而赶走现任经理；在经理市场上，如果一个经理把公司搞得一塌糊涂，他的无能或偷懒被反映出来，不但现职不保，而且很难在别的公司谋到职位；在产品市场上，倘若公司的产品不能占有一定的市场份额，股东们将获得此信息，并通过董事会对无能或偷懒的经理进行处罚。

综上所述，一方面，管理层存在进行会计舞弊的动机，例如，为了扩大自身报酬而虚增与其挂钩的公司利润、伪造财务单据侵占公司财产等。另一方面，与小股东相比，大股东占有信息优势、资源优势、话语权和更多机会，大股东存在为了"掏空"公司而进行会计舞弊的动机，如进行异常频繁的关联交易和内幕信息操纵等。委托代理成本中有相当大的一部分就是为了有效防范舞弊等机会主义道德风险而形成的费用。总之，公司治理结构存在缺陷为舞弊提供了机会，是会计舞弊的动因之一。根据公司治理理论的股东会、董事会、监事会、经理层和激励、监督、决策、外部治理框架要素，可以指导选择会计舞弊风险指数的影响因素自变量，具体化为股权性质、结构、参与度和大股东行为，董事会结构、特征、激励和勤勉度，高管结构、特征、激励、勤勉度和被制约程度，监事会结构、特征、激励和勤勉度，社会责任履行程度等变量。

三、公司治理与内部控制的关系

厘清内部控制与内部治理结构之间的关系，有助于对会计舞弊风险指数影响因素的内控和治理结构自变量进行清晰的分类。

内部控制与内部治理结构的关系表现为：内部治理结构侧重于处理股东与董事会、董事会与总经理之间的委托代理关系，而内部控制侧重于处理总经理与中层管理人员及工人之间的委托代理关系。"内部治理结构以'股东—董事会—总经理'委托代理链上的各个节点为主体，董事会是核心，总经理之下的业务执行系统，按经典治理结构的定义不属于法人治理结构的范畴。而内部控制以'董事会—总经理—部门经理—执行岗位'委托代理链上的节点为主体，总经理是核心。董事会和总经理是重合部分，既是法人治理结构的主体，也是内部控制的主体。"（李连华，2005）公司治理结构与内部控制的镶嵌关系如图3-1所示。

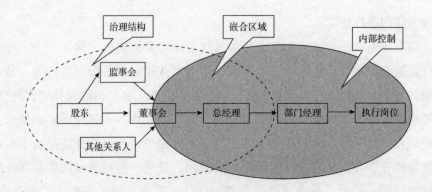

图 3-1　公司治理结构与内部控制的镶嵌关系

第四章

二分类会计舞弊识别模型构建

会计舞弊识别模型包括早期的二分类识别模型和刚刚起步的会计舞弊风险指数模型。为了清晰地对比这两大类模型构建原理和构建基础的差异、各自优缺点的不同，清楚地了解各自的发展过程，本书在最终构建会计舞弊风险指数之前，先于本章构建了二分类识别模型中具有代表性的统计和人工智能模型：Logistic 舞弊识别模型、因子分析 Logistic 舞弊识别模型和 BP 神经网络舞弊识别模型。

第一节　二分类舞弊识别模型与舞弊风险指数构建基础的差异

一、二分类舞弊识别模型的构建基础和优缺点

（一）构建基础

二分类舞弊识别模型的构建基础是：舞弊和非舞弊公司都是确定的（李清，闫世刚，2018）。舞弊公司被证监会、各省证监局、沪深交易所或是财政部处罚是确定的，但非舞弊公司未必没有舞弊行为，只是尚未发现而已，因此难以确定，从而造成二分类识别模型的构建基础存疑或不成立，这就是此类模型存在难以突破的最大瓶颈问题，直接导致强硬建立起来的模型的准确率难以提升。

（二）优点

1. 对样本分布无要求。尽管样本服从多元正态分布能够提高模型稳定性和功效。

2. 对自变量类型无要求。自变量可以是连续变量、离散变量、交互变量等。

3. 建模成本低。商品化统计软件的普及使得建模成本较低。

4. 易于评估准确率。容易使用 K 折交叉验证、保持方法、留一法等进行交叉验证以评估模型的准确率。

5. 易用性。模型简单直观，易于理解和应用，其中 Logistic 回归是使用最多的模型。

6. 用途广。除了舞弊判别外，像 Logistic 这种模型还可以进行自变量对舞弊因变量影响的显著性和正负相关性检验，并通过显著的自变量为降低舞弊发生提供治理途径。

（三）缺点

1. 非舞弊公司不确定，影响到模型的构建基础，构建基础存疑。

2. 指标体系选择困难。已有文献显示，大多数做法是穷尽各种舞弊征兆，然后通过均值差异检验初筛出差异显著的指标，再使用统计软件自动逐步选择筛选出显著的指标组合。由于不同的建模者使用的样本公司不同，因此隐含的舞弊手段可能不同，经常会出现同一个指标在 A 模型中与舞弊显著相关，但在 B 模型中却不显著的情况，指标的显著只对有限样本有效，即目前尚无公认统一有效"包治百病"的指标体系。

3. 多重共线性难以解决。很多统计模型例如 Logistic 回归对多重共线性敏感，共线性将导致指标的显著性下降，或是系数正负号的异常改变，以致难以解释指标与舞弊的相关性。当我们将更多的指标放入模型以期囊括对各种舞弊手段有识别能力的指标，矛盾的是指标越多，共线性就会越严重。共线性的解决办法包括：增加样本、删除变量、用主成分合成新变量、对交互变量实施中心化处理等，而上述方法往往由于舞弊样本有限、理论分析需要的变量不能删除、合成的新变量难以解释会计含义等原因难以实现。

4. 舞弊点难以判断。由于 Logistic 回归是根据多指标加权和导致的概率超过阈值来判别舞弊，因此难于判断具体是与哪个指标相关的舞弊发生了。

5. 识别准确率偏低。一是因为模型只包含有几个指标，只能识别出与这几个指标相关的舞弊，其他的舞弊识别不出来。二是因为单个指标的值较小意味着没有舞弊发生，但是多个小指标值的加权和导致舞弊概率超过阈值，从而误判为舞弊。三是因为 30 万元的舞弊可以被识别出来，而几个 1 万元舞弊的加权和由于概率没有超过阈值就识别不出来。

6. 阈值选择困难。选取的舞弊概率阈值不同，会造成舞弊和非舞弊样本识别准确率如跷跷板式上下摇摆，此高彼低难以抉择。

7. 需要判定模型结构。我们的惯性思维导致建模时不加思索地默认舞弊是影响因素指标的线性组合，而实际上很可能是二次方的非线性组合。

二、舞弊风险指数的构建基础和优缺点

（一）构建基础

会计舞弊风险指数的构建基础是：认为每个公司都有舞弊的风险。

（二）优点

1. 事先无须知道更多信息。建模前不必知道公司舞弊与否，规避了非舞弊公司难以确定的难题。

2. "或"的思想。摒弃了二分类模型结构指标加权和"与"的老思路，而是采用单指标得分"或"的新思路，只要有一个指标超过阈值就是舞弊，舞弊识别更符合客观实际。

3. 舞弊点直观。由于每个指标与舞弊手段对应着，因此指标得分直观地显示出了舞弊的手段和程度。

4. 无须关注多重共线性。可以选取更多的指标以穷尽各种手段的舞弊，而不存在共线性问题。

5. 灵敏度高。指数具有连续、灵敏、精细化刻画舞弊风险程度的优点，规避了二分类非此即彼的分类粗的缺点。

6. 直观易用。指数既是舞弊范围和程度的直观反映，也是监管者和利益相关者简单易用的决策工具。

7. 构建可操作性强。由于年报定期披露的强制性和财务数据的易得性，

因此，根据舞弊手段造成的财务结构异常变化确定指标体系而构建指数，就具有较强的可操作性。

8. 挖掘舞弊动因理论层面高。以财务指标构建指数，以内部控制、公司治理和外部监督指标作为舞弊三角形理论的具体动因进行数据挖掘回归分析，从而形成了更高理论层面上舞弊动因的挖掘。

（三）缺点

1. 指标体系选取困难。选取什么样的指标体系才能穷尽舞弊手段并能更准确地识别出舞弊风险，是研究的重点难点，就如同二分类模型一样。

2. 阈值确定困难。阈值是判断一个公司在该指标上舞弊与否的门槛，在该指标上 100 万元是舞弊，1 万元也是舞弊，如何确定指标阈值才能做到舞弊风险刻画的高灵敏度，是另一重点和难点。

第二节　二分类舞弊识别指标选取

构建二分类识别模型的初始指标体系如表 4-1 所示，所有指标值越大，舞弊风险越大，为了保证后面会计舞弊风险指数构建过程的完整性，故将各个指标与舞弊正相关的详细解释放在了第五章中。

表 4-1　舞弊识别指标体系

		符号	指标	计算方法（ABS 表示取绝对值，未特别指出则指期末余额）
纵向指标	资产负债表	X_1	应收账款周转指数	[（应收账款平均净额+应收账款坏账准备平均余额）/营业收入]$_t$/ [（应收账款平均净额+应收账款坏账准备平均余额）/营业收入]$_{t-1}$
		X_2	应收账款变动指数	[（应收账款净额+应收账款坏账准备）/总资产]$_t$/ [（应收账款净额+应收账款坏账准备）/总资产]$_{t-1}$
		X_3	其他应收款变动指数	[（其他应收款净额+其他应收款坏账准备）/总资产]$_t$/ [（其他应收款净额+其他应收款坏账准备）/总资产]$_{t-1}$
		X_4	存货周转指数	（存货平均净额/营业成本×365）$_t$/（存货平均净额/营业成本×365）$_{t-1}$
		X_5	存货变动指数	（存货净额/总资产）$_t$/（存货净额/总资产）$_{t-1}$
		X_6	固定资产折旧率指数	[当年增加的固定资产折旧/（期初固定资产原值+当年增加的固定资产原值）]$_{t-1}$/ [当年增加的固定资产折旧/（期初固定资产原值+当年增加的固定资产原值）]$_t$
		X_7	资产质量指数	[1−（固定资产净额+流动资产）/总资产]$_t$/ [1−（固定资产净额+流动资产）/总资产]$_{t-1}$
	利润表	X_8	营业收入增长指数	营业收入$_t$/营业收入$_{t-1}$
		X_9	期间费用率指数	（期间费用/营业收入）$_{t-1}$/（期间费用/营业收入）$_t$

续表

		符号	指标	计算方法（ABS 表示取绝对值，未特别指出则指期末余额）
横向指标	资产负债表	X_{10}	存贷双高	[（货币资金/总资产）×（短期借款+一年内到期的非流动负债+长期借款+应付债券）/总资产]$_t$
		X_{11}	应收账款周转天数	[（应收票据平均余额+应收账款平均净额+应收账款坏账准备平均余额）/营业收入×365]$_t$
		X_{12}	预付账款占比	（预付账款/总资产）$_t$
		X_{13}	其他应收款占比	[（其他应收款净额+其他应收款坏账准备）/总资产]$_t$
		X_{14}	存货周转天数	（存货平均净额/营业成本×365）$_t$
	利润表	X_{15}	资产质量	[1-（固定资产净额+流动资产）/总资产]$_t$
		X_{16}	营业收入毛利率	[（营业收入-营业成本）/营业收入]$_t$
		X_{17}	第四季度营收占比	（第四季度营业收入/年营业收入）$_t$
		X_{18}	非营业收入占比	[（营业外收入+公允价值变动收益+投资收益）/营业收入]$_t$
		X_{19}	营业收入期间费用比	[营业收入/（销售费用+财务费用+管理费用）]$_t$
		X_{20}	盈余现金流量差	[ABS（净利润-经营活动现金净流量）/总资产]$_t$
		X_{21}	经营性应计利润的绝对值	{ABS [（净利润-公允价值变动收益-投资收益-营业外收入+财务费用+营业外支出）-经营活动现金净流量]/总资产}$_t$
	现金流量表	X_{22}	销售现金比率	-1×（经营活动现金净流量/营业收入）$_t$
		X_{23}	其他经营现金流占比	（收到的其他与经营活动有关的现金/经营活动现金流入）$_t$

续表

		符号	指标	计算方法（ABS 表示取绝对值，未特别指出则指期末余额）
横向指标	盈余管理	X_{24}	应计盈余管理程度	修正的 Jones 模型如下： 　　$TA_t/A_{t-1} = \alpha_0/A_{t-1} + \alpha_1（\Delta REV_t/A_{t-1}）+ \alpha_2（PPE_t/A_{t-1}）+ \varepsilon_t$ 　　$NDA_t = \hat{\alpha}_0/A_{t-1} + \hat{\alpha}_1\left[（\Delta REV_t - \Delta REC_t）/A_{t-1}\right] + \hat{\alpha}_2（PPE_t/A_{t-1}）$ 　　$DA_t = TA_t/A_{t-1} - NDA_t$ 　　DA_t 的绝对值为盈余管理。TA_t 为总应计利润，等于净利润减去经营活动产生的现金流量净额。NDA_t 为不可操控性应计利润。A_{t-1} 为 t-1 年末总资产。ΔREV_t 为 t 年营业收入变化量。ΔREC_t 为 t 年应收账款余额变化量。PPE_t 为 t 年固定资产原值

第三节　样本选取和均值差异检验

一、样本选取

如表 4-2 所示，样本分为训练集和测试集两类，训练集用以构建模型，测试集用以评估模型准确率。按照先建模后使用模型的逻辑顺序，以 2015、2016 年的样本作为训练集，以 2017 年的样本作为测试集。

构建出优秀的模型是个艰难的选择过程，故具体建模时又采取两种方案以便进行模型有效性对比（如表 4-3 所示）。

方案一：以训练集的 51 家舞弊公司以及按照 1∶1 配对筛选的 51 家非舞弊公司共计 102 家公司构建模型，配对的原则是样本要同行业、同年度，且非舞弊公司历年来从未发生过舞弊行为，即在 CSMAR 违规数据库中没有舞弊处罚记录。评估模型准确率采取两种方法：测试集一是以测试集的 25 家舞弊公司以及按照 1∶1 配对筛选的 25 家非舞弊公司共计 50 家公司评估模型准确率，配对方法同上。测试集二是以测试集的 25 家舞弊公司以及其他所有 2998

家非舞弊公司共计3023家公司评估模型准确率。

方案二：以训练集的51家舞弊公司以及其他所有5077家非舞弊公司共计5128家公司构建模型。评估模型准确率采取两种方法：测试集一是以测试集的25家舞弊公司以及按照1：1配对筛选的25家非舞弊公司共计50家公司评估模型准确率，配对方法同上。测试集二是以测试集的25家舞弊公司以及其他所有2998家非舞弊公司共计3023家公司评估模型准确率。

表4-2　训练集和测试集样本

年度	训练集			测试集		
	舞弊公司数	非舞弊公司数	合计数	舞弊公司数	非舞弊公司数	合计数
2015	23	2432	2455			
2016	28	2645	2673			
2017				25	2998	3023
合计数	51	5077	5128	25	2998	3023

表4-3　方案一和方案二对比

	训练集			测试集一			测试集二		
	舞弊	非舞弊	合计	舞弊	非舞弊	合计	舞弊	非舞弊	合计
方案一	51	51	102	25	25	50	25	2998	3023
方案二	51	5077	5128	25	25	50	25	2998	3023

二、均值差异检验

表4-4为方案一训练集舞弊与非舞弊公司共计102个样本各个识别指标的均值差异检验结果，用以探测两类公司指标均值的异同，初步判定哪些指标具有舞弊分类能力。独立样本t检验的结果显示：固定资产折旧率指数、营业收入增长指数、存贷双高、预付账款占比、资产质量、盈余现金流量差、销售现金比率、其他经营现金流占比、应计盈余管理程度9个指标舞弊和非舞弊样本均值相等的概率小于5%，差异显著。

表4-5为方案二训练集舞弊与非舞弊公司共计5128个样本各个识别指标的均值差异检验结果，独立样本t检验的结果显示：存贷双高在5%的水平上

显著，预付账款占比、其他经营现金流占比在10%的水平上显著。

表4-4 方案一训练集均值差异检验（102样本）

指标	总体均值	舞弊公司均值	非舞弊公司均值	t检验 p 值（H₀：均值相等）
应收账款周转指数	1.1777	1.2923	1.0631	0.075
应收账款变动指数	1.2207	1.4144	1.0271	0.059
其他应收款变动指数	1.7230	1.3519	2.0941	0.457
存货周转指数	0.9998	0.9675	1.0321	0.364
存货变动指数	1.0198	1.0742	0.9654	0.629
固定资产折旧率指数	1.0659	1.1493	0.9824	0.047
资产质量指数	1.0884	1.1346	1.0423	0.319
营业收入增长指数	1.2287	1.3613	1.0962	0.002
期间费用率指数	1.0360	1.0695	1.0025	0.236
存贷双高	0.0281	0.0344	0.0218	0.031
应收账款周转天数	103.0762	113.6584	92.4940	0.180
预付账款占比	0.0216	0.0285	0.0146	0.013
其他应收款占比	0.0166	0.0161	0.0171	0.833
存货周转天数	191.9429	228.6877	155.1980	0.184
资产质量	0.2359	0.2687	0.2032	0.043
营业收入毛利率	0.3186	0.2970	0.3402	0.233
第四季度营收占比	0.3247	0.3406	0.3087	0.158
非营业收入占比	0.0390	0.0315	0.0464	0.187
营业收入期间费用比	6.4983	6.5902	6.4064	0.830
盈余现金流量差	0.0541	0.0668	0.0414	0.028
经营性应计利润的绝对值	0.0563	0.0642	0.0484	0.128
销售现金比率	-0.0979	-0.0221	-0.1736	0.000
其他经营现金流占比	0.0609	0.0875	0.0343	0.001
应计盈余管理程度	0.0531	0.0654	0.0408	0.023

表4-5 方案二训练集均值差异检验（5128样本）

指标	总体均值	舞弊公司均值	非舞弊公司均值	t检验p值（H_0：均值相等）
应收账款周转指数	1.4047	1.2923	1.4058	0.905
应收账款变动指数	4.7287	1.4144	4.7621	0.880
其他应收款变动指数	2.3648	1.3519	2.3750	0.828
存货周转指数	1.3690	0.9675	1.3731	0.776
存货变动指数	2.2418	1.0742	2.2537	0.883
固定资产折旧率指数	1.0889	1.1493	1.0883	0.532
资产质量指数	1.6386	1.1346	1.6437	0.824
营业收入增长指数	1.8247	1.3613	1.8293	0.901
期间费用率指数	1.1343	1.0695	1.1350	0.895
存贷双高	0.0238	0.0344	0.0237	0.035
应收账款周转天数	132.6363	113.6584	132.8270	0.665
预付账款占比	0.0201	0.0285	0.0200	0.098
其他应收款占比	0.0257	0.0161	0.0258	0.324
存货周转天数	316.8100	228.6877	317.6954	0.812
资产质量	0.2312	0.2687	0.2309	0.154
营业收入毛利率	0.2835	0.2970	0.2834	0.586
第四季度营收占比	0.3120	0.3406	0.3117	0.490
非营业收入占比	0.1028	0.0315	0.1035	0.774
营业收入期间费用比	7.9925	6.5902	8.0066	0.618
盈余现金流量差	0.0568	0.0668	0.0567	0.619
经营性应计利润的绝对值	0.0564	0.0642	0.0563	0.565
销售现金比率	−0.0724	−0.0221	−0.0729	0.583
其他经营现金流占比	0.0638	0.0875	0.0636	0.092
应计盈余管理程度	0.0737	0.0654	0.0738	0.870

第四节　Logistic 舞弊识别模型

一、Logistic 模型原理

Logistic 回归有二分类和多分类之分，原理和推导过程不尽相同，这里只叙述与本文相关的二分类 Logistic 回归原理。Logistic 回归使用 Sigmoid 函数 $f(x) = \dfrac{1}{1+e^{-x}}$（如图 4−1 所示）采用最大似然估计法进行模型估计[1]，Sigmoid 函数值在 ［0，1］ 之间变化，当 x 趋向负无穷时，函数值趋向于 0，当 x 趋向正无穷时，函数值趋向于 1，如同舞弊发生的概率。

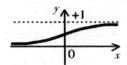

图 4−1　Sigmoid 函数

假设有 n 个公司，每个公司有 k 个变量 X_1，X_2，…，X_k，则原始数据矩阵为：

$$X = \begin{bmatrix} x_{11} & x_{21} & \cdots & x_{k1} \\ x_{12} & x_{22} & \cdots & x_{k2} \\ \cdots & \cdots & \cdots & \cdots \\ x_{1n} & x_{2n} & \cdots & x_{kn} \end{bmatrix} = (X_1,\ X_2,\ \ldots,\ X_k)$$

设用 1 表示公司发生舞弊，用 0 表示公司没有发生舞弊，从总体中随机抽取 n 个公司作为样本，观测值标注为 y_1，…，y_n，取值为 1 或者 0。设 $p_i = P(y_i = 1 \mid x_{1i}, x_{2i}, \ldots, x_{ki})$ 为给定 k 个自变量 x_{1i}，x_{2i}，…，x_{ki} 的条件下公司 i 发生舞弊（$y_i = 1$）的条件概率，于是，Logistic 回归模型将有下列形式：

---

① 王济川，郭志刚. Logistic 回归模型：方法与应用 ［M］. 北京：高等教育出版社，2001：6−17.

$$p_i = P\ (y_i = 1 \mid x_{1i},\ x_{2i},\ \ldots,\ x_{ki})\ = \frac{1}{1 + e^{-(\alpha + \sum_{j=1}^{k} \beta_j x_{ji})}} \qquad (4.4.1)$$

等价于下式

$$\ln\ (\frac{p_i}{1 - p_i}) = \alpha + \sum_{j=1}^{k} \beta_j x_{ji} = \alpha + \beta_1 x_{1i} + \beta_2 x_{2i} + \ldots + \beta_k x_{ki} \qquad (4.4.2)$$

而在同样条件下，公司不发生舞弊（$y_i = 0$）的条件概率为 $P\ (y_i = 0 \mid x_{1i},$ $x_{2i},\ \ldots,\ x_{ki})\ = 1 - p_i$。于是，得到一个观测值的概率为：

$$P\ (y_i)\ = p_i^{y_i}\ (1 - p_i)^{1 - y_i} \qquad (4.4.3)$$

其中，$y_i = 1$ 或 $y_i = 0$。因为各项观测相互独立，所以 n 项观测的联合概率，也就是似然函数为 n 个概率的乘积：

$$L(\alpha,\ \beta_j) = \prod_{i=1}^{n} p_i^{y_i}\ (1 - p_i)^{1 - y_i} \qquad (4.4.4)$$

最大似然估计就是只求出一组参数 α 和 β_j（$j = 1,\ 2,\ \ldots,\ k$），使得 n 个样本其各自的自变量 $x_{1i},\ x_{2i},\ \ldots,\ x_{ki}$（$i = 1,\ \ldots,\ n$）与参数 α 和 β_j（$j = 1,$ $2,\ \ldots,\ k$）的"乘积和"与其观测值 $y_i = 1$ 或 $y_i = 0$ 恰能对应上（如表 4-6 所示）同时成立的概率最大。似然函数的最大化与似然函数的对数的最大化是等价的，因为 $\ln\ [\ L\ (\alpha,\ \beta_j)\ ]$ 是 $L\ (\alpha,\ \beta_j)$ 的单调函数，使 $\ln\ [\ L\ (\alpha,$ $\beta_j)\ ]$ 取得最大值的 α 和 β_j 同样使 $L\ (\alpha,\ \beta_j)$ 取得最大值。由于使似然函数 $L\ (\alpha,\ \beta_j)$ 最大化的过程较为困难，为了简化计算，一般是求似然函数对数的最大化，对数似然函数如下：

$$\ln\ [\ L\ (\alpha,\ \beta_j)\ ] = \ln\ [\ \prod_{i=1}^{n} p_i^{y_i}\ (1 - p_i)^{1 - y_i}\ ]$$

$$= \sum_{i=1}^{n} [\ y_i \ln\ (p_i)\ + (1 - y_i)\ \ln\ (1 - p_i)\ ]$$

$$= \sum_{i=1}^{n} [\ y_i \ln\ (\frac{p_i}{1 - p_i})\ + \ln\ (1 - p_i)\ ]$$

$$= \sum_{i=1}^{n} [\ y_i(\alpha + \sum_{j=1}^{k} \beta_j x_{ji})\ + \ln\ (1 - \frac{1}{1 + e^{-(\alpha + \sum_{j=1}^{k} \beta_j x_{ji})}})\ ]$$

$$= \sum_{i=1}^{n} [\ y_i(\alpha + \sum_{j=1}^{k} \beta_j x_{ji})\ - \ln\ (1 + e^{(\alpha + \sum_{j=1}^{k} \beta_j x_{ji})})\ ] \qquad (4.4.5)$$

分别对 α 和 β_j 求偏导数，然后令它们等于 0，就可以估计出参数 α 和 β_j：

$$\frac{\partial \ln \left[L \left(\alpha, \beta_j \right) \right]}{\partial \alpha} = \sum_{i=1}^{n} \left[y_i - \frac{e^{(\alpha + \sum_{j=1}^{k} \beta_j x_{ji})}}{1 + e^{(\alpha + \sum_{j=1}^{k} \beta_j x_{ji})}} \right] = 0 \qquad (4.4.6)$$

$$\frac{\partial \ln \left[L \left(\alpha, \beta_j \right) \right]}{\partial \beta_j} = \sum_{i=1}^{n} \left[y_i - \frac{e^{(\alpha + \sum_{j=1}^{k} \beta_j x_{ji})}}{1 + e^{(\alpha + \sum_{j=1}^{k} \beta_j x_{ji})}} \right] x_{ji} = 0 \qquad (4.4.7)$$

解这 $k+1$ 个联立方程组，即可求得 α 和 β_1，β_2，…，β_k 的数值解（由于方程组复杂，因此通常很难得到有确切表达式的解析解，数值解和解析解可能存在误差），这一计算过程是使用高斯-牛顿迭代法或牛顿-拉夫森迭代法，通过计算机迭代实现的（数学系计算数学专业专门研究计算方法），计算方法已经固化在我们常用的统计软件中。

求得 $k+1$ 个参数 α 和 β_j（$j = 1$，2，…，k）后，就可以将每个公司的指标 x_{1i}，x_{2i}，…，x_{ki} 回带入公式 $p_i = \dfrac{1}{1 + e^{-(\alpha + \sum_{j=1}^{k} \beta_j x_{ji})}}$ 中计算出每个公司的舞弊概率

用以回判是否舞弊，也可以将新的样本公司指标代入公式进行舞弊识别。回判和识别前需要确定最佳的概率临界值 p_0（阈值），例如，经过试算确定 $p_0 = 0.5$，则当 $p_i > 0.5$ 时即更接近于 1，则判为舞弊公司，当 $p_i \leqslant 0.5$ 时更接近于 0，则判为非舞弊公司。选择不同的阈值 p_0 只影响舞弊或非舞弊公司的识别准确率，二者如同跷跷板式此高彼低，但对已求得的模型参数 α 和 β_j（$j = 1$，2，…，k）无影响。

表 4-6 自变量组合与舞弊与否对应表

样本	观测值 y_i（舞弊 1，非舞弊 0）	自变量组合
公司 1	1	x_{11}，x_{21}，…，x_{k1}
公司 2	0	x_{12}，x_{22}，…，x_{k2}
…	…	…
公司 i	1	x_{1i}，x_{2i}，…，x_{ki}
…	…	…
公司 n	0	x_{1n}，x_{2n}，…，x_{kn}

二、Logistic 舞弊识别模型构建

(一) 方案一模型构建

1 代表舞弊、0 代表非舞弊作为因变量 (在 SPSS 软件中也可以使用 1 和 2、3 和 4 等，代表着两个类别而已，实际计算时软件自动替换为 0 和 1)，模型自变量的选取参考均值差异检验、单个自变量指标回归的显著性和正负相关性以及 Logistic 回归自动筛选自变量功能进行确定，使用 SPSS 软件和训练集的 102 个样本构建舞弊识别模型，使用测试集一的 50 个样本和测试集二的 3023 个样本分别评估模型准确率。

回归结果如表 4-7 所示，模型系数的综合检验统计量 $\chi^2 = 60.629$ 在 1% 的水平上显著 [χ^2 定义为只包括常数项的零假设模型的-2LL (-2 Log likelihood) 的值 141.402 与包括自变量的模型的-2LL 的值 80.773 之间的差值，即 141.402-80.773=60.629]，表明模型解释变量与舞弊事件的对数发生比之间的线性关系在总体上显著成立。该检验类似于线性回归模型中的方程显著性检验 F 检验，模型 χ^2 检验显著，意味着拒绝只包括常数项的零假设，认为自变量所提供的信息能够更好地识别舞弊事件是否发生 (王济川，郭志刚，2001)。

似然函数值越大，模型拟合程度越好，如果模型 100% 完美则似然比等于 1，而-2LL 是似然函数值的自然对数的-2 倍，故其值越小越好，即完美的模型其值等于 0，这里-2LL=80.773 说明模型具有较好的拟合程度。Cox & Snell R^2 和 Nagelkerke R^2 是几名学者各自研究的衡量模型拟合度的指标，类似于线性回归模型中的拟合优度 R^2，也用于检验 Logistic 回归模型的拟合度，由于其值均较大，同样说明模型具有较好的拟合度。Wald 统计量 = (系数 B/标准误 S.E)^2 用于检验 Logistic 回归系数的显著性，类似于线性回归模型中的 t 统计量。容忍度指标用于探测自变量之间是否存在多重共线性，由于容忍度的值均较大，故不存在多重共线性。SPSS 软件的 Logistic 回归结果中并未直接给出容忍度的值，容忍度的值来源于线性回归结果，也就是以任何一个变量作为因变量，以表 4-7 中的所有自变量为自变量，进行回归分析，则输出的结果中包含容忍度的值。

表 4-7 方案一 Logistic 回归结果

自变量	系数 B	标准误 S. E	Wald 统计量	显著性 Sig.	Exp（B）	容忍度
固定资产折旧指数	2.126	0.795	7.149	0.008	8.383	0.933
营业收入增长指数	2.892	1.062	7.416	0.006	18.024	0.938
存贷双高	24.743	10.186	5.901	0.015	5.570E10	0.894
资产质量	5.116	2.087	6.007	0.014	166.613	0.859
盈余现金流量差	25.591	9.813	6.800	0.009	1.300E11	0.794
销售现金比率	8.705	2.565	11.518	0.001	6032.959	0.750
其他经营现金流量占比	15.259	6.851	4.960	0.026	4234376.909	0.826
常量	−8.286	2.058	16.209	0.000	0.000	

$\chi^2 = 60.629$，Sig. = 0.000；-2 Log likelihood = 80.773，Cox & Snell $R^2 = 0.448$，Nagelkerke $R^2 = 0.597$。

Logistic 模型为：

$$\ln\frac{p}{1-p} = -8.286 + 2.216X_6 + 2.892X_8 + 24.743X_{10}$$

$$+ 5.116X_{15} + 25.591X_{20} + 8.705X_{22} + 15.259X_{23}$$

即 $p = \dfrac{1}{1+e^{-(-8.286+2.216X_6+2.892X_8+24.743X_{10}+5.116X_{15}+25.591X_{20}+8.705X_{22}+15.259X_{23})}}$ （4.4.8）

从表 4-7 模型可知，所有自变量均与舞弊发生概率 p 正相关，且至少在 5% 的水平上显著，即自变量的值越大，公司舞弊的概率 p 越大，越接近于 1，这个结果与指标体系设计定义时的理论分析一致。由于"销售现金比率"的 Wald 统计量值最大，即显著性 Sig. 最小，故该变量是对舞弊发生影响强度最大、最显著的变量。

这里以识别准确率而不是误判成本确定阈值，因此，根据训练集舞弊公司和非舞弊公司识别准确率的乘积最大，确定阈值为 0.55，乘积最大可以保证在两个准确率的"和"相等的情况下，两个准确率尽可能地均衡、数值接近，避免跷跷板式的一方太大，另一方太小。将每个公司的指标 X_6、X_8、X_{10}、X_{15}、X_{20}、X_{22}、X_{23} 带入模型进行计算，当 $p>0.55$ 时判为舞弊公司，$p\leqslant0.55$ 时判为非舞弊公司，如表 4-8 所示，训练集识别准确率为：舞弊公司 78.4%、非舞弊公司 94.1%、总准确率 86.3%。测试集一识别准确率为：舞弊公司 96%、非舞弊公司 68.0%、总准确率 82.0%。测试集二（原本 3023 样本，由于个别指标有缺失值，故实际参加计算的为 3022 样本）识别准确率为：舞弊公司 96%（24/25）、非舞弊公司 49.6%、总准确率 50.0%。

表 4-8 方案一 Logistic 回归训练集和测试集识别准确率

实际类别		模型识别类别								
		训练集（102 样本）			测试集一（50 样本）			测试集二（3022 样本）		
		舞弊 1，非舞弊 0			舞弊 1，非舞弊 0			舞弊 1，非舞弊 0		
		0	1	百分比/%	0	1	百分比/%	0	1	百分比/%
舞弊 1，非舞弊 0	0	48	3	94.1	17	8	68.0	1486	1511	49.6
	1	11	40	78.4	1	24	96.0	1	24	96.0
总计百分比/%				86.3			82.0			50.0

表 4-9 列示了方案一 Logistic 回归训练集 102 个样本回代识别的明细情况。

以康美药业为例，其 2017 年的 7 个指标分别为：$X_6 = 1.5024$，$X_8 = 1.2234$，$X_{10} = 0.1604$，$X_{15} = 0.0893$，$X_{20} = 0.0328$，$X_{22} = -0.0696$，$X_{23} = 0.0317$，代入模型得 $p = 0.9731>0.55$，因此判别其 2017 年为舞弊公司，判别结果正确。

表 4-9 方案一 Logistic 回归训练集回代识别明细表（阈值 0.55）

序号	实际类别	模型概率	判为类别	序号	实际类别	模型概率	判为类别	序号	实际类别	模型概率	判为类别
1*	1	0.3361	0	35	0	0.1846	0	69	1	0.7991	1
2	1	0.7951	1	36*	0	0.6842	1	70	1	0.5944	1
3	1	1.0000	1	37	0	0.2711	0	71	1	0.9911	1
4	1	0.9888	1	38	0	0.0726	0	72	1	1.0000	1
5*	1	0.1194	0	39	0	0.0676	0	73	1	0.9966	1
6	1	0.9773	1	40	0	0.4894	0	74	1	0.7424	1
7	1	0.6033	1	41	0	0.3075	0	75	0	0.2933	0
8*	1	0.2398	0	42	0	0.1259	0	76	0	0.1746	0
9*	1	0.4704	0	43	0	0.5194	0	77	0	0.0549	0
10	1	0.8734	1	44	0	0.0633	0	78	0	0.1056	0
11	1	0.8954	1	45	0	0.3114	0	79	0	0.2789	0
12	1	0.9002	1	46	0	0.0882	0	80	0	0.0178	0
13*	1	0.1980	0	47	1	1.0000	1	81	0	0.2627	0
14*	1	0.5431	0	48	1	0.7938	1	82	0	0.1643	0
15	1	0.9313	1	49	1	0.7803	1	83*	0	0.7040	1
16*	1	0.1012	0	50	1	0.9999	1	84	0	0.0958	0
17	1	0.9999	1	51	1	0.9931	1	85	0	0.1095	0
18	1	1.0000	1	52	1	0.7714	1	86	0	0.0293	0
19	1	0.8080	1	53	1	0.9841	1	87	0	0.0801	0
20	1	0.9999	1	54	1	0.9068	1	88	0	0.1180	0
21	1	0.9702	1	55*	1	0.1896	0	89	0	0.0708	0
22	1	0.7837	1	56	1	0.8145	1	90	0	0.3020	0
23	1	0.9992	1	57*	1	0.0837	0	91	0	0.3149	0
24	0	0.5363	0	58	1	0.9942	1	92	0	0.3145	0
25	0	0.3756	0	59*	1	0.3795	0	93	0	0.4283	0
26	0	0.2168	0	60	1	0.5801	1	94	0	0.4232	0

续表

序号	实际类别	模型概率	判为类别	序号	实际类别	模型概率	判为类别	序号	实际类别	模型概率	判为类别
27	0	0.0369	0	61	1	0.8707	1	95	0	0.0996	0
28	0	0.4309	0	62	1	0.7047	1	96	0	0.1561	0
29	0	0.0622	0	63	1	0.9425	1	97	0	0.5206	0
30	0	0.1616	0	64	1	0.9804	1	98	0	0.0920	0
31	0	0.5148	0	65 *	1	0.2049	0	99	0	0.0390	0
32	0	0.2406	0	66	1	0.6950	1	100	0	0.0411	0
33	0	0.3273	0	67	1	0.9977	1	101 *	0	0.9401	1
34	0	0.3558	0	68	1	0.7555	1	102	0	0.2456	0

注：＊号为误判样本

另外，分割阈值在软件中是手动可变的，取值范围大于0小于1，不同的分割阈值会使得舞弊公司和非舞弊公司的识别准确率发生变化，若一方的准确率提高，则另一方的准确率就会下降，出现两头摇的现象。构建模型时可以从小至大依次更换阈值进行试算，找到舞弊准确率和非舞弊准确率均衡的阈值，即二者乘积最大时的阈值。

表4-10显示了舞弊和非舞弊公司识别准确率随阈值步长0.05变化的情况。

表4-10 方案一 Logistic 准确率随阈值变化情况

阈值	训练集准确率/%（102个样本）			测试集一准确率/%（50样本）			测试集二准确率/%（3022样本）		
	舞弊公司 Y_1（Y_1/51）	非舞弊公司 Y_2（Y_2/51）	总体（Y_1+Y_2）/102	舞弊公司 Y_1（Y_1/25）	非舞弊公司 Y_2（Y_2/25）	总体（Y_1+Y_2）/50	舞弊公司 Y_1（Y_1/25）	非舞弊公司 Y_2（Y_2/2997）	总体（Y_1+Y_2）/3022
0.01	51 (100.0)	0 (0.0)	51 (50.0)	25 (100.0)	1 (4.0)	26 (52.0)	25 (100.0)	35 (1.2)	60 (2.0)
0.05	51 (100.0)	5 (9.8)	56 (54.9)	25 (100.0)	3 (12.0)	28 (56.0)	25 (100.0)	174 (5.8)	199 (6.6)
0.10	50 (98.0)	16 (31.4)	66 (64.7)	25 (100.0)	5 (20.0)	30 (60.0)	25 (100.0)	386 (12.9)	411 (13.6)
0.15	48 (94.1)	20 (39.2)	68 (66.7)	25 (100.0)	6 (24.0)	31 (62.0)	25 (100.0)	563 (18.8)	588 (19.5)
0.20	46 (90.2)	25 (49.0)	71 (69.6)	25 (100.0)	10 (40.0)	35 (70.0)	25 (100.0)	722 (24.1)	747 (24.7)
0.25	44 (86.3)	28 (54.9)	72 (70.6)	25 (100.0)	12 (48.0)	37 (74.0)	25 (100.0)	859 (28.7)	884 (29.3)
0.30	44 (86.3)	32 (62.7)	76 (74.5)	25 (100.0)	14 (56.0)	39 (78.0)	25 (100.0)	995 (33.2)	1020 (33.8)
0.35	43 (84.3)	38 (74.5)	81 (79.4)	25 (100.0)	15 (60.0)	40 (80.0)	25 (100.0)	1099 (36.7)	1124 (37.2)
0.40	42 (82.4)	40 (78.4)	82 (80.4)	25 (100.0)	17 (68.0)	42 (84.0)	25 (100.0)	1214 (40.5)	1239 (41.0)
0.45	42 (82.4)	43 (84.3)	85 (83.3)	25 (100.0)	17 (68.0)	42 (84.0)	25 (100.0)	1301 (43.4)	1326 (43.9)
0.50	41 (80.4)	44 (86.3)	85 (83.3)	25 (100.0)	17 (68.0)	42 (84.0)	25 (100.0)	1401 (46.7)	1426 (47.2)
0.55	40 (78.4)	48 (94.1)	88 (86.3)	24 (96.0)	17 (68.0)	41 (82.0)	24 (96.0)	1486 (49.6)	1510 (50.0)
0.60	38 (74.5)	48 (94.1)	86 (84.3)	24 (96.0)	18 (72.0)	42 (84.0)	24 (96.0)	1578 (52.7)	1602 (53.0)

续表

阈值	训练集准确率/%（102个样本）			测试集一准确率/%（50样本）			测试集二准确率/%（3022样本）		
0.65	37 (72.5)	48 (94.1)	85 (83.3)	24 (96.0)	19 (76.0)	43 (86.0)	24 (96.0)	1666 (55.6)	1690 (55.9)
0.70	36 (70.6)	49 (96.1)	85 (83.3)	23 (92.0)	20 (80.0)	43 (86.0)	23 (92.0)	1762 (58.8)	1785 (59.1)
0.75	34 (66.7)	50 (98.0)	84 (82.4)	23 (92.0)	20 (80.0)	43 (86.0)	23 (92.0)	1859 (62.0)	1882 (62.3)
0.80	27 (52.9)	50 (98.0)	77 (75.5)	21 (84.0)	21 (84.0)	42 (84.0)	21 (84.0)	1952 (65.1)	1973 (65.3)
0.85	25 (49.0)	50 (98.0)	75 (73.5)	19 (76.0)	21 (84.0)	40 (80.0)	19 (76.0)	2078 (69.3)	2097 (69.4)
0.90	22 (43.1)	50 (98.0)	72 (70.6)	17 (68.0)	21 (84.0)	38 (76.0)	17 (68.0)	2211 (73.8)	2228 (73.7)
0.95	18 (35.3)	51 (100.0)	69 (67.6)	13 (52.0)	23 (92.0)	36 (72.0)	13 (52.0)	2357 (78.6)	2370 (78.4)
0.99	13 (25.5)	51 (100.0)	64 (62.7)	10 (40.0)	23 (92.0)	33 (66.0)	10 (40.0)	2593 (86.5)	2603 (86.1)

注：Y_1、Y_2 是识别正确的舞弊或非舞弊公司数。

（二）方案二模型构建

1 表示舞弊、0 表示非舞弊作为因变量，模型自变量的选取参考均值差异检验、单个自变量指标回归的显著性和正负相关性以及 Logistic 回归自动筛选自变量功能进行确定，使用 SPSS 软件和训练集的 5128 个样本构建舞弊识别模型，使用测试集一的 50 个样本和测试集二的 3023 个样本分别评估模型准确率。回归结果如表 4-11 所示。

表 4-11 方案二 Logistic 回归结果

自变量	系数 B	标准误 S. E	Wald 统计量	显著性 Sig.	Exp（B）	容忍度
存贷双高	8.823	3.093	8.136	0.004	6786.409	0.989
预付账款占比	5.231	2.589	4.084	0.043	186.976	0.984
资产质量	1.661	0.805	4.260	0.039	5.263	0.991
常量	−5.387	0.307	308.373	0.000	0.005	

$\chi^2 = 11.302$, Sig. $= 0.010$；-2 Log likelihood $= 560.475$, Cox & Snell $R^2 = 0.002$, Nagelkerke $R^2 = 0.021$。

Logistic 模型为：

$$\ln \frac{p}{1-p} = -5.387 + 8.823X_{10} + 5.231X_{12} + 1.661X_{15}$$

即 $p = \dfrac{1}{1+e^{-(-5.387+8.823X_{10}+5.231X_{12}+1.661X_{15})}}$ (4.4.9)

从表 4-11 模型可知，所有自变量均与舞弊发生概率 p 正相关，且至少在 5% 的水平上显著，即自变量的值越大，公司舞弊的概率 p 越大，越接近于 1，这个结果与指标体系设计定义时的理论分析相一致。由于"存贷双高"的 Wald 统计量值最大，即显著性 Sig. 最小，故该变量是本模型中对舞弊发生影响强度最大、最显著的变量。

这里以识别准确率而不是误判成本确定阈值，因此，以训练集舞弊公司和非舞弊公司识别准确率的乘积最大时，确定阈值为 0.012，乘积最大可以保证在两个准确率的"和"相等的情况下，两个准确率尽可能地均衡、数值接近。将每个公司的指标 X_{10}、X_{12}、X_{15} 带入模型进行计算，当 $p > 0.012$ 时判为舞弊公司，当 $p \leqslant 0.012$ 时判为非舞弊公司，准确率如表 4-12 所示。

表 4-12　方案二 Logistic 训练集和测试集准确率

实际类别		模型识别类别								
		训练集（5128 样本）			测试集一（50 样本）			测试集二（3023 样本）		
		舞弊 1，非舞弊 0			舞弊 1，非舞弊 0			舞弊 1，非舞弊 0		
		0	1	百分比/%	0	1	百分比/%	0	1	百分比/%
舞弊 1，非舞弊 0	0	4031	1046	79.4	21	4	84.0	2371	627	79.1
	1	26	25	49.0	12	13	52.0	12	13	52.0
总计百分比/%				79.1			68.0			78.9

以康美药业为例，其 2017 年的 3 个指标分别为：$X_{10} = 0.1604$，$X_{12} = 0.0164$，$X_{15} = 0.0893$，代入模型得 $p = 0.02325 > 0.012$，因此判别其 2017 年为舞弊公司，判别结果正确。

表 4-13 显示了方案二舞弊和非舞弊公司识别准确率随阈值变化的情况。

表 4-13 方案二 Logistic 准确率随阈值变化情况

阈值	训练集准确率/%（5128 样本）			测试集一准确率/%（50 样本）			测试集二准确率/%（3023 样本）		
	舞弊公司 Y_1（Y_1/51）	非舞弊公司 Y_2（Y_2/5077）	总体 （Y_1+Y_2）/ 5128	舞弊公司 Y_1（Y_1/25）	非舞弊公司 Y_2（Y_2/25）	总体 （Y_1+Y_2）/50	舞弊公司 Y_1（Y_1/25）	非舞弊公司 Y_2（Y_2/2998）	总体 （Y_1+Y_2）/ 3023
0.004	51 (100.0)	0 (0.0)	51 (1.0)	25 (100.0)	0 (0.0)	25 (50.0)	25 (100.0)	0 (0.0)	25 (0.8)
0.005	51 (100.0)	66 (1.3)	117 (2.3)	25 (100.0)	0 (0.0)	25 (50.0)	25 (100.0)	40 (1.3)	65 (2.2)
0.006	48 (94.1)	588 (11.6)	636 (12.4)	25 (100.0)	4 (16.0)	29 (58.0)	25 (100.0)	392 (13.1)	417 (13.8)
0.007	45 (88.2)	1376 (27.1)	1421 (27.7)	22 (88.0)	10 (40.0)	32 (64.0)	22 (88.0)	851 (28.4)	873 (28.9)
0.008	39 (76.5)	2129 (41.9)	2168 (42.3)	21 (84.0)	15 (60.0)	36 (72.0)	21 (84.0)	1267 (42.3)	1288 (42.6)
0.009	32 (62.7)	2763 (54.4)	2795 (54.5)	19 (76.0)	16 (64.0)	35 (70.0)	19 (76.0)	1642 (54.8)	1661 (54.9)
0.010	29 (56.9)	3326 (65.5)	3355 (65.4)	17 (68.0)	16 (64.0)	33 (66.0)	17 (68.0)	1958 (65.3)	1975 (65.3)
0.011	27 (52.9)	3715 (73.2)	3742 (73.0)	15 (60.0)	19 (76.0)	34 (68.0)	15 (60.0)	2166 (72.2)	2181 (72.1)
0.012	25 (49.0)	4031 (79.4)	4056 (79.1)	13 (52.0)	21 (84.0)	34 (68.0)	13 (52.0)	2371 (79.1)	2384 (78.9)
0.013	22 (43.1)	4264 (84.0)	4286 (83.6)	11 (44.0)	22 (88.0)	33 (66.0)	11 (44.0)	2493 (83.2)	2504 (82.8)
0.014	17 (33.3)	4435 (87.4)	4452 (86.8)	9 (36.0)	22 (88.0)	31 (62.0)	9 (36.0)	2608 (87.0)	2617 (86.6)
0.015	13 (25.5)	4574 (90.1)	4587 (89.5)	7 (28.0)	22 (88.0)	29 (58.0)	7 (28.0)	2681 (89.4)	2688 (88.9)
0.016	9 (17.6)	4672 (92.0)	4681 (91.3)	6 (24.0)	23 (92.0)	29 (58.0)	6 (24.0)	2733 (89.4)	2739 (90.6)
0.017	8 (15.7)	4743 (93.4)	4751 (92.6)	6 (24.0)	25 (100.0)	31 (62.0)	6 (24.0)	2785 (92.9)	2791 (92.3)

续表

阈值	训练集准确率/% (5128样本)			测试集一准确率/% (50样本)			测试集二准确率/% (3023样本)		
0.018	6 (11.8)	4806 (94.7)	4812 (93.8)	6 (24.0)	25 (100.0)	31 (62.0)	6 (24.0)	2827 (94.3)	2833 (93.7)
0.019	5 (9.8)	4866 (95.8)	4871 (95.0)	5 (20.0)	25 (100.0)	30 (60.0)	5 (20.0)	2863 (95.5)	2868 (94.9)
0.020	4 (7.8)	4903 (96.6)	4907 (95.7)	4 (16.0)	25 (100.0)	29 (58.0)	4 (16.0)	2887 (96.3)	2891 (95.6)
0.030	0 (0.0)	5039 (99.3)	5039 (98.3)	2 (8.0)	25 (100.0)	27 (54.0)	2 (8.0)	2976 (99.3)	2978 (98.5)
0.050	0 (0.0)	5067 (99.8)	5067 (98.8)	0 (0.0)	25 (100.0)	25 (50.0)	0 (0.0)	2988 (99.7)	2988 (98.8)
0.100	0 (0.0)	5075 (100.0)	5075 (99.0)	0 (0.0)	25 (100.0)	25 (50.0)	0 (0.0)	2992 (99.8)	2992 (99.0)
0.200	0 (0.0)	5076 (100.0)	5076 (99.0)	0 (0.0)	25 (100.0)	25 (50.0)	0 (0.0)	2996 (99.9)	2996 (99.1)
0.300	0 (0.0)	5077 (100.0)	5077 (99.0)	0 (0.0)	25 (100.0)	25 (50.0)	0 (0.0)	2997 (100.0)	2997 (99.1)
0.400	0 (0.0)	5077 (100.0)	5077 (99.0)	0 (0.0)	25 (100.0)	25 (50.0)	0 (0.0)	2997 (100.0)	2997 (99.1)
0.500	0 (0.0)	5077 (100.0)	5077 (99.0)	0 (0.0)	25 (100.0)	25 (50.0)	0 (0.0)	2997 (100.0)	2997 (99.1)
0.600	0 (0.0)	5077 (100.0)	5077 (99.0)	0 (0.0)	25 (100.0)	25 (50.0)	0 (0.0)	2998 (100.0)	2998 (99.2)

注：Y_1、Y_2 分别是识别正确的舞弊或非舞弊公司数。

（三）各方案模型有效性评估

评估一个模型的有效性需要考虑：模型自变量与因变量的相关性和显著性，系数正负符号是否与理论分析一致；模型的拟合优度；建模样本量；建模样本洁净程度；分割阈值的选取；模型识别准确率；模型的误判成本哪个更低；等等。由于将舞弊公司误判成非舞弊公司的成本，要比将非舞弊公司误判成舞弊公司的成本更大，但又不知道两种误判成本之间的确切比例关系，因此现有文献常常进行估算，例如，假设两种误判成本比例为 1：10、1：20、1：40、1：60 等，本文暂不具体估算两种误判成本的比例。

方案一：优点是：七个自变量均显著且系数符号与理论分析一致；训练集非舞弊样本较为洁净；模型拟合优度较高；无论是训练集还是测试集舞弊公司识别准确率均较高，误判成本低。缺点是：中等样本量建模。

方案二：优点是：三个自变量均显著且系数符号与理论分析一致，大样本量建模。缺点是：训练集非舞弊样本洁净度不详；Cox & Snell R^2 和 Nagelkerke R^2 太小，似然函数值也太小，模型拟合优度太低；舞弊公司识别准确率偏低，误判成本偏高。

综合评估上述方案优缺点，后续因子分析 Logistic 回归和 BP 神经网络模型，采用方案一的训练集建模和测试集二进行评估，并与本节的模型进行性能比较。

第五节　因子分析 Logistic 舞弊识别模型

一、因子分析基本思想

"因子分析是从变量群中提取共性因子（公共因子）的降维方法，目的是用少量因子代替、解释多个原始变量，共性因子虽然不可观测，但能更好地反映事物本质。因子分析利用原始变量的相关系数矩阵，把相关性较高、本质相同的原始变量归为一类，不同类中的原始变量相关性较低，每一类变量隐含一个因子，因子的状态即因子得分是通过原始变量间接计算得出的。"

（李清，党正磊，2019）。

二、因子分析数学模型

因子分析的数学模型为①：

$$
\begin{cases}
X_1 = a_{11}F_1 + a_{12}F_2 + \ldots + a_{1m}F_m + \varepsilon_1 \\
X_2 = a_{21}F_1 + a_{22}F_2 + \ldots + a_{2m}F_m + \varepsilon_2 \\
\qquad\qquad\qquad \ldots \\
X_p = a_{p1}F_1 + a_{p2}F_2 + \ldots + a_{pm}F_m + \varepsilon_p
\end{cases} \tag{4.5.1}
$$

表示成矩阵形式为：

$$
\begin{bmatrix} X_1 \\ X_2 \\ \ldots \\ X_p \end{bmatrix} =
\begin{bmatrix}
a_{11} & a_{12} & \ldots & a_{1m} \\
a_{21} & a_{22} & \ldots & a_{2m} \\
\ldots & \ldots & \ldots & \ldots \\
a_{p1} & a_{p2} & \ldots & a_{pm}
\end{bmatrix}
\begin{bmatrix} F_1 \\ F_2 \\ \ldots \\ F_m \end{bmatrix} +
\begin{bmatrix} \varepsilon_1 \\ \varepsilon_2 \\ \ldots \\ \varepsilon_p \end{bmatrix} \tag{4.5.2}
$$

简记为：

$$
\underset{(p\times1)}{X} = \underset{(p\times m)}{A}\ \underset{(m\times1)}{F} + \underset{(p\times1)}{\varepsilon} \tag{4.5.3}
$$

并且满足：

（1）$m \leqslant p$；（2）$Cov(F, \varepsilon) = 0$，即 F 和 ε 不相关；（3）$D(F) =$

$$
\begin{bmatrix}
1 & & & 0 \\
& 1 & & \\
& & \ldots & \\
0 & & & 1
\end{bmatrix} = I_m，即 F_1, \ldots, F_m 不相关且方差均为 1；（4）D(\varepsilon) =
$$

$$
\begin{bmatrix}
\sigma_1^2 & & & 0 \\
& \sigma_2^2 & & \\
& & \ldots & \\
0 & & & \sigma_p^2
\end{bmatrix}，即 \varepsilon_1, \ldots, \varepsilon_p 不相关且方差不同。
$$

其中 $X_1, \ldots, X_p$ 是 p 个原始变量，$X = (X_1, \ldots, X_p)'$ 是 p 维随机向量，

---

① 于秀林，任雪松. 多元统计分析 [M]. 北京：中国统计出版社，1999：173–174.

$F=(F_1, \ldots, F_m)'$ 就是不可观测的向量，即公因子。A 称为因子载荷阵，不唯一，因子载荷 a_{ij} 是第 i 个变量在第 j 个公共因子上的负荷。ε 称为 X 的特殊因子，即每个分量只对一个原始变量起作用的个性因子。因子分析的目的就是以因子 F 代替原始变量 X，由于因子数 m 小于原始变量数 p，从而达到降维目的。

共同度：变量 X_i 的共同度即公因子方差 h_i^2 定义为因子载荷阵第 i 行元素的平方和，对 $X_i = a_{i1}F_1 + a_{i2}F_2 + \ldots + a_{im}F_m + \varepsilon_i$ 两边取方差，$D(X_i) = a_{i1}^2 D(F_1) + a_{i2}^2 D(F_2) + \ldots + a_{im}^2 D(F_m) + D(\varepsilon_i)$，由于变量 X_i 已标准化方差为 1，故 $1 = a_{i1}^2 + a_{i2}^2 + \ldots + a_{im}^2 + \sigma_i^2 = h_i^2 + \sigma_i^2$。例如，$h_1^2 = 0.906$ 说明 X_1 的 90.6% 的信息被 m 个公因子说明了。

公因子 F_j 的方差贡献：将因子载荷阵第 j 列元素的平方和记为 $g_j^2 = a_{1j}^2 + a_{2j}^2 + \ldots + a_{pj}^2$，$j = 1, \ldots, m$，它表示公因子 F_j 对每个变量提供的方差贡献总和，是衡量公因子重要性的指标，g_j^2 越大则 F_j 对变量的贡献、影响和作用越大。

因子旋转：建立因子分析模型的目的不仅是要找出公因子以及对原始变量进行分类，还要清楚每个因子的含义，以便对研究的问题进行合理解释，而实际上提取的初始因子的含义往往不清楚，例如，一个变量在各个因子上的负荷差不多（横向），或者各个变量在一个因子上的负荷差不多（纵向）。为了使公因子的含义更加清晰，需要进行因子旋转，通过旋转变换使得因子载荷阵每一列中的元素两极分化，有的绝对值接近于 1，有的绝对值接近于 0，这样就容易对因子进行解释。

因子得分：因子得分的计算函数为 $F_j = \beta_{j1}X_1 + \ldots + \beta_{jp}X_p$，$j = 1, \ldots, m$，由于公因子能够反映原始变量的相关关系，因此用公因子代替原始变量时，更便于描述所研究问题的特征。例如，使用每个样本在各个因子上的分数（因子得分）绘制散点图，可以对样本进行聚类或分类；或者使用因子得分进行指数构建；或者使用因子得分代替原始变量构建舞弊识别模型。因子得分计算公式的矩阵形式为：$F = BX$，其中 B 为因子得分矩阵，对于 B 的估计常用回归估计法，此时计算 B 的公式为：$B = A'R^{-1}$（未旋转），$B = (A^*)'R^{-1}$（旋转后），A 和 A^* 分别为旋转前后的因子载荷矩阵，R 是原始数据标准化后计算的相关系数矩阵（刘顺忠，2005）。

三、因子分析计算步骤

（1）标准化原始数据用以消除量纲的不同；（2）建立指标的相关系数矩阵 R；（3）求 R 的特征值 $\lambda_1 \geqslant \lambda_2 \geqslant \ldots \geqslant \lambda_p > 0$ 和单位特征向量（u_1，u_2，$\ldots$，

$$u_p) = \begin{bmatrix} u_{11} & u_{12} & \cdots & u_{1p} \\ u_{21} & u_{22} & \cdots & u_{2p} \\ \cdots & \cdots & \cdots & \cdots \\ u_{p1} & u_{p2} & \cdots & u_{pp} \end{bmatrix}$$

；（4）根据特征值累计贡献率 $\sum_{i=1}^{m} \lambda_i / \sum_{i=1}^{p} \lambda_i \geqslant$

85%，取前 m 个特征值和特征向量建立初始（旋转前）因子载荷阵

$$\begin{bmatrix} u_{11}\sqrt{\lambda_1} & u_{12}\sqrt{\lambda_2} & \cdots & u_{1m}\sqrt{\lambda_m} \\ u_{21}\sqrt{\lambda_1} & u_{22}\sqrt{\lambda_2} & \cdots & u_{2m}\sqrt{\lambda_m} \\ \cdots & \cdots & \cdots & \cdots \\ u_{p1}\sqrt{\lambda_1} & u_{p2}\sqrt{\lambda_2} & \cdots & u_{pm}\sqrt{\lambda_m} \end{bmatrix}$$

；（5）对初始因子载荷阵进行旋转，得到

旋转后的因子载荷阵和因子得分系数矩阵；（6）根据旋转后的因子载荷阵中数据绝对值大者，对 m 个因子进行命名；（7）根据因子得分系数矩阵写出前 m 个因子得分计算公式；（8）以 m 个因子作为自变量构建舞弊识别模型。

四、样本数据的预处理

原始指标需要同趋势性处理，需要将负向指标正向化，变成正向指标。本文在指标最初设计时候已经正向化了，即所有指标值越大舞弊风险越大。

五、使用 SPSS 进行因子分析的操作步骤

使用 SPSS 17.0 软件进行因子分析，选项操作如图 4-2 至图 4-6 所示：（1）在描述统计菜单中选中进行 KMO 和 Bartlett 检验；（2）在抽取菜单中选中使用相关系数矩阵进行分析，使用主成分方法提取 13 个公因子，输出初始（旋转前）因子载荷阵和碎石图；（3）在旋转菜单中选中对初始因子载荷阵进行方差最大旋转，输出旋转解、载荷图；（4）在因子得分菜单中选中将因子得分保存为变量，使用回归方法估计得分，输出因子得分系数矩阵；（5）在选项

菜单中选中系数按大小排序，即将旋转后的因子载荷阵按照载荷大小排序以便命名因子。

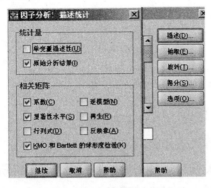

图 4-2　描述统计　　　　　　　　　图 4-3　提取

图 4-4　旋转　　　　　图 4-5　因子得分　　　　　图 4-6　选项

六、因子分析 Logistic 舞弊识别模型构建

（一）KMO 和 Bartlett 检验

恺撒（Kaiser）、迈耶（Meyer）和奥尔金（Olkin）检验（简称 KMO 检验），以及巴特利特（Bartlett）检验用于检验数据是否适合进行因子分析，即变量之间应存在较强的相关性。KMO 用于检验变量的偏相关系数是否很小，KMO 值由全部变量的偏相关和相关系数计算得出，其计算公式为（傅德印，2007）：

$$KMO = \frac{\sum\limits_{i \neq j} \sum r_{ij}^2}{\sum\limits_{i \neq j} \sum r_{ij}^2 + \sum\limits_{i \neq j} \sum a_{ij,1,2,\ldots,k}^2}$$ (4.5.4)

其中，r_{ij} 是简单相关系数，$\sum\limits_{i \neq j} \sum r_{ij}^2$ 是相关系数矩阵上三角（或下三角）元素的平方和；$a_{ij,1,2,\ldots,k}$ 是偏相关系数，是控制其他变量不变，是 X_i 与 X_j 的相关系数。如果变量中确实存在公因子，偏相关系数应该很小，因为扣除了其他变量重叠的影响。$\sum\limits_{i \neq j} \sum a_{ij,1,2,\ldots,k}^2$ 越小，KMO 越是接近 1，越适合进行因子分析。这里 KMO 为 0.545，适合进行因子分析。

巴特利特检验用于检验变量的相关系数矩阵是否为单位矩阵，如果是单位阵，则变量间相关系数为 0 即不相关，此时进行因子分析，变量自身就是公因子，即不适合进行因子分析。这里巴特利特检验的近似卡方为 1256.948，显著性 Sig. 为 0.000，即为单位矩阵的概率极小，不是单位矩阵，故适合进行因子分析。

（二）公因子方差

采用方案一的训练集建模和测试集二进行评估，首先使用 102 个训练集样本进行因子分析，结果如下：

表 4-14 为公因子方差，即共同度的值。"初始"栏为初始公因子方差，即为提取因子之前，因子数 24 等于变量数 24 时的公因子方差，由于数据已经标准化且使用相关系数矩阵提取，故此时原始变量的公因子方差均为 1。"提取"栏是提取公因子后的公因子方差，即提取的因子数 13 小于变量数 24 时的公因子方差，表 4-14 和表 4-17 中 X_1 的关系是 0.906 = $(0.764)^2$ + $(0.210)^2$ +... + $(0.012)^2$，其他变量以此类推。旋转前、旋转后"提取"栏值不变。由于提取后的公因子方差均较大，说明提取的 13 个公因子很好地描述了 24 个变量，例如，变量 X_1 的公因子方差为 0.906，说明 X_1 的 90.6% 的信息被 13 个公因子说明了。

表 4-14　公因子方差

	初始	提取		初始	提取
X_1	1.000	0.906	X_{13}	1.000	0.851
X_2	1.000	0.907	X_{14}	1.000	0.835
X_3	1.000	0.963	X_{15}	1.000	0.853
X_4	1.000	0.833	X_{16}	1.000	0.832
X_5	1.000	0.913	X_{17}	1.000	0.885
X_6	1.000	0.909	X_{18}	1.000	0.925
X_7	1.000	0.777	X_{19}	1.000	0.854
X_8	1.000	0.877	X_{20}	1.000	0.933
X_9	1.000	0.869	X_{21}	1.000	0.942
X_{10}	1.000	0.904	X_{22}	1.000	0.856
X_{11}	1.000	0.935	X_{23}	1.000	0.806
X_{12}	1.000	0.810	X_{24}	1.000	0.860

（三）总方差分解

表 4-15 为各个因子解释原始变量总方差的情况，"提取平方和载荷"栏是提取的未旋转的 13 个因子的载荷平方和（或称方差贡献，数值等于特征值大小）、方差贡献率和累计方差贡献率，"旋转平方和载荷"栏是旋转后的载荷平方和信息，13 个因子囊括了 24 个原始变量 87.647% 的信息。其实，因子解释总方差的百分比也可以由公因子方差计算得出，即（0.906+0.907+⋯+0.860）/24＝87.647%。"旋转平方和载荷"栏的第一因子的方差贡献等于旋转后因子载荷阵中（表 4-17）第一列元素的平方和，即 $2.852 = 0.893^2 + 0.764^2 + 0.631^2 + \ldots + 0.016^2$，其他以此类推。同样，"提取平方和载荷"栏的第一因子的方差贡献等于旋转前因子载荷阵中第一列元素的平方和，其他以此类推。由于特征值是由相关系数矩阵求得，相关系数矩阵主对角线上的元素均为 1，特征值的和等于主对角线上元素的和，故 24 个特征值的和等于 24，旋转后的第一因子的方差贡献率为 11.884%（2.852/24），其他以此类推。

表4-15　总方差分解

因子	初始特征值			提取平方和载荷			旋转平方和载荷		
	合计	方差贡献率/%	累积方差贡献率/%	合计	方差贡献率/%	累积方差贡献率/%	合计	方差贡献率/%	累积方差贡献率/%
1	4.703	19.594	19.594	4.703	19.594	19.594	2.852	11.884	11.884
2	2.490	10.373	29.967	2.490	10.373	29.967	2.632	10.965	22.850
3	2.167	9.030	38.997	2.167	9.030	38.997	2.389	9.954	32.804
4	1.929	8.036	47.033	1.929	8.036	47.033	1.790	7.457	40.261
5	1.572	6.548	53.581	1.572	6.548	53.581	1.788	7.448	47.709
6	1.442	6.010	59.592	1.442	6.010	59.592	1.419	5.911	53.621
7	1.252	5.218	64.809	1.252	5.218	64.809	1.388	5.785	59.405
8	1.147	4.778	69.587	1.147	4.778	69.587	1.223	5.097	64.502
9	1.043	4.345	73.932	1.043	4.345	73.932	1.186	4.941	69.443
10	0.994	4.142	78.074	0.994	4.142	78.074	1.133	4.722	74.165
11	0.838	3.493	81.567	0.838	3.493	81.567	1.091	4.546	78.711
12	0.767	3.197	84.764	0.767	3.197	84.764	1.090	4.540	83.252
13	0.692	2.882	87.647	0.692	2.882	87.647	1.055	4.395	87.647
14	0.636	2.651	90.298	—	—	—	—	—	—
15	0.456	1.900	92.197	—	—	—	—	—	—
16	0.409	1.704	93.901	—	—	—	—	—	—
17	0.364	1.517	95.418	—	—	—	—	—	—
18	0.342	1.426	96.844	—	—	—	—	—	—
19	0.273	1.136	97.980	—	—	—	—	—	—
20	0.158	0.657	98.637	—	—	—	—	—	—
21	0.131	0.545	99.182	—	—	—	—	—	—
22	0.112	0.466	99.648	—	—	—	—	—	—
23	0.048	0.200	99.848	—	—	—	—	—	—
24	0.036	0.152	100.000	—	—	—	—	—	—

（四）碎石图

图 4-7 为碎石图，因形如边坡滚下的小石头而得名，它以因子数为横坐标，特征值为纵坐标。由于碎石图从开始就比较陡峭，因此适合进行因子分析。

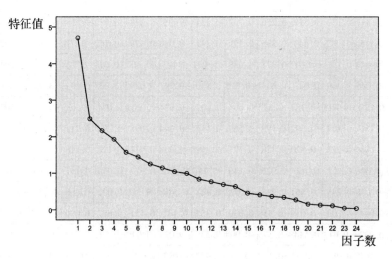

图 4-7　碎石图

（五）旋转前的因子载荷阵

表 4-16 是旋转前的因子载荷阵。

表 4-16　旋转前的因子载荷阵

	因子												
	1	2	3	4	5	6	7	8	9	10	11	12	13
X_2	0.763	0.425	-0.097	-0.065	-0.071	0.019	-0.152	0.051	-0.197	-0.106	0.108	-0.064	-0.185
X_{21}	0.716	-0.268	0.441	0.103	-0.196	-0.092	0.070	-0.201	0.184	0.057	0.033	0.129	-0.075
X_{22}	0.693	-0.042	0.022	-0.364	0.039	-0.162	0.169	0.212	-0.327	-0.150	0.090	-0.044	-0.014
X_{20}	0.686	-0.328	0.440	0.051	-0.170	-0.113	0.033	-0.195	0.228	0.038	-0.011	0.145	-0.049
X_{24}	0.680	0.039	0.148	0.000	-0.260	-0.249	0.200	-0.006	0.247	0.050	-0.122	0.147	0.322
X_{14}	0.606	0.339	0.014	0.081	-0.001	0.325	-0.310	-0.035	0.164	-0.052	0.331	0.048	-0.039
X_{12}	0.584	-0.347	-0.375	-0.119	-0.064	0.159	0.019	-0.058	-0.076	-0.260	0.295	-0.008	-0.027
X_8	0.527	-0.425	-0.309	0.395	0.055	0.072	0.071	0.273	0.004	0.140	-0.219	-0.042	0.110
X_{23}	0.517	0.298	0.071	0.277	0.310	0.227	0.151	0.180	-0.130	0.015	-0.250	-0.020	-0.292

	因子												
	1	2	3	4	5	6	7	8	9	10	11	12	13
X_1	0.542	0.700	0.110	-0.186	0.000	-0.165	-0.014	0.038	-0.072	-0.084	-0.167	0.062	-0.051
X_9	0.454	-0.590	-0.293	0.247	-0.103	0.253	0.043	0.092	-0.136	0.085	-0.041	-0.236	0.009
X_4	-0.337	0.152	0.652	0.256	0.297	0.134	0.035	0.028	-0.032	-0.264	0.078	0.126	0.072
X_5	0.115	-0.323	0.640	0.335	0.399	0.231	-0.030	0.079	-0.162	-0.091	-0.127	0.002	-0.053
X_{15}	-0.040	0.151	-0.502	0.371	0.088	-0.071	0.403	-0.308	-0.079	-0.124	-0.233	0.294	-0.083
X_{16}	-0.045	0.309	0.042	0.633	-0.375	0.140	-0.297	0.084	-0.078	0.081	-0.034	-0.052	0.245
X_{19}	0.122	-0.428	-0.187	-0.372	0.603	0.002	-0.094	-0.169	0.094	-0.155	-0.062	0.187	0.098
X_{17}	0.286	0.167	-0.302	0.199	0.569	0.117	-0.244	0.098	0.292	0.211	0.232	0.146	0.184
X_7	0.090	0.213	-0.320	0.420	0.197	-0.567	-0.058	0.038	0.127	0.118	0.055	0.090	-0.196
X_{11}	-0.098	0.091	0.166	0.025	0.140	-0.170	0.631	0.517	0.050	0.151	0.369	-0.039	0.106
X_{18}	-0.038	0.245	-0.061	0.218	-0.022	0.427	0.519	-0.526	0.022	0.068	0.257	-0.108	-0.020
X_{10}	0.044	0.209	-0.019	-0.358	0.030	0.355	0.132	0.151	0.617	0.090	-0.277	-0.257	-0.175
X_3	0.022	-0.013	0.114	-0.345	-0.008	0.235	-0.039	-0.049	-0.321	0.747	0.005	0.317	-0.093
X_6	-0.155	0.083	-0.215	-0.120	-0.331	0.473	0.097	0.371	0.042	-0.266	-0.081	0.503	0.079
X_{13}	0.410	0.405	-0.012	-0.224	0.255	0.075	0.084	-0.209	-0.197	0.039	-0.206	-0.188	0.479

（六）旋转后因子载荷阵和因子命名

表4-17是旋转后的因子载荷阵，标准化的原始变量 X_1 可由各个因子表示为：标准化的 $X_1 \approx 0.764 \times F_1 + 0.210 \times F_2 + \ldots + 0.012 \times F_{13}$，此处忽略了特殊因子，由公因子方差表可知 X_1 的特殊因子方差为 $1-0.906=0.094$。如果24个因子全部保留，则标准化的原始变量 X_1 的精确表达式为：$X_1 = 0.764 \times F_1 + 0.210 \times F_2 + \ldots + 0.012 \times F_{13} + a_{1,14} \times F_{14} + \ldots + a_{1,24} \times F_{24}$，此时 X_1 的公因子方差为 1，特殊因子方差为 0，即 $1=(0.764)^2+(0.210)^2+\ldots+(0.012)^2+a_{1,14}^2+\ldots+a_{1,24}^2$，其他变量以此类推。另外，对于旋转前的因子载荷阵，标准化的原始变量同样可由其载荷和各个因子进行表示，形式同上。若把24个标准化的原始变量均表示为各个因子的组合，即得到因子分析模型。

因子命名。为了清楚每个因子的含义，便于对因子命名，按照具有恺撒（Kaiser）标准化的方差最大正交旋转法进行旋转，使得每个因子中的载荷的绝对值向1和0两极分化，一个变量只在一个因子上的负荷较大。为了便于更清晰地观察，表4-17把具有较高载荷的变量排在了对角线上。

1. 第一因子中，X_2、X_1、X_{22}、X_{23}、X_{14}的载荷较大，这些变量都与应收账款、营业收入、存货、营业成本科目有关，以及与营业收入的质量（营业收入中销售现金流的占比、低质量经营活动现金流入占比）有关，即与销售业务有关，故称为销售业务与营业收入质量舞弊因子。其方差贡献率为11.884%，包括了原始变量11.884%的信息，是最重要的因子。

2. 第二因子中，X_{20}、X_{21}、X_{24}的载荷较大，这些变量都与经营活动现金净流量与净利润背离的程度而形成的应计利润有关，故称为应计利润舞弊因子。

3. 第三因子中，X_9、X_8、X_{12}的载荷较大，这些变量都与营业收入、费用和预付账款有关，故称为营业收入费用和预付账款舞弊因子。

4. 第四因子中，X_{16}、X_{19}的载荷较大，这些变量与营业收入、营业成本和期间费用有关，即舞弊导致营业收入与营业成本、期间费用不匹配，故称为经营收入与成本舞弊因子。

5. 第五因子中，X_5、X_4的载荷较大，二者都与存货有关，即与虚构存货或是推迟结转营业成本虚增利润有关，故称为存货舞弊因子。

6. 第六因子中，X_{17}的载荷较大，与第四季度营收占比有关，故称为四季度营业收入舞弊因子。

7. 第七因子中，X_{15}、X_7的载荷较大，都与资产质量有关，即这两个指标越大，商誉、无形资产等软性资产比例越大，费用资本化的风险也越大，故称为资产质量舞弊因子。

8. 第八因子中，X_{18}的载荷较大，该变量为非营业收入占比，故称为非营业收入舞弊因子。

9. 第九因子中，X_{11}的载荷较大，该变量为应收账款周转天数，舞弊导致应收账款与营业收入比例畸形，故称为应收账款营业收入舞弊因子。

10. 第十因子中，X_6的载荷较大，该变量为固定资产折旧率指数，舞弊导致虚减折旧或者虚增固定资产，致使折旧率畸形，故称为固定资产舞弊因子。

11. 第十一因子中，X_{13}的载荷较大，该变量为其他应收款占比，舞弊导致该公司与其他公司相比其他应收款比例异常，故称为横向其他应收款舞弊因子。

12. 第十二因子中，X_{10}的载荷较大，该变量为存贷双高，虚增货币资金的舞弊导致库存现金、银行存款和其他货币资金与有息负债同时升高，二者乘积数值异常，即出现了有大量闲置资金又去高息贷款的有悖常理的现象，故称为存贷双高舞弊因子。

13. 第十三因子中，X_3的载荷较大，该变量为其他应收款变动指数，舞弊导致该公司前后年度其他应收款占比与其他公司相比较为异常，故称为其他应收款变动指数舞弊因子。

表 4-17 旋转后因子载荷阵

	因子												
	1	2	3	4	5	6	7	8	9	10	11	12	13
X_2 应收账款变动指数	0.893	0.180	0.117	-0.074	-0.138	0.132	-0.032	0.022	-0.094	-0.031	0.092	-0.034	-0.011
X_1 应收账款周转指数	0.764	0.210	-0.310	-0.099	-0.075	0.032	0.148	-0.122	0.010	-0.006	0.331	0.134	0.012
X_{22} 销售现金比率	0.631	0.261	0.254	0.355	-0.079	-0.158	-0.143	-0.147	0.241	0.005	0.200	-0.165	0.021
X_{23} 其他经营现金流量占比	0.599	0.046	0.238	-0.080	0.427	0.120	0.317	0.048	0.065	-0.040	0.078	0.251	0.087
X_{14} 存货周转天数	0.573	0.253	0.039	-0.148	-0.003	0.518	-0.232	0.217	-0.184	0.103	-0.029	0.048	-0.042
X_{20} 盈余现金流量差	0.136	0.907	0.165	0.095	0.145	-0.018	-0.093	-0.004	-0.086	-0.106	-0.068	-0.005	0.029
X_{21} 经营性应计利润的绝对值	0.199	0.901	0.174	0.033	0.149	-0.022	-0.077	0.063	-0.054	-0.118	-0.079	-0.028	0.045
X_{24} 应计盈余管理程度	0.191	0.781	0.103	-0.084	-0.180	0.043	0.084	-0.109	0.154	0.066	0.328	0.041	-0.074
X_9 期间费用率指数	0.010	0.140	0.910	0.025	-0.003	-0.016	-0.064	0.071	-0.077	-0.022	-0.048	-0.048	0.001
X_8 营业收入增长指数	0.027	0.225	0.833	-0.052	0.061	0.188	0.222	-0.178	0.062	0.016	0.064	0.024	-0.023
X_{12} 预付账款占比	0.323	0.200	0.539	0.364	-0.244	0.109	-0.143	0.193	-0.101	0.160	-0.078	-0.209	-0.169
X_{16} 营业收入毛利率	-0.007	-0.029	0.064	-0.857	0.077	0.151	0.019	0.007	-0.151	0.084	0.061	-0.149	-0.087
X_{19} 营业收入期间费用比	-0.146	-0.001	0.120	0.812	0.083	0.270	0.013	-0.130	-0.195	0.004	0.147	-0.035	-0.014

续表

	因子												
X_5 存货变动指数	-0.041	0.170	0.161	0.048	0.907	-0.007	-0.113	-0.043	-0.009	-0.105	-0.028	-0.063	0.031
X_4 存货周转指数	-0.132	-0.049	-0.446	-0.108	0.729	0.025	-0.087	0.092	0.128	0.068	-0.009	-0.107	-0.147
X_{17} 第四季度营收占比	0.108	-0.056	0.122	0.084	0.025	0.903	0.104	-0.017	0.043	-0.062	0.103	0.056	0.026
X_{15} 资产质量	-0.023	-0.101	0.082	0.027	-0.101	-0.006	0.836	0.286	-0.063	0.118	0.059	-0.111	-0.101
X_7 资产质量指数	0.122	-0.002	-0.043	-0.136	-0.189	0.340	0.554	-0.217	0.128	-0.374	-0.208	-0.128	-0.146
X_{18} 非营业收入占比	-0.019	-0.015	-0.030	-0.099	0.018	0.008	0.164	0.932	0.061	-0.012	0.087	0.066	0.030
X_{11} 应收账款周转天数	-0.033	-0.021	-0.053	-0.001	0.067	0.016	-0.011	0.053	0.960	0.012	-0.027	0.023	-0.004
X_6 固定资产折旧率指数	0.001	-0.131	0.009	-0.074	-0.073	-0.032	0.036	-0.020	0.022	0.928	-0.091	0.088	0.025
X_{13} 其他应收款占比	0.335	0.032	-0.022	0.069	-0.011	0.102	-0.009	0.118	-0.040	-0.099	0.832	0.042	0.049
X_{10} 存贷双高	0.053	0.000	-0.055	0.095	-0.098	0.054	-0.125	0.064	0.020	0.103	0.040	0.918	-0.023
X_3 其他应收款变动指数	0.016	0.013	-0.030	0.056	-0.040	0.010	-0.112	0.027	-0.004	0.035	0.037	-0.020	0.970

七、因子得分系数矩阵

表4-18为因子得分系数矩阵。

表4-18　因子得分系数矩阵

	因子												
	1	2	3	4	5	6	7	8	9	10	11	12	13
X_1	0.274	0.025	-0.186	-0.019	0.006	-0.091	0.147	-0.145	-0.041	0.034	0.117	0.066	0.009
X_2	0.406	-0.107	0.002	-0.027	-0.034	-0.042	-0.062	0.025	-0.066	-0.053	-0.153	-0.066	-0.012
X_3	-0.009	0.026	-0.019	-0.013	-0.032	0.070	0.050	0.007	0.008	0.035	-0.049	-0.085	0.945
X_4	-0.004	0.027	-0.199	0.023	0.394	0.080	-0.033	0.059	0.067	0.151	0.030	-0.146	-0.153
X_5	0.026	-0.019	0.091	0.038	0.523	-0.043	0.000	-0.049	-0.045	-0.023	-0.001	-0.011	0.021
X_6	0.012	0.052	-0.039	0.005	0.040	0.049	0.128	-0.113	0.026	0.871	-0.063	-0.030	0.041
X_7	0.070	0.030	-0.086	-0.023	-0.109	0.190	0.350	-0.166	0.087	-0.263	-0.295	-0.046	-0.018
X_8	-0.111	0.004	0.395	-0.120	0.065	0.052	0.137	-0.186	0.083	0.040	0.145	0.104	0.025
X_9	-0.026	-0.098	0.460	-0.087	0.014	-0.096	-0.102	0.069	-0.007	-0.090	0.024	0.043	0.001
X_{10}	-0.024	0.010	0.041	0.032	-0.039	-0.012	-0.048	0.010	-0.016	-0.043	-0.060	0.869	-0.087
X_{11}	-0.020	0.000	0.030	0.000	-0.025	0.097	-0.097	0.083	0.837	0.023	-0.027	-0.041	-0.009
X_{12}	0.136	-0.028	0.148	0.194	-0.116	0.047	-0.161	0.217	-0.009	0.124	-0.148	-0.217	-0.182
X_{13}	-0.086	-0.063	0.043	-0.030	0.006	0.009	-0.079	0.053	-0.030	-0.070	0.848	-0.053	-0.033
X_{14}	0.180	0.037	-0.079	-0.065	-0.022	0.371	-0.247	0.191	-0.097	0.091	-0.197	-0.039	-0.049
X_{15}	-0.017	0.051	-0.024	0.115	0.027	-0.104	0.657	0.162	-0.105	0.176	0.025	-0.079	0.013
X_{16}	-0.083	-0.007	0.102	-0.525	0.012	0.118	-0.099	-0.059	-0.100	0.075	0.198	-0.137	-0.043
X_{17}	-0.113	-0.009	-0.017	0.039	-0.008	0.702	-0.039	-0.019	0.097	0.025	0.063	-0.019	0.061
X_{18}	-0.038	0.029	-0.001	0.003	-0.026	-0.006	0.038	0.771	0.072	-0.089	0.027	0.009	0.021
X_{19}	-0.124	0.020	-0.053	0.466	0.088	0.219	0.080	-0.083	-0.160	0.096	0.150	-0.056	-0.040
X_{20}	-0.082	0.420	-0.079	0.043	0.030	0.000	0.043	0.026	-0.076	-0.007	-0.127	0.031	0.036
X_{21}	-0.043	0.402	-0.069	0.014	0.030	-0.013	0.040	0.083	-0.045	-0.027	-0.157	0.007	0.056
X_{22}	0.277	-0.066	0.074	0.174	-0.007	-0.196	-0.094	-0.080	0.220	0.023	0.059	-0.191	-0.023
X_{23}	0.304	-0.141	0.131	-0.006	0.328	-0.110	0.284	-0.028	0.000	-0.035	-0.125	0.267	0.122
X_{24}	-0.204	0.411	-0.060	-0.096	-0.145	0.057	0.092	-0.113	0.138	0.168	0.348	0.006	-0.068

（八）因子得分

旋转后的 13 个因子表达式为：

$$F_1 = 0.274X_1^* + 0.406X_2^* - 0.009X_3^* + \ldots - 0.204X_{24}^*$$

$$F_2 = 0.025X_1^* - 0.107X_2^* + 0.026X_3^* + \ldots + 0.411X_{24}^*$$

$$\ldots \tag{4.5.5}$$

$$F_{13} = +0.009X_1^* - 0.012X_2^* + 0.945X_3^* + \ldots - 0.068X_{24}^*$$

其中，X_i^* 是标准化后的数据，即均值为 0，标准差为 1，由于数据已经标准化，故不存在常数项。表 4-19 是方案一训练集部分因子得分值，每列因子得分的和为 0，即均值为 0，标准差为 1。由于 $X_1^*, \ldots, X_{24}^*$ 是成列的数据，故其加权和 $F_1, \ldots, F_{13}$ 也是成列的数据。

需要指出的是，测试集标准化也减去训练集的均值再除以训练集的标准差，目的是保持标准化的一致性。测试集标准化后再乘以训练集的因子得分系数，最后得到测试集因子得分数值。

表 4-19　方案一训练集部分因子得分

序	代码	简称	年份	F_1	F_2	F_3	F_4	F_{12}	F_{13}
1	000995	皇台酒业	2015	5.5415	1.1999	1.9334	-0.3724	-2.6587	-0.4225
2	600807	济南高新	2016	4.5037	2.3234	-1.1724	-0.6842	2.1303	1.0121
3	600807	济南高新	2015	3.9606	-0.5167	-0.0076	-0.6125	2.0106	0.3341
4	000670	*ST 盈方	2015	2.6531	-1.7653	2.0188	-0.5612	0.1809	0.5079
5	300093	金刚玻璃	2016	1.0718	-0.9827	0.5663	-0.4438	1.3650	0.1938
6	600830	香溢融通	2016	0.9266	0.7916	-0.1270	1.9177	0.1354	-0.1101
7	300189	神农科技	2015	0.8360	-0.6457	-0.0002	-0.2575	-0.0128	0.2403
8	000982	中银绒业	2015	0.7957	-0.1251	-0.3462	0.8339	1.7579	-0.5807
9	000596	古井贡酒	2016	0.7473	-0.4033	-0.4592	-1.8579	-1.1103	-0.2367
10	000519	中兵红箭	2015	0.6735	1.3809	-1.5952	-0.3238	-0.7281	-0.1819
11	600399	抚顺特钢	2015	0.6180	-0.5651	-0.7745	0.3167	0.7446	-0.3115
12	600666	ST 瑞德	2016	0.5714	0.6072	-0.1253	-0.1378	-0.5602	0.4138
13	600983	惠而浦	2015	0.5702	-0.1292	-0.5435	-0.5291	-0.6103	-0.0219
14	600830	香溢融通	2015	0.5650	-1.0907	2.1246	1.9488	-0.7068	-0.5694

序	代码	简称	年份	F_1	F_2	F_3	F_4	F_{12}	F_{13}
15	002473	＊ST 圣莱	2015	0.5113	−0.7081	−0.7671	0.6005	−0.5129	0.3833
16	000401	冀东水泥	2015	0.4834	0.0151	−1.2354	0.3851	−0.1687	0.0866
17	300093	金刚玻璃	2015	0.4734	−0.4874	−0.5813	−0.4332	4.2943	−0.6670
18	000425	徐工机械	2015	0.4439	−0.8040	−0.7367	0.1134	−0.1032	0.1035
19	600399	抚顺特钢	2016	0.4013	−0.4814	0.0564	0.2971	1.0728	−0.0026
20	002069	獐子岛	2016	0.3091	−0.4788	0.5317	0.4672	1.9245	−0.3231
…	…	…	…	…	…	…	…	…	…
83	002001	新和成	2016	−0.5787	−0.7869	0.2167	−0.5963	−0.0248	0.1050
84	000519	中兵红箭	2016	−0.5848	−1.1943	1.7020	0.0665	0.2675	0.3142
85	002411	延安必康	2015	−0.6086	−0.1680	−0.9819	−1.2192	−0.3756	−0.0876
86	002275	桂林三金	2016	−0.6428	−0.0011	−0.0705	−1.9264	−0.6738	−0.1307
87	300269	ST 联建	2016	−0.6854	−0.5621	0.9219	−0.1627	−0.6349	−0.1329
88	300056	中创环保	2016	−0.6860	0.8165	−0.0783	−0.0590	0.0864	−0.4458
89	600354	敦煌种业	2015	−0.6986	0.3524	−0.0489	−0.3827	2.4425	0.0292
90	600581	八一钢铁	2016	−0.7230	−0.1813	−0.0090	0.7610	−0.0660	9.5991
91	300267	尔康制药	2015	−0.7253	−0.4352	−0.0728	−0.7777	−0.5721	−0.4065
92	002620	瑞和股份	2015	−0.7278	−0.1284	−0.1742	2.0418	−0.5420	−0.1900
93	000755	山西路桥	2015	−0.7304	0.0501	0.6034	1.9532	0.9640	0.0364
94	600548	深高速	2015	−0.7415	−0.3009	−0.6120	−0.3935	0.5055	−0.0763
95	000524	岭南控股	2015	−0.7818	0.3307	−0.3081	−1.4548	−0.8521	−0.1847
96	300189	神农科技	2016	−0.8069	4.2262	5.4065	0.4253	−0.4018	−0.2511
97	300267	尔康制药	2016	−0.8487	0.9219	0.6891	−0.4408	−0.9355	−0.1708
98	000402	金融街	2016	−0.9761	2.1932	−0.4859	−0.4631	1.0821	−0.3453
99	601088	中国神华	2016	−0.9802	0.3641	−0.2976	−0.2661	−0.0070	0.0771
100	002115	三维通信	2015	−1.0326	1.6730	−0.9052	−0.5946	0.2566	−0.1859
101	002411	延安必康	2016	−1.3350	0.2188	0.7629	−1.2199	2.7591	−0.1206
102	000429	粤高速 A	2016	−1.8608	−0.0198	1.7405	−1.6304	1.8747	−0.0183

（九）因子分析 Logistic 舞弊识别模型

1 表示舞弊、0 表示非舞弊作为因变量，13 个因子作为自变量，参考单个因子指标回归的显著性和正负相关性以及 Logistic 回归 Wald 自动筛选自变量功能，确定最终进入模型的自变量为因子 F_1、F_2、F_3、F_7、F_9、F_{10}、F_{12}，使用 SPSS 软件和训练集的 102 个样本构建模型，使用测试集的 3023 个样本评估模型准确率，回归结果如表 4-20 所示。

表 4-20 因子分析 Logistic 回归结果

自变量	系数 B	标准误 S.E	Wald 统计量	df	显著性 Sig.	Exp（B）	容忍度
F_1	2.378	0.763	9.719	1	0.002	10.784	1.000
F_2	1.163	0.450	6.680	1	0.010	3.199	1.000
F_3	1.353	0.476	8.069	1	0.005	3.871	1.000
F_7	1.053	0.335	9.905	1	0.002	2.867	1.000
F_9	0.560	0.269	4.348	1	0.037	1.751	1.000
F_{10}	0.927	0.341	7.395	1	0.007	2.527	1.000
F_{12}	0.849	0.349	5.906	1	0.015	2.336	1.000
常量	0.706	0.375	3.534	1	0.060	2.025	

$\chi^2 = 53.315$，Sig. $= 0.000$；-2 Log likelihood $= 88.087$，Cox & Snell $R^2 = 0.407$，Nagelkerke $R^2 = 0.543$。

因子分析 Logistic 模型为：

$$\ln \frac{p}{1-p} = 0.706 + 2.378F_1 + 1.163F_2 + 1.353F_3 + 1.053F_7 + 0.560F_9 + 0.927F_{10} + 0.849F_{12}$$

即 $p = \dfrac{1}{1 + e^{-(0.706 + 2.378F_1 + 1.163F_2 + 1.353F_3 + 1.053F_7 + 0.560F_9 + 0.927F_{10} + 0.849F_{12})}}$ 　　(4.5.6)

从表 4-20 模型可知，所有因子自变量均与舞弊发生概率 p 正相关，且至少在 5% 的水平上显著，即自变量因子的值越大，公司舞弊的概率 p 越大，越接近于 1，这个结果与理论分析相一致。由于 F_7 资产质量因子的 Wald 统计量值最大，即显著性 Sig. 最小，故该变量是本模型中对舞弊发生影响强度最大、最显著的变量。

这里以识别准确率而不是误判成本确定阈值，因此以训练集舞弊公司和非舞弊公司识别准确率的乘积最大时，确定阈值为 0.5，乘积最大可以保证在两个准确率的"和"相等的情况下，两个准确率尽可能地均衡、数值接近。将每个公司的 7 个因子数值代入模型进行计算，当概率 $p>0.5$ 时判为舞弊公司，$p\leq0.5$ 时判为非舞弊公司，准确率如表 4-21 所示。

表 4-21　因子分析 Logistic 回归训练集和测试集准确率

实际类别		模型识别类别					
		训练集（102 样本）			测试集二（3023 样本）		
		舞弊 1，非舞弊 0			舞弊 1，非舞弊 0		
		0	1	百分比/%	0	1	百分比/%
舞弊 1，非舞弊 0	0	46	5	90.2	1528	1470	51.0
	1	12	39	76.5	0	25	100.0
总计百分比/%				83.3			51.4

表 4-22 显示了因子分析 Logistic 回归舞弊和非舞弊公司识别准确率随阈值变化的情况。

以康美药业为例，其 2017 年的 7 个因子分别为：$F_1=-0.001265$，$F_2=-0.160720$，$F_3=-0.108357$，$F_7=-0.717370$，$F_9=-0.566029$，$F_{10}=0.681916$，$F_{12}=3.822973$，代入模型得到概率 $p=0.95979>0.5$，因此判别其 2017 年为舞弊公司，判别结果正确。

表 4-22　因子分析 Logistic 模型准确率随阈值变化情况

阈值	训练集准确率（%）（102 样本）			测试集二准确率（%）（3023 样本）		
	舞弊公司 Y_1（$Y_1/51$）	非舞弊公司 Y_2（$Y_2/51$）	总体（Y_1+Y_2）/102	舞弊公司 Y_1（$Y_1/25$）	非舞弊公司 Y_2（$Y_2/2998$）	总体（Y_1+Y_2）/3023
0.05	51（100.0）	2（3.9）	53（52.0）	25（100.0）	121（4.0）	146（4.8）
0.10	50（98.0）	7（13.7）	57（55.9）	25（100.0）	297（9.9）	322（10.7）
0.15	49（96.1）	19（37.3）	68（66.7）	25（100.0）	492（16.4）	517（17.1）

续表

阈值	训练集准确率（%）（102样本）			测试集二准确率（%）（3023样本）		
	舞弊公司 Y_1（Y_1/51）	非舞弊公司 Y_2（Y_2/51）	总体（Y_1+Y_2）/102	舞弊公司 Y_1（Y_1/25）	非舞弊公司 Y_2（Y_2/2998）	总体（Y_1+Y_2）/3023
0.20	46（90.2）	26（51.0）	72（70.6）	25（100.0）	666（22.2）	691（22.9）
0.25	45（88.2）	26（51.0）	71（69.6）	25（100.0）	826（27.6）	851（28.2）
0.30	44（86.3）	29（56.9）	73（71.6）	25（100.0）	977（32.6）	1002（33.1）
0.35	43（84.3）	32（62.7）	75（73.5）	25（100.0）	1127（37.6）	1152（38.1）
0.40	42（82.4）	38（74.5）	80（78.4）	25（100.0）	1274（42.5）	1299（43.0）
0.45	40（78.4）	40（78.4）	80（78.4）	25（100.0）	1388（46.3）	1413（46.7）
0.46	40（78.4）	40（78.4）	80（78.4）	25（100.0）	1424（47.5）	1449（47.9）
0.47	39（76.5）	41（80.4）	80（78.4）	25（100.0）	1455（48.5）	1480（49.0）
0.48	39（76.5）	44（86.3）	83（81.4）	25（100.0）	1483（49.5）	1508（49.9）
0.49	39（76.5）	45（88.2）	84（82.4）	25（100.0）	1504（50.2）	1529（50.6）
0.50	39（76.5）	46（90.2）	85（83.3）	25（100.0）	1528（51.0）	1553（51.4）
0.51	38（74.5）	46（90.2）	84（82.4）	25（100.0）	1549（51.7）	1574（52.1）
0.52	38（74.5）	47（92.2）	85（83.3）	25（100.0）	1572（52.4）	1597（52.8）
0.53	37（72.5）	47（92.2）	84（82.4）	25（100.0）	1590（53.0）	1615（53.4）
0.54	37（72.5）	47（92.2）	84（82.4）	25（100.0）	1621（54.1）	1646（54.4）
0.55	36（70.6）	47（92.2）	83（81.4）	25（100.0）	1643（54.8）	1668（55.2）
0.56	36（70.6）	47（92.2）	83（81.4）	25（100.0）	1661（55.4）	1686（55.8）
0.58	36（70.6）	47（92.2）	83（81.4）	25（100.0）	1706（56.9）	1731（57.3）
0.60	35（68.6）	47（92.2）	82（80.4）	25（100.0）	1754（58.5）	1779（58.8）
0.62	35（68.6）	47（92.2）	82（80.4）	24（96.0）	1788（59.6）	1812（59.9）
0.64	33（64.7）	47（92.2）	80（78.4）	23（92.0）	1829（61.0）	1852（61.3）
0.66	33（64.7）	48（94.1）	81（79.4）	23（92.0）	1865（62.2）	1888（62.5）
0.68	32（62.7）	48（94.1）	80（78.4）	23（92.0）	1899（63.3）	1922（63.6）
0.70	31（60.8）	48（94.1）	79（77.5）	22（88.0）	1945（64.9）	1967（65.1）
0.75	29（56.9）	49（96.1）	78（76.5）	22（88.0）	2053（68.5）	2075（68.6）

续表

阈值	训练集准确率（%）（102样本）			测试集二准确率（%）（3023样本）		
	舞弊公司 Y_1（$Y_1/51$）	非舞弊公司 Y_2（$Y_2/51$）	总体（Y_1+Y_2）/102	舞弊公司 Y_1（$Y_1/25$）	非舞弊公司 Y_2（$Y_2/2998$）	总体（Y_1+Y_2）/3023
0.80	25（49.0）	49（96.1）	74（72.5）	22（88.0）	2149（71.7）	2171（71.8）
0.85	23（45.1）	50（98.0）	73（71.6）	22（88.0）	2250（75.1）	2272（75.2）
0.90	21（41.2）	50（98.0）	71（69.6）	20（80.0）	2351（78.4）	2371（78.4）
0.95	19（37.3）	51（100.0）	70（68.6）	15（60.0）	2500（83.4）	2515（83.2）

注：Y_1、Y_2 是识别正确的舞弊或非舞弊公司数。

第六节　BP 神经网络舞弊识别模型

人的大脑有上百亿个神经细胞，即神经元，每个神经元又与 1 万~10 万个其他神经元相连接，构成了庞大的网络。神经元（如图 4-8 所示）有许多向四面延伸的不规则的树状纤维，称为树突，树突是接收输入信息的通道（由于各个信息强度不同，所以建立人工神经网络模型时有权重），还有一根最长、最粗的树状纤维称为轴突，是信息输出通道，通过轴突末梢的突触将信息传给其他神经元的树突，突触是轴突与树突的连接部分。

细胞膜将细胞分为内外两部分，当外部电位为 0 时，称内部电位为膜电位。没有输入信号时的膜电位称为静止膜电位，通常为-70mV 左右。

突触有兴奋型和抑制型两种。当神经元接收信号时，将使膜电位发生变化，倘若使膜电位升高，比静止膜电位高 15mV，即超过阈值-55mV 时（所以建立人工神经网络模型时有阈值），神经元被激活，内部电位急剧上升至 100mV 左右，并维持约 1 毫秒，然后急剧下降，这一脉冲信号沿轴突传向其他神经元。当外部输入信号使膜电位下降低于阈值电位时，神经元处于抑制状态，无脉冲输出。

人工神经网络包括多种模型，例如误差逆传播网络、径向基网络、霍普菲尔德（Hopfield）网络、玻尔兹曼（Boltzman）机模型、卷积神经网络、科霍内（Kohonen）网络等，BP 网络是迄今为止应用最为普遍的网络，本节也使用 BP 网络构建舞弊识别模型。

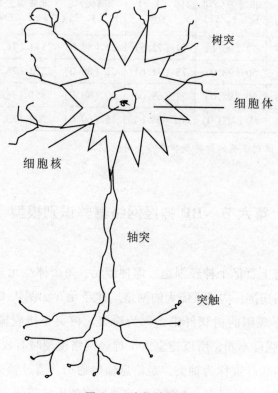

树突

细胞体

细胞核

轴突

突触

图 4-8 生物神经元

一、BP 神经网络原理

1986 年，以鲁梅尔哈特（Rumelhart）和麦克莱兰（McClelland）为首的科学家小组，完整提出了被广泛接受的误差逆传播学习算法。BP 算法是由教师指导的三层或三层以上的网络，是建立在梯度下降算法基础上的①。其学习分为两个阶段：第一阶段，信号正向传播，输入信号经输入层、隐层到输出

---

① 王伟. 人工神经网络原理：入门与应用［M］. 北京：北京航空航天大学出版社，1995：
52-67；周春光，梁艳春. 计算智能：人工神经网络、模糊系统、进化计算［M］. 长
春：吉林大学出版社，2001：13-85.

层输出；第二阶段，误差修正反向传播，计算实际输出与希望输出之间的误差，从输出层、隐层到输入层逐层修正权值阈值。这里采用三层网络，如图4-9所示。

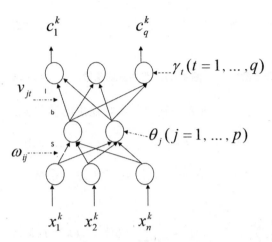

图 4-9 三层 BP 神经网络

设公司样本数为 m，输入向量为 $X_k = (x_1^k, x_2^k, \ldots, x_n^k)$（$k=1, 2, \ldots, m$），希望输出向量为 $Y_k = (y_1^k, y_2^k, \ldots, y_q^k)$，中间层单元输入向量为 $S_k = (s_1^k, s_2^k, \ldots, s_p^k)$，中间层单元输出向量为 $B_k = (b_1^k, b_2^k, \ldots, b_p^k)$，输出层单元输入向量为 $L_k = (l_1^k, l_2^k, \ldots, l_q^k)$，输出层单元输出向量为 $C_k = (c_1^k, c_2^k, \ldots, c_q^k)$；输入层至中间层连接权值为 $\{\omega_{ij}\}$（$i=1, 2, \ldots, n$; $j=1, 2, \ldots, p$），中间层至输出层连接权值为 $\{v_{jt}\}$（$j=1, 2, \ldots, p$; $t=1, 2, \ldots, q$）；中间层各单元阈值为 $\{\theta_j\}$（$j=1, 2, \ldots, p$），输出层各单元阈值为 $\{\gamma_t\}$（$t=1, 2, \ldots, q$）。

响应函数可采用阶跃函数（图 4-10）、双曲正切函数（图 4-11）、Sigmoid 函数（图 4-12）等。这里采用 Sigmoid 函数 $f(x) = \dfrac{1}{1+e^{-x}}$，因为该函数值在 0~1 之间如同舞弊的概率，且它非线性、连续可微，并且接近于生物神经元的信号输出形式。Sigmoid 函数曲线在两端平坦，在 0 附近变化剧烈，从生理学角度看，就像一个人对远远高于或低于他智力和知识水平的问题，往往很难产生强烈的思维反应，而对于适合他知识水平的问题能产生强烈反应。Sigmoid 函数具有性质：$f'(x) = f(x)[1-f(x)]$。

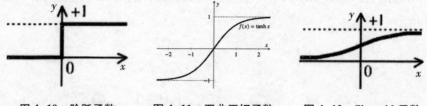

图 4-10 阶跃函数　　　图 4-11 双曲正切函数　　　图 4-12 Sigmoid 函数

设第 k 个样本、第 t 单元希望输出与实际输出的误差为：

$$\delta_t^k = y_t^k - c_t^k \quad (k=1,2,\ldots,m; t=1,2,\ldots,q) \tag{4.6.1}$$

则第 k 个样本希望输出与实际输出的误差定义为（系数 1/2 在求导后约掉，利于化简计算）：

$$E_k = \frac{1}{2}\sum_{t=1}^{q}(y_t^k - c_t^k)^2 = \frac{1}{2}\sum_{t=1}^{q}(\delta_t^k)^2 \quad (k=1,2,\ldots,m) \tag{4.6.2}$$

我们的目的是调整权 v_{jt}、γ_t（以及 ω_{ij}、θ_j），使得误差 $E_k(v_{jt})$ 逐渐减小，且是快速收敛（最速下降）。采用迭代法（v_{jt} 简写为 v）：

$$v(H+1) = v(H) + \alpha\overrightarrow{P_H} \quad 或 \quad \Delta v(H) = \alpha\overrightarrow{P_H} \tag{4.6.3}$$

其中，α 是系数，为纯量；$\overrightarrow{P_H}$ 代表搜索方向；H 是迭代数。

考虑泰勒（Taylor）展开：

$$E_k[v(H+1)] \approx E_k[v(H)] + \frac{\partial E_k}{\partial v(H)}[v(H+1)-v(H)] = E_k[v(H)] + \frac{\partial E_k}{\partial v(H)}\alpha\overrightarrow{P_H} \tag{4.6.4}$$

因为每次迭代都应使得 $E_k(v)$ 减小，即 $E_k[v(H+1)] < E_k[v(H)]$，所以 $\frac{\partial E_k}{\partial v(H)}\alpha\overrightarrow{P_H} < 0$，最速下降意味着 $\frac{\partial E_k}{\partial v(H)}$ 和 $\overrightarrow{P_H}$ 的乘积最大且为负值，只有 $\overrightarrow{P_H} = -\frac{\partial E_k}{\partial v(H)}$，也就是权值调整量为：

$$\Delta v(H) = v(H+1) - v(H) = \alpha\overrightarrow{P_H} = -\alpha\frac{\partial E_k}{\partial v(H)} \tag{4.6.5}$$

又由于 $l_t^k = \sum\limits_{j=1}^{p} v_{jt} b_j^k - \gamma_t$，$c_t^k = f(l_t^k)$ $(t=1, \ldots, q; k=1, \ldots, m)$，所以权值 v_{jt} 的调整量 Δv_{jt} $(j=1, \ldots, p; t=1, \ldots, q)$ 为：

$$\Delta v_{jt} = -\alpha \frac{\partial E_k}{\partial v_{jt}} = -\alpha \frac{\partial E_k \partial c_t^k \partial l_t^k}{\partial c_t^k \partial l_t^k \partial v_{jt}} = -\alpha [-(y_t^k - c_t^k)][c_t^k(1-c_t^k)](b_j^k) = \alpha d_t^k b_j^k$$

$$(4.6.6)$$

其中，$d_t^k = (y_t^k - c_t^k) c_t^k (1-c_t^k)$。

由于 $s_j^k = \sum\limits_{i=1}^{n} \omega_{ij} x_i^k - \theta_j$，$b_j^k = f(s_j^k)$ $(j=1, \ldots, p; k=1, \ldots, m)$，所以权值 ω_{ij} 的调整量 $\Delta\omega_{ij}$ $(i=1, \ldots n; j=1, \ldots, p)$ 为：

$$\begin{aligned}\Delta\omega_{ij} &= -\beta \frac{\partial E_k}{\partial \omega_{ij}} = -\beta \Big[\sum\limits_{t=1}^{q} \frac{\partial E_k \partial c_t^k \partial l_t^k}{\partial c_t^k \partial l_t^k \partial b_j^k}\Big] \frac{\partial b_j^k}{\partial s_j^k} \frac{\partial s_j^k}{\partial \omega_{ij}} \\ &= -\beta \Big\{\sum\limits_{t=1}^{q} [-(y_t^k - c_t^k)] c_t^k(1-c_t^k) v_{jt}\Big\} b_j^k(1-b_j^k) x_i^k \\ &= \beta \Big[\sum\limits_{t=1}^{q} d_t^k v_{jt}\Big] b_j^k(1-b_j^k) x_i^k = \beta e_j^k x_i^k \end{aligned}$$

$$(4.6.7)$$

其中，$e_j^k = \Big[\sum\limits_{t=1}^{q} d_t^k v_{jt}\Big] b_j^k(1-b_j^k)$。

同理，

$$\Delta\gamma_t = \alpha d_t^k \qquad (t=1, 2, \ldots, q) \qquad (4.6.8)$$

$$\Delta\theta_j = \beta e_j^k \qquad (j=1, 2, \ldots, p) \qquad (4.6.9)$$

α，β 称为学习系数，且 $\alpha \in (0, 1)$，$\beta \in (0, 1)$。

以上推导是针对一个学习样本进行的，m 个样本的全局误差为：

$$E = \sum\limits_{k=1}^{m} E_k = \frac{1}{2} \sum\limits_{k=1}^{m} \sum\limits_{t=1}^{q} (y_t^k - c_t^k)^2 \qquad (4.6.10)$$

通过以上推导可知：

权值阈值调整量与误差成正比，与学习系数成正比；调整量与输入值大小成正比，由于输入值越大，在这次学习中就显得越活跃，所以与其相连的权值的调整幅度就应该越大。

上面的推导中，各权值阈值调整量的计算源于各个样本的误差 E_k，这种方法称为标准误差逆传播算法。值得一提的是，一种旨在加速 BP 网络收敛的改进型算法——累积误差逆传播算法，它先计算出所有样本的误差并累加，然后用累积误差统一调整权值阈值，这样减少了权值阈值调整的次数，减少了学习时间。

二、BP 神经网络学习流程

归纳起来，BP 网络学习流程为（如图 4-13 所示）：

1. 初始化。给权值阈值 $\{\omega_{ij}\}$ $\{v_{jt}\}$ $\{\theta_j\}$ $\{\gamma_t\}$ 赋 $[-1, 1]$ 间的随机数。

2. 输入一组学习样本，包括输入向量 $X_k = (x_1^k, x_2^k, \ldots, x_n^k)$ 和希望输出向量 $Y_k = (y_1^k, y_2^k, \ldots, y_q^k)$。

3. 用输入向量 $X_k = (x_1^k, x_2^k, \ldots, x_n^k)$、权 $\{\omega_{ij}\}$ 和阈值 $\{\theta_j\}$，计算中间层各单元的输入 $\{s_j^k\}$，然后通过 Sigmoid 函数计算中间层单元输出 $\{b_j^k\}$：

$$s_j^k = \sum_{i=1}^n \omega_{ij}x_i^k - \theta_j \quad , \quad b_j^k = f(s_j^k) = \frac{1}{1+\exp\left[-\sum_{i=1}^n \omega_{ij}x_i^k + \theta_j\right]} \quad (j=1,\ldots,p)$$

$$(4.6.11)$$

4. 用中间层的输出 $\{b_j^k\}$、权 $\{v_{jt}\}$ 和阈值 $\{\gamma_t\}$，计算输出层各单元的输入 $\{l_t^k\}$，然后通过 Sigmoid 函数计算输出层各单元的输出响应 $\{c_t^k\}$：

$$l_t^k = \sum_{j=1}^p v_{jt}b_j^k - \gamma_t \quad , \quad c_t^k = f(l_t^k) = \frac{1}{1+\exp\left[-\sum_{j=1}^p v_{jt}b_j^k + \gamma_t\right]} \quad (t=1,2,\ldots,q)$$

$$(4.6.12)$$

5. 用希望输出 $Y_k = (y_1^k, y_2^k, \ldots, y_q^k)$ 和实际输出 $C_k = (c_1^k, c_2^k, \ldots, c_q^k)$，计算输出层各单元的误差 $\{d_t^k\}$：

$$d_t^k = (y_t^k - c_t^k)c_t^k(1-c_t^k) \quad (t=1,2,\ldots,q) \qquad (4.6.13)$$

6. 用权 $\{v_{jt}\}$、输出层误差 $\{d_t^k\}$ 和中间层的输出 $\{b_j^k\}$，计算中间层各单元的误差 $\{e_j^k\}$：

$$e_j^k = \left[\sum_{t=1}^q d_t^k v_{jt}\right] b_j^k(1-b_j^k) \quad (j=1,2,\ldots,p) \qquad (4.6.14)$$

7. 用输出层各单元误差 $\{d_t^k\}$ 和中间层各单元的输出 $\{b_j^k\}$，修正权值 $\{v_{jt}\}$ 和阈值 $\{\gamma_t\}$：

$$v_{jt}(H+1) = v_{jt}(H) + \alpha d_t^k b_j^k \quad (j=1,2,\ldots,p; t=1,2,\ldots,q; 0<\alpha<1)$$

$$(4.6.15)$$

$$\gamma_t(H+1) = \gamma_t(H) + \alpha d_t^k \quad (t=1,2,\ldots,q) \qquad (4.6.16)$$

8. 用中间层各单元误差 $\{e_j^k\}$ 和输入层各单元的输入 $\{x_i^k\}$，修正权值 $\{\omega_{ij}\}$ 和阈值 $\{\theta_j\}$：

$$\omega_{ij}(H+1) = \omega_{ij}(H) + \beta e_j^k x_i^k \quad (i=1,2,\ldots,n; j=1,2,\ldots,p; 0<\beta<1)$$

$$(4.6.17)$$

$$\theta_j(H+1) = \theta_j(H) + \beta e_j^k \quad (j=1,2,\ldots,p) \qquad (4.6.18)$$

9. 返回到第 2 步，输入下一组学习样本，直到全部 m 个样本训练完毕。

10. 计算 m 个样本的全局误差 E，如果 E 小于规定的误差，则训练结束；否则，如果学习次数到了则结束训练；次数没到则更新学习次数，返回步骤 2，重新从 m 个样本中选择一个样本输入网络。

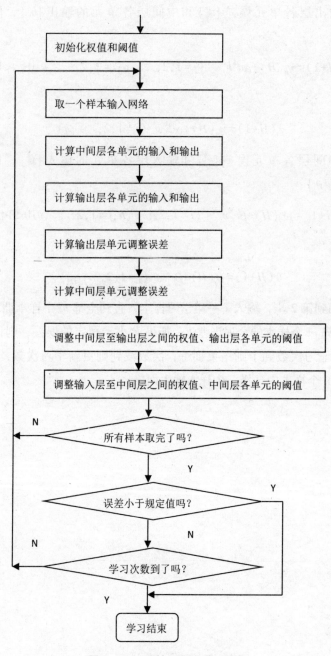

图 4-13 BP 神经网络学习流程

三、BP 神经网络舞弊识别模型构建

使用 Matlab 6.5 软件构建模型。为了与 Logistic 模型进行对比，使用方案一训练集的 102 个样本构建模型，使用测试集二的 3022 个样本（原本为 3023 个样本，有一个公司的个别指标不存在被删除，故为 3022 个样本）评估模型准确率，输入变量仍为固定资产折旧指数、营业收入增长指数、存贷双高、资产质量、盈余现金流量差、销售现金比率、其他经营现金流量占比 7 个指标。模型为含有一个隐层的三层结构，输入层单元数为 7，即指标个数；隐层单元数靠经验和试算确定为 28，即为输入层单元的 4 倍（目前尚无理论指导选择确切数目的隐层单元个数）；输出层单元个数为 1，并且期望输出用 1 表示舞弊公司、0 表示非舞弊公司，神经网络实际输出时与 0、1 哪个值接近就判为哪类，即实际输出大于 0.5 与 1 更接近则判为舞弊，小于等于 0.5 与 0 更接近则判为非舞弊。转移函数使用 $f(x) = \dfrac{1}{1+e^{-x}}$，即 Sigmoid 函数。通常认为对样本进行标准化有利于加快学习速度，为了模型便于推广应用未进行样本标准化处理。经试算学习率取为 0.001，各个参数如表 4-23 所示。

表 4-23　BP 神经网络模型参数

输入层单元	7
中间层单元	28
输出层单元	1
学习率	0.001
转移函数	$f(x) = \dfrac{1}{1+e^{-x}}$
训练集误差平方和	15.9466
训练集平均误差平方和	0.1563
训练次数	887

（一）如何确定训练停机条件

训练模型时如何确定训练停机条件，即如何确定停机迭代次数或停机误差阈值？显然，一种选择是不控制训练迭代次数，而是一直训练直到训练样

本的误差平方和降低到某个规定的阈值，但这未必是一个好的策略（米歇尔，2003），因为模型会过度拟合训练集数据，得到的模型虽然在训练集上仿真准确率很高，但在测试集上仿真准确率可能较低，即泛化精度较低。为了防止过度拟合，一种可行的方法是将测试集上产生最小误差的迭代次数作为训练次数，因为这是网络性能对于未见过样本的最好表征。因此确定训练次数的方法是：用训练集训练模型和仿真时，同时用测试集仿真，将训练集与测试集误差平方和随训练次数变化的曲线画在一张图中，测试集最小误差对应的次数即为模型训练次数。当然该次数对应的模型（权值和阈值）即可作为最终模型，但是迭代仍在继续，往往中间结果不能保存下来，如果不能保留该中间模型（权值和阈值），则最终模型可通过重新训练得到。

归纳起来，建模分为两步：一是确定训练次数，二是按照确定的次数重新训练模型并作为最终模型。

（二）BP 网络模型构建

1. 确定训练次数

图 4-14 是训练模型时训练集与测试集误差变化曲线，粗线是训练集曲线，细线是测试集曲线。横坐标是训练次数，纵坐标是平均的误差平方和，即样本误差平方和除以样本数。当训练迭代到 887 次时，测试集误差最小，因此确定训练次数为 887 次。由于初始化时的权值和阈值是随机生成的，因此每次训练的结果并不能保证完全相同。可以进行多次训练，记录下每次训练时测试集误差最小的训练次数，然后取多次训练次数的中位数作为最终的训练次数。

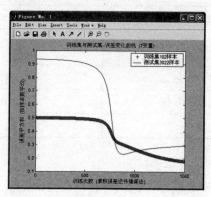

图 4-14　训练集与测试集误差变化曲线

2. 重新训练模型

确定训练次数为 887 后，重新训练模型，训练集误差平方和为 15.9466，训练集平均误差平方和为 0.1563，误差曲线如图 4-15 所示。模型的权值、阈值如矩阵 ω_{ji}、θ_j、v_{jt}、γ_t 所示（Matlab 中的阈值符号与理论推导相反）。表 4-24 为训练集期望输出、实际输出以及识别类别对比表。模型仿真准确率如表 4-25 所示，具体为：训练集舞弊公司 76.5%、非舞弊公司 90.2%、总体 83.3%；测试集舞弊公司 92.0%、非舞弊公司 59.7%、总体 60.0%。为了展示过度拟合的情况，表中还给出了训练 30000～60000 次的识别准确率，由于神经网络强大的非线性映射能力，当训练次数不断增加时，训练集的准确率不断上升，但是测试集的准确率反而下降，即模型过度拟合训练集样本数据，反而在没有见过面的测试集样本上识别准确率下降。例如，当训练次数为 60000 次时，训练集总体准确率上升到 92.2%，而测试集总体准确率则降为 51.6%。

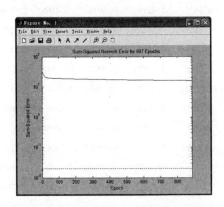

图 4-15　训练模型的误差变化曲线

$$\omega_{ji}=\begin{pmatrix}
-0.8961 & 1.3372 & 13.5700 & 6.9724 & -11.3864 & -0.7137 & -7.2608 \\
-1.2894 & -0.5781 & 27.4566 & 1.7494 & -9.1319 & -2.3934 & 8.3932 \\
-0.8596 & 0.3815 & -30.0309 & -6.9826 & 4.4142 & -1.2555 & -8.9096 \\
-1.8627 & 0.9116 & -25.9685 & 1.7678 & -10.5691 & 1.5758 & -6.0048 \\
-0.1262 & -1.5494 & 15.7177 & 3.8716 & 12.7924 & 1.1974 & 8.2679 \\
0.7213 & 1.3453 & 23.8478 & 4.6263 & -0.5119 & 2.6269 & 5.7165 \\
1.4682 & 0.7917 & -14.9101 & 4.4653 & -9.5509 & -2.4634 & -9.3978 \\
1.4230 & 1.4801 & 18.6223 & 0.9220 & -9.2785 & 0.0640 & 10.4606 \\
-1.8273 & 1.6898 & -15.6944 & -0.2975 & -12.9223 & -0.3596 & -4.1786 \\
-0.0295 & -0.7054 & -30.2771 & -1.0191 & -15.7374 & -1.1400 & -8.8023 \\
0.1906 & -0.1548 & 32.0075 & 2.4980 & -10.4042 & 3.3627 & 1.2267 \\
1.4647 & -1.2194 & -21.6602 & -5.0110 & 8.0692 & -1.5243 & 7.8033 \\
-0.3220 & 2.3921 & 23.3693 & 0.9999 & 9.9922 & -0.9847 & -2.1845 \\
-1.8848 & 0.6395 & -23.8947 & -4.2827 & 5.6430 & 2.7480 & 0.9187 \\
2.2928 & 0.7264 & -4.1757 & -3.8999 & -3.9319 & -2.9334 & 5.2941 \\
-2.0536 & 1.5500 & 5.5416 & -2.9055 & -0.5607 & -1.0537 & -10.7282 \\
0.2375 & -0.0032 & 9.5652 & 5.2219 & 14.9018 & -2.4165 & 8.4830 \\
2.0850 & -0.2120 & 2.3310 & -1.4215 & 9.1351 & -2.6426 & 9.9273 \\
1.6215 & 1.1640 & -18.7966 & 0.3871 & -2.6504 & -2.0155 & -11.1351 \\
0.4188 & -1.2318 & 9.9018 & 5.5327 & 11.8527 & -2.1540 & -8.2215 \\
1.4375 & 0.5970 & -28.5531 & -3.0901 & -15.2494 & 0.3242 & -5.0028 \\
1.9284 & -1.0870 & 15.0854 & 2.1914 & 0.9122 & 1.6565 & 11.4872 \\
-0.4052 & -0.7285 & -13.9803 & -10.5124 & 0.2566 & -1.0975 & 6.0012 \\
-1.8883 & -1.0623 & -9.3249 & 5.7863 & -0.6693 & 2.7056 & 5.3734 \\
0.9997 & 0.9878 & -11.7245 & -4.1125 & -7.3730 & 3.7344 & -2.0861 \\
0.0890 & 1.5861 & -21.8549 & 3.9937 & 0.5609 & -2.8209 & 7.5774 \\
-0.5100 & -1.7423 & 25.3026 & -2.4106 & 9.5991 & 0.8173 & 7.7636 \\
1.1649 & 1.1443 & -30.6138 & 4.0612 & -8.4811 & -2.2698 & 0.9693
\end{pmatrix}_{28\times7}$$

$$\theta_j = - \begin{pmatrix} -4.7053 \\ -1.8133 \\ 7.8782 \\ 3.0378 \\ -1.0866 \\ -8.9895 \\ -2.4946 \\ -4.3629 \\ 0.8682 \\ 3.8656 \\ -0.4534 \\ -0.3984 \\ -8.6994 \\ 7.4288 \\ 0.8549 \\ 2.5626 \\ -12.0570 \\ -3.0612 \\ -4.3154 \\ -4.9222 \\ 5.8207 \\ -9.0469 \\ 1.9179 \\ -1.7827 \\ 2.6512 \\ -8.8239 \\ 1.6669 \\ -4.0450 \end{pmatrix}_{28 \times 1} \qquad v_{ji} = \begin{pmatrix} 0.5339 \\ -0.1403 \\ 0.1267 \\ -1.0391 \\ 1.5586 \\ -1.3068 \\ -0.7835 \\ 1.3162 \\ 1.3285 \\ -1.9309 \\ 1.6331 \\ 1.5962 \\ 1.5985 \\ 0.0360 \\ 1.3245 \\ -1.0475 \\ -0.7978 \\ -1.2884 \\ -0.4049 \\ -0.7207 \\ -0.4736 \\ -1.5801 \\ -0.7727 \\ -0.8984 \\ 0.2735 \\ 1.2704 \\ -0.8591 \\ 0.5366 \end{pmatrix}_{1 \times 28} \qquad \gamma_i = - (-0.0362)$$

表 4-24 BP 网络训练集仿真结果与期望输出对比（887次）

序	期望输出	实际输出	判为类别	序	期望输出	实际输出	判为类别	序	期望输出	实际输出	判为类别
1	1	0.5896	1	35	0	0.4704	0	69 *	1	0.4578	0
2	1	0.6290	1	36	0	0.4462	0	70	1	0.5104	1
3	1	0.7666	1	37	0	0.1925	0	71	1	0.7973	1
4	1	0.8886	1	38	0	0.2773	0	72	1	0.9211	1
5 *	1	0.2690	0	39	0	0.2001	0	73	1	0.7134	1
6	1	0.8220	1	40 *	0	0.5830	1	74	1	0.6339	1
7	1	0.5557	1	41	0	0.2579	0	75	0	0.3571	0
8 *	1	0.3108	0	42 *	0	0.6561	1	76	0	0.3434	0
9	1	0.7185	1	43	0	0.4208	0	77	0	0.1661	0
10	1	0.9162	1	44	0	0.2411	0	78	0	0.2497	0
11	1	0.7908	1	45	0	0.2890	0	79	0	0.2119	0
12	1	0.6685	1	46	0	0.2627	0	80	0	0.1525	0
13 *	1	0.3214	0	47	1	0.9141	1	81	0	0.3115	0
14 *	1	0.2591	0	48	1	0.7567	1	82	0	0.3089	0
15	1	0.7957	1	49	1	0.6717	1	83	0	0.2518	0
16 *	1	0.1984	0	50	1	0.7364	1	84	0	0.3113	0
17	1	0.9660	1	51	1	0.7512	1	85	0	0.3313	0
18	1	0.8555	1	52	1	0.5061	1	86	0	0.1534	0
19 *	1	0.4521	0	53	1	0.6378	1	87	0	0.3120	0
20	1	0.9650	1	54	1	0.8181	1	88	0	0.3034	0
21	1	0.8192	1	55	1	0.5104	1	89	0	0.2091	0
22	1	0.5933	1	56 *	1	0.2822	0	90	0	0.3130	0
23	1	0.8539	1	57 *	1	0.1944	0	91	0	0.3818	0
24 *	0	0.7779	1	58	1	0.8416	1	92	0	0.3806	0
25 *	0	0.5520	1	59 *	1	0.2727	0	93	0	0.3841	0
26	0	0.3041	0	60	1	0.8294	1	94	0	0.4471	0

续表

序	期望输出	实际输出	判为类别	序	期望输出	实际输出	判为类别	序	期望输出	实际输出	判为类别
27	0	0.1804	0	61	1	0.8861	1	95	0	0.2631	0
28	0	0.4565	0	62	1	0.7184	1	96	0	0.3317	0
29	0	0.1831	0	63	1	0.6220	1	97	0	0.4527	0
30	0	0.2228	0	64	1	0.7593	1	98	0	0.4495	0
31	0	0.2936	0	65 *	1	0.1899	0	99	0	0.2690	0
32	0	0.2218	0	66 *	1	0.4744	0	100	0	0.3175	0
33	0	0.3667	0	67	1	0.8802	1	101 *	0	0.8749	1
34	0	0.2448	0	68	1	0.6337	1	102	0	0.3843	0

注：* 号为误判样本。

表 4-25　BP 网络训练集和测试集仿真准确率对比

模型	训练集准确率/%（102 样本）			测试集二准确率/%（3022 样本）		
	舞弊 Y_1（Y_1/51）	非舞弊 Y_2（Y_2/51）	总体（Y_1+Y_2）/102	舞弊 Y_1（Y_1/25）	非舞弊 Y_2（Y_2/2997）	总体（Y_1+Y_2）/3022
BP 网络（887 次）	39（76.5）	46（90.2）	85（83.3）	23（92.0）	1789（59.7）	1812（60.0）
BP 网络（30000 次）	44（86.3）	49（96.1）	93（91.2）	24（96.0）	1547（51.6）	1571（52.0）
BP 网络（40000 次）	44（86.3）	49（96.1）	93（91.2）	20（80.0）	1571（52.4）	1591（52.7）
BP 网络（50000 次）	44（86.3）	50（98.0）	94（92.2）	23（92.0）	1541（51.4）	1564（51.8）
BP 网络（60000 次）	44（86.3）	50（98.0）	94（92.2）	23（92.0）	1536（51.3）	1559（51.6）

注：Y_1、Y_2 分别是识别正确的舞弊和非舞弊公司数。

第七节　各个模型准确率对比

将本章各个二分类模型识别准确率列示于表 4-26 中，以便于进行结果对比。

表 4-26　二分类各个模型准确率对比

模型	阈值	训练集准确率/%（102 样本）			测试集二准确率/%（3022 或 3023 样本）		
		舞弊 Y_1（Y_1/51）	非舞弊 Y_2（Y_2/51）	总体（Y_1+Y_2）/102	舞弊 Y_1（Y_1/25）	非舞弊 Y_2（Y_2/2997 或 2998）	总体（Y_1+Y_2）/3022 或 3023
方案一 Logistic	0.55	40（78.4）	48（94.1）	88（86.3）	24（96.0）	1486（49.6）	1510（50.0）
因子分析 Logistic	0.50	39（76.5）	46（90.2）	85（83.3）	25（100.0）	1528（51.0）	1553（51.4）
BP 网络（887 次）	0.50	39（76.5）	46（90.2）	85（83.3）	23（92.0）	1789（59.7）	1812（60.0）

注：Y_1、Y_2 分别是识别正确的舞弊和非舞弊公司数。

第五章

会计舞弊风险指数构建

非此即彼的二分类模型，舞弊或是非舞弊的确定性是模型的构建基础，被监管机构处罚的舞弊公司是确定的，但非舞弊公司未必没有舞弊行为，只是程度不同而已，造成二分类模型的构建基础存疑，此时，构建会计舞弊风险指数便是很好的防范措施。以每个公司都存在舞弊风险作为指数的构建基础，而无须事先知道舞弊与否的更多信息。指数将多种手段的舞弊风险用一个数字直观表现，实现舞弊风险程度的连续刻画、快速识别和实时预警，是防范和治理舞弊的有效途径之一。

第一节　会计舞弊风险指数指标体系构建

发生会计舞弊的具体动因主要有：管理者想要掩盖公司正在面临的财务困境（Rosner，2003），避免退市；管理者想要维持公司持续的高速增长水平（Fanning，Cogger，1998）以支撑股价迎合投资者需要；管理者想要以较低的成本筹集资金（Kassem，2018）骗取外部资金；管理者想要牟取以业绩为基数的个人报酬最大化；等等。这些皆属于克雷西舞弊三角形理论压力、机会、借口三大动因。管理者实现会计舞弊动因的手段是通过财务报告向报告使用者传递关于公司经营的相关信息。因此，企业的诸如低估负债、低估成本费用、高估资产、虚构业务和虚增收入从而虚增利润等舞弊行为将使财务报告数字发生异常扭曲，进而从财务指标上反映出来并异于同行业正常公司，这也就是构建指数模型进行舞弊风险识别的最基本逻辑，故以反映舞弊手段的财务指标作为指标体系构建指数，能够更灵敏、更直接地捕捉舞弊风险。由于企业筹资、投资以及进销存等交易事项众多，覆盖这些交易事项会计要记录的要素就众多，因此，应尽可能多地选取与各种舞弊手段相对应的指标，以覆盖住各个交易环节可能发生的舞弊，从而提高指数反映舞弊风险的灵敏度。本文使用纵向指标和横向指标，对资产负债表、利润表和现金流量表的数据异常变动进行舞弊风险识别。纵向指标主要通过公司自身前后期数据的差异和异常变化识别舞弊风险，横向指标主要通过不同公司之间的差异和异常变化识别舞弊风险。依据文献以及笔者自己开发，由舞弊手段选取的会计舞弊风险识别指标体系如表 5-1 所示，所有指标越大，舞弊风险越大。

表 5-1 会计舞弊风险指数指标体系

		符号	指标	计算方法（ABS 表示取绝对值，未特别指出则指出期末余额）
纵向指标	资产负债表	X_1	应收账款周转指数（Beneish，1999）	[（应收账款平均净额+应收账款坏账准备平均余额）/营业收入]$_t$ /[（应收账款平均净额+应收账款坏账准备平均余额）/营业收入]$_{t-1}$
		X_2	应收账款变动指数（Lee，Ingram，Howard，1999）	[（应收账款净额+应收账款坏账准备）/总资产]$_t$/[（应收账款净额+应收账款坏账准备）/总资产]$_{t-1}$
		X_3	其他应收款变动指数（胡雪飞，2008）	[（其他应收款净额+其他应收款坏账准备）/总资产]$_t$/[（其他应收款净额+其他应收款坏账准备）/总资产]$_{t-1}$
		X_4	存货周转指数（李清，任朝阳，2016；Beneish，1997；Howard，Ingram，1996）	（存货平均净额/营业成本×365）$_t$/（存货平均净额/营业成本×365）$_{t-1}$
		X_5	存货变动指数（Lee，Ingram，Howard，1999）	（存货净额/总资产）$_t$/（存货净额/总资产）$_{t-1}$
		X_6	固定资产折旧率指数（Beneish，1999）	[当年增加的固定资产折旧/（期初固定资产原值+当年增加的固定资产原值）]$_{t-1}$/[当年增加的固定资产折旧/（期初固定资产原值+当年增加的固定资产原值）]$_t$
		X_7	资产质量指数（Beneish，1999；黄世忠，黄京菁，2004）	[1-（固定资产净额+流动资产）/总资产]$_t$/[1-（固定资产净额+流动资产）/总资产]$_{t-1}$
	利润表	X_8	营业收入增长率指数（Beneish，1999）	营业收入$_t$/营业收入$_{t-1}$
		X_9	期间费用率指数（Beneish，1999）	（期间费用/营业收入）$_t$/（期间费用/营业收入）$_{t-1}$

续表

横向指标		符号	指标	计算方法（ABS 表示取绝对值，未特别指出则指期末余额）
资产负债表		X_{10}	存贷双高	{（货币资金/总资产）× [（短期借款+一年内到期的非流动负债+长期借款+应付债券）/总资产]}，
		X_{11}	应收账款周转天数（Howard，Ingram，1996；王亮，2003）	[（应收票据平均余额+应收账款平均净额+应收账款坏账准备）/营业收入×365]，
		X_{12}	预付账款占比（佚名，2019）	（预付账款/总资产），
		X_{13}	其他应收款占比（胡雪飞，2008）	[（其他应收款净额+其他应收款坏账准备）/总资产]，
		X_{14}	存货周转天数（Howard，Ingram，1996；陈亮和王炫，2003）	（存货平均净额/营业成本×365），
		X_{15}	资产质量（Beneish，1999；黄世忠，黄京菁，2004）	[1−（固定资产净额+流动资产）/总资产]，
利润表		X_{16}	营业收入毛利率（Beneish，1999）	[（营业收入−营业成本）/营业收入]，
		X_{17}	第四季度营收占比（张昕，2008）	（第四季度营业收入/年营业收入），
		X_{18}	非营业收入占比（中国注册会计师协会，2002）	[（营业外收入+公允价值变动收益+投资收益）/营业收入]，
		X_{19}	营业收入期间费用比（Beneish，1999；陈亮，王炫，2003）	[营业收入/（销售费用+财务费用+管理费用）]，
		X_{20}	盈余现金流量差（Lee，Ingram，Howard，1999；章美珍，2002）	[ABS（净利润−经营活动现金净流量）/总资产]，
		X_{21}	经营性应计利润的绝对值（Beneish，1999）	{ABS[（净利润−公允价值变动收益−投资收益−营业外收入+营业外支出）−经营活动现金流量]/总资产}，

续表

	符号	指标	计算方法（ABS 表示取绝对值，未特别指出则指期末余额）
现金流量表	X_{22}	销售现金比率（陈亮，王炫，2003；黄世忠，连立忠，王建峰，2007）	$-1\times$（经营活动现金净流量/营业收入）$_t$
	X_{23}	其他经营现金流占比（谭青，龙月娥，2010）	（收到的其他与经营活动有关的现金/经营活动现金流入）$_t$
盈余管理	X_{24}	应计盈余管理程度（Jones，1991；Dechow，Sloan，Sweeney，1995）	修正的 Jones 模型如下： $TA_t/A_{t-1}=\alpha_0/A_{t-1}+\alpha_1 (\Delta REV_t/A_{t-1}) +\alpha_2 (PPE_t/A_{t-1}) +\varepsilon_t$ $NDA_t=\hat{\alpha}_0/A_{t-1}+\hat{\alpha}_1 [(\Delta REV_t-\Delta REC_t)/A_{t-1}] +\hat{\alpha}_2 (PPE_t/A_{t-1})$ $DA_t=TA_t/A_{t-1}-NDA_t$ DA_t 的绝对值为盈余管理。TA_t 为总应计利润。TA_t 为总应计利润，等于净利润减去经营活动产生的现金流量净额。NDA_t 为不可操控性应计利润。A_{t-1} 为 t-1 年末总资产。ΔREV_t 为 t 年营业收入变化量。ΔREC_t 为 t 年应收账款余额变化量。PPE_t 为 t 年固定资产原值

（表首列总标注：横向指标）

1. 应收账款周转指数、应收账款变动指数、应收账款周转天数。应收账款周转指数用本年度营业收入中应收账款平均余额（等于年初年末应收账款净额平均值，加上年初年末应收账款坏账准备余额平均值）的占比，除以上年度营业收入中应收账款平均余额的占比而得到。应收账款变动指数用本年度期末总资产中应收账款余额（等于年末应收账款净额，加上年末应收账款坏账准备余额）的占比，除以上年度期末总资产中应收账款余额的占比而得到。应收账款周转天数用本年度营业收入中应收票据平均余额（等于年初年末应收票据余额平均值）和应收账款平均余额的占比，再乘以 365 天而得到。

公司的应收账款与营业收入的比例通常应保持在一个合理的区间内，如果虚构销售业务就不能获得现金，就会新增大量应收账款，致使应收账款增速大于营业收入增速，应收账款与营业收入的比例出现异常。另外，应收账款周转天数、应收账款与总资产的比例也可能出现异常，即这三个指标越大，舞弊风险越高。

2. 其他应收款变动指数、其他应收款占比。当其他应收款占总资产的比例越高时，说明大股东及关联方违规占用上市公司资金（违规资金借记其他应收款），或者上市公司在其他应收款科目隐藏费用（支付的费用借记其他应收款，而不是费用科目）虚增利润的风险越大，即这两个指标越大，舞弊风险越高。

3. 存货周转指数、存货变动指数、存货周转天数。存货周转指数用本年度存货平均净额（等于年初年末存货净额的平均值）与营业成本的占比，除以上年度存货平均净额与营业成本的占比而得到。存货变动指数用本年度期末总资产中存货净额的占比，除以上年度期末总资产中存货净额的占比而得到。存货周转天数用本年度存货平均净额与营业成本的占比，再乘以 365 天而得到。

这三个指标是从虚增资产、虚增利润的角度来衡量舞弊风险。如果虚构采购虚列存货，或者存货中含有违规的借款费用资本化金额，或者少结转、延迟结转营业成本虚增利润，就会造成存货的增速大于营业成本的增速，于是，存货周转指数、存货周转天数就会异常增大。存货虚增也会使存货变动指数异常增大。即这三个指标越大，舞弊的风险越大。

4. 固定资产折旧率指数。该指标为上年度和本年度固定资产折旧率之比，用以识别虚减折旧费用、虚增利润、虚增资产的舞弊风险。该指标越大，说明本年度折旧率越小，虚减折旧费用、虚增固定资产舞弊的风险就越大。

该指标用上年度新增加的固定资产折旧数占上年度期初固定资产原值与上年度新增加的固定资产原值之和的比率，除以本年度新增加的固定资产折旧数占本年度期初固定资产原值与本年度新增加的固定资产原值之和的比率而得到。

5. 资产质量指数、资产质量。资产质量指数用本年度固定资产净额之外的非流动资产占总资产的比例，除以上年度固定资产净额之外的非流动资产占总资产的比例而得到。资产质量指标用本年度固定资产净额之外的非流动资产占总资产的比例表示。

这两个指标越大，表明本年度商誉、无形资产等非实物资产的比例越大，非实物资产的价值计量，或是资产减值更易于被操纵，也表明将研发费用资本化计入无形资产、将借款费用资本化计入在建工程的舞弊风险越大。

6. 营业收入增长指数。该指标用本年度营业收入除以上年度营业收入表示，指标越大，舞弊风险越大。Beneish（1999）指出："增长并不意味着操纵，但成长型公司更可能实施财务报表舞弊，因为它们的财务状况和资本需求给管理者带来了实现收益目标的压力。如果成长型公司在业绩放缓的迹象出现时就面临着股价的大幅下跌，它们可能会有更大的动机来操纵收益，以试图消除增长正在减速的印象。"

7. 期间费用率指数、营业收入期间费用比。期间费用率指数用上年度期间费用（销售费用、管理费用、财务费用）占营业收入的比率，除以本年度期间费用占营业收入的比率而得到。营业收入期间费用比等于本年度营业收入与期间费用的比。

这两个指标越大，说明本年度的期间费用越小或者营业收入越大，异常的比率表明通过费用资本化虚减销售费用和财务费用、少提折旧虚减管理费用，或者通过虚增营业收入最终实现虚增利润舞弊的风险越大。

8. 存贷双高。存贷双高是指货币资金余额和有息负债余额同时高，即账上有闲钱还要去贷款，由于货币资金的利息收入通常小于有息负债的利息支出，故存贷双高有悖于经营常理，即该指标越大，虚增货币资金舞弊的风险越大。

该指标用本年度期末总资产中货币资金的占比，乘以期末总负债和所有者权益（或总资产）中有息负债（等于短期借款、一年内到期的非流动负债、长期借款、应付债券的合计数）的占比而得到。乘积可以保障只有在两个比率同时大的情况下，乘积的结果才更大（例如，0.5×0.5 = 0.25，大于0.6×0.4 = 0.24，也大于0.7×0.3 = 0.21，尽管两个比率的和都相同且都等于1），以便筛选出存贷双高的公司。

9. 预付账款占比。当预付账款占总资产的比例越高时，说明关联方违规占用上市公司资金（关联方之间签订虚假采购合同，违规资金借记预付账款、长期挂账）等无商业实质的利益输送风险，以及费用资本化（例如将自己支付或经由关联方支付的广告费借记预付账款，而不是销售费用）虚增利润的风险越大，即该指标越大，舞弊的风险越高。

10. 营业收入毛利率。该指标等于本年度营业收入与营业成本的差除以营业收入。公司的毛利率通常较为稳定，如果毛利率越大，则虚增营业收入、虚减营业成本从而达到虚增利润的舞弊风险越大。

11. 第四季度营收占比。张昕（2008）的实证研究发现，很多公司会利用第四季度进行盈余操纵避免亏损，在第四季度容易确定利润操纵的程度，且操纵的结果具有较高的可确定性。当希望实现由亏转盈时，会调增第四季度营业收入，导致其所占全年度营业收入的比重异常升高，即该指标越大，舞弊风险越大。

12. 非营业收入占比。该指标越大，说明经营活动的收入比例越小，盘盈、接受捐赠、投资、处置非流动资产等非经常性损益的利得收入的比例越大，舞弊的风险越大。

13. 盈余现金流量差、经营性应计利润的绝对值。这两个指标以净利润（或营业利润）与经营活动产生的现金流量净额背离程度的绝对值衡量应计利润大小。公司取得的现金流入利润不易被操纵，但按照权责发生制（应计制）确认的、没有实现现金流入的应计利润（收入或费用）却容易被操纵，故这两个指标越大，舞弊风险越大。

14. 销售现金比率。经营活动现金净流量与营业收入之比反映企业的营业收入是以现金的形式实现还是以债权的形式实现，也反映收入的质量，比例越大说明容易被操控的应计盈余越少，舞弊风险越小。为了与其他指标同趋势，故取相反数。因此，该指标越大，应计盈余越大，舞弊风险越大。

15. 其他经营现金流占比。该指标越大，表明公司非日常经营活动所带来的诸如保证金及质保金、租赁固定资产收到的现金、罚款收入、除税费返还外的政府补助收入等较为杂乱模糊项目的现金流入越高，公司存在操纵利润行为的可能性就越大，即舞弊风险较高。

16. 应计盈余管理程度。该指标也是从应计利润的角度去识别舞弊风险，如表 5-1 中修正的 Jones 模型所示，只不过这里按照操控的难易，将应计利润分解为不可操控性应计利润和可操控性应计利润，后者的绝对值定义为盈余管理程度，该指标越大，舞弊的风险越大。

第二节 会计舞弊风险指数构建

一、样本选取和数据来源

以我国沪深 A 股公司 2015、2016、2017 年年度报表数据为样本，分别构建三年的指数。构建时使用初次公布的年报数据计算指标识别舞弊风险，如果使用被证监会处罚后、会计差错调整后的数据，则不利于识别出舞弊。在计算指标时要用到前一年的数据，所以 2015 年的样本公司需要有 2014 和 2015 年的数据，以此类推。另外，由于报表结构项目不同以及指标计算方法不同需要单独研究，故计算指数时不包含金融类公司。最终得到样本数量如下：2015 年 2455 家公司，2016 年 2673 家公司，2017 年 3023 家公司，3 年合计 8151 家公司。计算指标的数据取自锐思数据库，舞弊行为描述取自 CSMAR 违规数据库并对舞弊发生年度和舞弊类型逐一校对，校对信息取自证监会网站行政处罚决定书以及巨潮资讯网。使用 Excel 计算指标体系数值，统计分析使用 SPSS 或 Stata 软件。

二、指标同趋势性处理

为了指标能够相加，本文在设计舞弊风险指数指标体系时，就进行了指标的同趋势性处理，均为正向指标，即每个指标值越大，舞弊风险越大。

通常，指标分为正向指标、适度指标（指标越接近适度值 K，舞弊风险越大）、负向指标（指标值越小，舞弊风险越大），为了便于操作和理解，习惯上常将适度和负向指标变换成正向指标。负向指标可以取其相反数或取其倒数变成正向指标，如销售现金比率乘以 -1 变换为正向指标。适度指标可通过 $X'_i = -|X_i - K|$、$X'_i = Max|X_i - K| - |X_i - K|$（叶宗裕，2003）、$X'_i = 1/|X_i - K|$（邱东，1991）、$X'_i = 1/[1 + |X_i - K|]$ 变换为正向指标，本文无适度指标。

三、指标权重的确定

在任何一个指标上发生舞弊都是舞弊，各种舞弊危害视为等同，故本文不再进行权重大小的区分，各个指标等权重。

邱东（1991）教授按照权重的性质分类为"实质性权数、信息量权数、估价权数、系统效应权数、可靠性权数"。苏为华（2001）教授在其专著中用两个章节详细研究了基础构权方法"层次分析法、基于分配型判断矩阵构权法、环比构权方法、方差信息构权方法、熵权法"等 8 类方法，以及扩展构权方法"模型平均合成法、系统转换法、对象分层构权法、专家群组构权法、因素分层构权法" 5 类方法。

将上述权重理论探讨和分类具体化，管理学中常用的赋权方法有：客观法（算术平均法、熵值法、变异系数法、主成分法、因子分析法等）、主观法［德尔菲法、层次分析法（AHP）等］。客观法从原始样本提取信息，具有简单、避免人为因素等特点。主观法具有成本高、部分依赖主观判断等特点。各种构权方法如下：

1. 算术平均法。底层每类分指标赋予权重 $1/n_i$，n_i 为第 i 类分指标个数，然后，中层每类分指标赋予权重 $1/m_j$，m_j 为中层第 j 类指标个数，以此类推赋每层指标权重。樊纲（2011）指数使用了该方法赋权。

2. 熵值法（郭显光，1998）。如果某个指标值离散程度大、波动大，则该指标对样本排序更具区分能力，理应赋予更大权重；相反，如果某个指标在所有样本上等值，没有波动，则该指标无区分能力。利用熵值法计算权重使用了这一思想。

假设可能发生的事件有 m 个，用 $A_1, \ldots, A_m$ 表示，A_i 发生的概率是 p_i（$i=1, \ldots, m$），且 $\sum_{i=1}^{m} p_i = 1$。如果 p_i 越小，则该事件 A_i 发生的不确定性就越大；若 p_i 越接近于 1，该事件发生的不确定性就越小。用 $I_i = \ln \frac{1}{p_i}$（或 $e^{I_i} = \frac{1}{p_i}$）衡量不确定性，此时 I_i 的单位是奈特（若以 2 为底称"比特"，若以 10 为底称"哈特"）。m 个事件的平均不确定性为 $H = \sum_{i=1}^{m} p_i I_i = \sum_{i=1}^{m} p_i \ln \frac{1}{p_i} = -\sum_{i=1}^{m} p_i \ln p_i$，就是信息熵。当 $p_i = 0$ 时，规定 $p_i \ln p_i = 0$。当 $p_1 = p_2 = \ldots = p_m = \frac{1}{m}$ 时，熵最大等于 $\ln m$。换言之，信息熵是一个系统无序程度的度量，不确定性越大，信息熵也越大，把它搞清楚所需要的信息量也就越大。一个系统越是有序，信息熵就越低。信息量与不确定性负相关。

因此，当指标 X_j 波动越大时，信息熵越小，不确定性越小，该指标所占的权重应该越大；当指标 X_j 差异越小时，信息熵越大，不确定性越大，该指标所占的权重应该越小。熵值法产生权重的计算过程为：

（1）指标 X_j 中 i 样本比重 $p_{ij} = X_{ij} / \sum_{i=1}^{m} X_{ij}$，$m$ 为样本量。　　　（5.2.1）

（2）指标 X_j 的熵值 $e_j = -\left(\frac{1}{\ln m}\right) \sum_{i=1}^{m} p_{ij} \ln p_{ij}$，$0 \leq e_j \leq 1$。　　（5.2.2）

（3）指标 X_j 差异系数 $g_j = 1 - e_j$。　　　（5.2.3）

（4）指标 X_j 归一化权重 $w_j = g_j / \sum_{j=1}^{n} g_j$，$n$ 为指标数。　　（5.2.4）

3. 变异系数法。其计算公式为标准差比均值 $CV = S / \bar{X}_j$（贾俊平、何晓群和金勇进，2009），区分样本能力的原理与在熵值法中叙述的类似。东财内部控制指数使用了变异系数法赋权重。

4. 主成分法。主成分用于降维和消除变量相关性，以降低问题分析的复杂性（于秀林，任雪松，1999），它是原始变量的线性组合 $F_i = u_{1i}X_1 + u_{2i}X_2 + \ldots + u_{pi}X_P$。主成分之间不相关，第一主成分 F_1 的方差 $Var（F_1）$ 最大，包含原始变量的信息最多，第二主成分 F_2 次之，取前 m 个主成分即可，当其累计方差贡献率达到 85% 时。常以 F_1 的值作为指数，其系数即为权重，早些年的樊纲市场化指数便是如此构建，后期改为算术平均法权重。

5. 因子分析法。其原理见第四章，计算因子得分时，因子亦可表示成原始指标的线性组合，李清和党正磊（2019）将 11 个因子的加权和作为指数，各个原始指标的系数为权重。

6. 德尔菲法。参见表 5-2。

7. 层次分析法 AHP。AHP 由萨蒂（Saaty）于 20 世纪 70 年代提出，是定性与定量相结合的多目标决策分析方法，特别是将决策者的经验判断给予量化（运筹学教材编写组，1990）。它对问题所涉及的各因素进行分类，然后构造各因素之间相互联结的层次结构模型，采用主观判断或德尔菲法确定各因素权重之间的比值，通过计算权重比值矩阵特征向量和特征值，从而得到各因素权重及优劣次序，以供领导决策。

四、指标的无量纲化处理（标准化值计算）

指标间量纲不同，不具有可比性，无法进行综合，为了指标间具有可加性，需要进行无量纲化处理。由于同行业的公司最具可比性，因此本文对每个行业的公司分别进行标准化处理。按照证监会 2012 年行业分类标准划分行业，由于制造业公司众多，故制造业按照二级代码划分行业，其他按照一级代码划分行业，共划分成 45 个行业。Z-score 标准化的公式为（邱东，1991；苏为华，2001）：

$$Z_{ij} = \frac{X_{ij} - \bar{X_j}}{S} \tag{5.2.5}$$

式中，X_{ij} 为第 i 家公司第 j 项指标的原始数值，$\bar{X_j}$ 为第 j 项指标的行业平均值，S 为第 j 项指标的行业标准差。Z_{ij} 为第 i 家公司第 j 项指标的标准化值，也称为标准分数，可以进行相加等综合统计计算（张明立，1990）。标准分数反映公司在行业中的位置，表示偏离平均水平几个标准差，该值越大，舞弊风险越大。三年的样本公司，按照每年度分别进行无量纲化处理。

邱东（1991）教授将无量纲化方法分为三大类：直线、折线、曲线型（例如半侧正态分布 S 形、上凸分布、下凹分布等）。苏为华（2001）教授则归纳为四大类："广义线性功效系数、广义指数、分段函数、非线性函数法"。按照简易可行性原则，直线型方法有着广泛应用，例如 Z-score 法、比重法 $Z_{ij} = X_{ij} / \sum_{i=1}^{m} X_{ij}$、极差标准化法 $Z_{ij} = \left[X_{ij} - X_{\min(j)} \right] / \left[X_{\max(j)} - X_{\min(j)} \right]$。鉴于本文研究内容为公司与行业均值相比较的特点及后面确定舞弊阈值正态分布统计方法的需要，故选择 Z-score 无量纲化法。

五、指标阈值 2.28 的确定

阈值是区分舞弊与否的门槛，指标值大于阈值为舞弊，小于等于阈值为非舞弊。管理学中风险预警常用的阈值确定方法有均数原则法、中位数原则法、参数原则法、多数原则法、波动原则法、关联原则法、德尔菲专家咨询法等（胡乐群，2011），如表 5-2 所示，这些阈值的确定与决策人的风险偏好相关，因此上述方法的特点带有部分主观性。

本文借鉴医学参考值的确定方法，使用我国上市公司舞弊发生概率 1.129%、标准正态分布和标准分数等统计方法确定了舞弊阈值为 2.28，较之其他方法更客观。

表 5-2　风险预警指标阈值常见的确定方法

阈值确定方法	计算方法
均数原则法	将指标算术平均值定为阈值。容易受极大、极小值影响
中位数原则法	假设一半公司在该指标上没有舞弊，另一半有舞弊，将中位数定为阈值
参数原则法	例如，将国资委发布的财务指标绩效考核行业标准值（较差、较低、平均、良、优）中的较差或较低值定为阈值

阈值确定方法	计算方法
多数原则法	假设多数（例如75%）的公司在该指标上没有舞弊，25%的公司有舞弊，则阈值=指标最小值+（指标最大值-指标最小值）×0.75，也称0.75法则。也有0.618黄金分割法则
波动原则法	考察指标几年历史数据的波动幅度，将最小值+（最大值-最小值）×0.75定为阈值
关联原则法	通过已知的指标阈值推导出相关联的其他指标的阈值
德尔菲专家咨询法	使用上述方法分别计算出阈值，然后分发给专家，各个专家独立确定心目中的阈值，计算各个专家阈值的平均值并确定可接受的偏差范围，重新征询落在偏差范围以外的专家，多次往复直至各个专家对阈值的分歧都落在可接受的偏差范围内，最后将各个专家确定的阈值的平均值定为指标阈值

　　本文阈值是通过我国上市公司年度报告舞弊发生的概率确定的，依据CS-MAR违规处理数据库统计，从1990年底沪深交易所成立并有股票交易开始，到2017年底为止，将这28年中每年年底仍在交易的（有年度财务报告的）A股和独立B股公司数进行累计，共有39149家次公司，而在这28年中共有442家次的公司年报舞弊（含1家公司多次舞弊，北亚实业曾经连续8年舞弊）。因此，年报舞弊的概率为442/39149≈0.01129。之所以统计到2017年而不是2021年，是考虑到舞弊公司被发现并被行政处罚具有滞后性，一般滞后3年以上（叶钦华，黄世忠，叶凡，等，2022），2018—2021年年报舞弊的公司可能尚有未被发现的（本文442个舞弊样本其舞弊发生年度到监管机构发布处罚公告的滞后年限为：最小0.6年，最大13.1年，中位数3.4年，均值3.9年）。

　　这442家次舞弊的公司（1990-1999为60家次，2000-2010为207家次，2011-2017为175家次），大多曾被中国证监会处罚并下达行政处罚决定书，另有少许公司曾被证监会各省证监局、沪深交易所处罚或处分，以及少许公司曾被财政部进行会计信息质量检查而处罚。舞弊的类型均为最严重的虚构利润以及虚列资产，不包含某些虚假陈述被处罚的公司。当然也不包含主动进行重大会计差错更正盈亏发生变化但未被认定成舞弊的公司，也不包含被定性为一般会计处理不当的公司。均为年报舞弊，不包含半年报、季报舞弊。均为上市后舞弊，不包含上市前舞弊。

确定医学参考值时，有下侧界值，或是上侧界值，或是下侧和上侧界值三种情况（高歌，郭秀花，黄水平，2010）。例如，血清转氨酶过高为异常，应确定上侧界值。肺活量过低异常，应确定下侧界值。红细胞白细胞数、体温、脉搏、血糖等无论过高还是过低均异常，应确定下侧和上侧界值。由于舞弊指标值越大舞弊风险越大，所以应确定上侧界值，即单侧上限、过高舞弊。

标准正态分布的分布函数为：

$$\Phi(x) = \frac{1}{\sqrt{2\pi}} \int_{-\infty}^{x} e^{-\frac{t^2}{2}} dt \qquad (5.2.6)$$

由于舞弊的概率为 0.01129，则非舞弊的概率为 0.98871（1-0.01129），查标准正态分布表可知，标准正态分布曲线下面积 0.9887 对应 2.28 个标准差（公式 5.2.6 中的 $x = 2.28$），面积 0.9890 对应 2.29 个标准差（张明立，1990；高歌，郭秀花，黄水平，2010），如图 5-1 所示，故将每个指标的阈值均取为 2.28，这里假设每个识别指标均服从正态分布或近似正态分布。

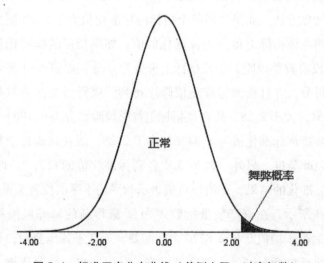

图5-1 标准正态分布曲线（单侧上限，过高舞弊）

之所以将所有指标的阈值均取为 2.28，而没有分别计算各个指标的阈值

（理论上，一个公司舞弊可能只涉及一个指标，或者几个指标或者全部指标，因此，所有上市公司在单个指标上的舞弊概率要小于或者等于公司舞弊的总概率0.01129，因而单个指标的阈值要大于或者等于2.28），是因为：第一，行政处罚决定书对舞弊手段和过程的描述通常较为综合，往往难以查到更多会计科目舞弊的细节，也就难于精确判断是哪个指标舞弊了。第二，从会计恒等式和勾稽关系上看，虽然每个公司舞弊采取的主要手段不尽相同、有多有少，但是每个公司舞弊的结果往往会牵扯其他多个识别指标异常变动，往往难以严格区分公司的舞弊只属于某个单一指标。第三，所有指标的阈值均取为2.28，即便将个别非舞弊公司误判为舞弊公司，相较于将阈值设得较大而漏掉舞弊公司，误判成本也会更低。第四，可能存在尚未发现的舞弊，真实的舞弊概率或许要大于0.01129，相应的，阈值 v 或许比2.28要小些，此时，将所有指标的阈值均取为2.28，反而满足了单个指标的阈值要大于或者等于 v 的条件。

六、会计舞弊风险指数构建

1. 各个指标得分计算。随机选取了2017年橡胶和塑料制品业（C29）公司为例说明计算方法。如果公司某个指标的标准化值大于2.28则判为存在舞弊风险，公司在该指标上得分为标准化的值；如果指标的标准化值小于等于2.28则判为没有舞弊风险，在该指标上得分为0分，如表5-3所示，只列出了部分指标得分，并且按照标准化值降序排列。康得新的存贷双高指标标准化值为6.1964，大于2.28，故在该指标上舞弊风险得分为6.1964分。德威新材的存贷双高指标标准化值为1.3436，小于2.28，故在该指标上舞弊风险得分为0分。以此类推。另外，表5-3中各列标准化值的和为0，即均值为0，这是将数据标准化的结果，正值和负值表示与平均水平的位置关系。

如表5-3所示，在资产质量指数 X_7 上，康得新的舞弊风险得分最高为2.8270分，远高于均值0分2.8270个标准差，远高于其他公司，导致该指标异常的报表项目包括：可供出售金融资产、开发支出、长期待摊费用。该指标异常，也与证监会行政处罚决定书中对舞弊事实认定的描述相吻合，即2015—2018年间，"康得新通过虚构销售业务、采购、生产、研发、产品运输费用等方式，虚增营业收入、营业成本、研发费用和销售费用"，导致 4 年年度报告分别虚增利润总额达 22 亿、29 亿、39 亿和 24 亿元。在存贷双高指标 X_{10} 上，康得新的舞弊风险得分最高为 6.1964 分，该指标异常与康得新虚构货币资金的舞弊事实相吻合。能成功识别出康得新舞弊，也侧面验证了本文指标和阈值构建的合理性。在盈余现金流量差 X_{20} 上，HSKG 的舞弊风险得分最高为 3.4979 分，净利润与经营活动产生的现金流量净额背离严重，是重点审计和监管的舞弊风险点。

表 5-3　2017 年 C29 行业公司部分指标得分[①]

资产质量指数 X_7				存贷双高 X_{10}				盈余现金流量差 X_{20}			
序	名称	标准化值	得分	序	名称	标准化值	得分	序	名称	标准化值	得分
1	康得新	2.8270	2.8270	1	康得新	6.1964	6.1964	1	HSKG	3.4979	3.4979
2	TTGF	2.3772	2.3772	2	德威新材	1.3436	0	2	ADDN	3.2648	3.2648
3	HZGX	2.3569	2.3569	3	贵州轮胎	1.2105	0	3	川环科技	2.1190	0
4	纳尔股份	2.1454	0	4	赛轮轮胎	1.1496	0	4	毅昌股份	1.7684	0
5	三力士	2.0227	0	5	横河模具	1.1198	0	5	佛塑科技	1.3453	0
6	德威新材	1.8223	0	6	大东南	0.9751	0	6	朗迪集团	1.2766	0
7	大禹节水	1.6374	0	7	佛塑科技	0.9402	0	7	普利特	1.0926	0
8	华峰超纤	1.5952	0	8	风神股份	0.8238	0	8	三维股份	1.0526	0
…	…	…	…	…	…	…	…	…	…	…	…
60	国恩股份	-1.2692	0	60	伟星新材	-0.6685	0	60	双箭股份	-1.0183	0

①　表中隐去了部分得分不为 0 的公司名称。

续表

	资产质量指数 X_7				存贷双高 X_{10}				盈余现金流量差 X_{20}		
61	大东南	-1.5596	0	61	鹏翎股份	-0.6685	0	61	同大股份	-1.0334	0
62	浙江众成	-1.5997	0	62	茶花股份	-0.6685	0	62	中鼎股份	-1.0460	0
各列的和为0		0				0				0	

2. 舞弊风险指数构建。将公司各个指标的得分相加（等权重均取为1），即为该公司的舞弊风险指数，指数越大，舞弊风险就越大。指数综合反映了各个公司舞弊风险的范围、程度和排名情况。2017 年 C29 行业公司指数排名如表5-4 所示。某公司的指数最高为 40.3397，其中，应收账款变动指数 X_2 得分 6.7219，营业收入增长指数 X_8 得分 7.7349，期间费用率指数 X_9 得分 7.7445，其他应收款占比 X_{13} 得分 7.6225，营业收入期间费用比 X_{19} 得分 7.0180，盈余现金流量差 X_{20} 得分 3.4979。虚增收入，虚减费用，从而虚增应计利润，是重点审计和监管的舞弊风险点。

表 5-4　2017 年 C29 行业公司舞弊风险指数排名①

序	代码	指数	序	代码	指数	序	代码	指数
1	000 ***	40.3397	22	000 ***	2.5323	43	300 ***	0
2	002 ***	15.0819	23	300 ***	2.5100	44	300 ***	0
3	300 ***	14.9227	24	002 ***	2.3805	45	300 ***	0
4	300 ***	10.3012	25	000 ***	0	46	300 ***	0
5	002 ***	9.1126	26	000 ***	0	47	300 ***	0
6	002 ***	9.0234	27	000 ***	0	48	300 ***	0
7	300 ***	8.3601	28	000 ***	0	49	300 ***	0
8	002 ***	6.3546	29	000 ***	0	50	600 ***	0
9	300 ***	6.2878	30	002 ***	0	51	600 ***	0

———————

① 表中隐去了公司代码和名称。

续表

序	代码	指数	序	代码	指数	序	代码	指数
10	002 ***	6.1613	31	002 ***	0	52	600 ***	0
11	000 ***	5.9209	32	002 ***	0	53	600 ***	0
12	300 ***	5.5032	33	002 ***	0	54	601 ***	0
13	002 ***	3.6732	34	002 ***	0	55	601 ***	0
14	600 ***	3.3426	35	002 ***	0	56	601 ***	0
15	300 ***	3.1383	36	002 ***	0	57	601 ***	0
16	300 ***	3.1347	37	002 ***	0	58	603 ***	0
17	300 ***	3.0763	38	002 ***	0	59	603 ***	0
18	002 ***	3.0400	39	002 ***	0	60	603 ***	0
19	300 ***	2.6182	40	002 ***	0	61	603 ***	0
20	300 ***	2.5641	41	002 ***	0	62	603 ***	0
21	002 ***	2.5396	42	002 ***	0			

第六章

会计舞弊风险指数评价和预警

第一节　会计舞弊风险指数评价

一、指数总体评价

（一）2017 年指数

在总计 3023 家样本公司中，有 1042 家公司的指数不为 0，即 34.47% 的公司出现指标异常，存在舞弊风险。表 6-1 列出了舞弊风险指数排名前 60 的公司，其中 8 家公司目前已经退市，很多被特别处理的 ST 公司指数不为 0，存在舞弊风险，指数最高为 97.7810。表 6-2 是指数的描述性统计以及指数各个等级个数的分布情况，其中，指数为 0 的公司有 1981 家，占 65.53%；指数在区间（2.28，9.9999］中的公司有 824 家，占 27.26%；指数在区间［10，19.9999］中的公司有 146 家，占 4.83%，随着指数的递增相应舞弊家数递减。

表 6-1　2017 年舞弊风险指数排名前 60 的公司①

序	代码	行业	指数	序	代码	行业	指数
1	600 ∗∗∗	C26	97.7810	31	600 ∗∗∗	F51	30.3540
2	600 ∗∗∗	C39	86.0689	32	000 ∗∗∗	F51	29.4738

---

① 表中隐去了公司代码和名称。

序	代码	行业	指数	序	代码	行业	指数
3	600 ***	C39	74.5881	33	300 ***	C35	28.5446
4	300 ***	C35	72.0438	34	002 ***	I65	27.9231
5	002 ***	D44	52.3912	35	300 ***	C13	27.4323
6	601 ***	C34	51.9481	36	600 ***	G54	27.4271
7	002 ***	E48	49.9487	37	600 ***	K70	27.2158
8	000 ***	C38	49.2445	38	600 ***	C26	26.8223
9	600 ***	C30	43.9134	39	002 ***	C40	26.2311
10	002 ***	C35	43.3420	40	600 ***	I65	24.9688
11	600 ***	C36	42.9205	41	000 ***	S90	24.8910
12	600 ***	F51	42.7988	42	002 ***	B11	24.8184
13	600 ***	C38	40.9439	43	002 ***	I65	24.8127
14	000 ***	C29	40.3397	44	300 ***	C38	24.7801
15	000 ***	C37	38.7108	45	002 ***	L72	24.7537
16	000 ***	C38	38.3168	46	600 ***	C15	24.6954
17	600 ***	F51	38.1386	47	600 ***	C27	24.2298
18	002 ***	C27	37.5765	48	300 ***	I64	24.2098
19	000 ***	C32	34.5120	49	600 ***	C13	23.9108
20	300 ***	I64	34.2351	50	600 ***	C27	23.6187
21	600 ***	C39	33.5056	51	000 ***	L72	23.1876
22	000 ***	B09	33.1339	52	000 ***	N78	23.1201
23	600 ***	C15	31.5132	53	002 ***	I64	23.1048
24	000 ***	C30	31.4122	54	000 ***	C35	22.9052
25	600 ***	C31	31.1896	55	600 ***	C34	22.8078
26	300 ***	I64	31.1506	56	000 ***	C38	22.7439
27	600 ***	D44	30.9510	57	000 ***	C26	22.3972
28	600 ***	C39	30.6630	58	000 ***	C15	22.3433
29	002 ***	C27	30.6357	59	600 ***	F51	22.0763
30	000 ***	I65	30.4725	60	000 ***	R86	21.8743

表 6-2 2015—2017 年舞弊风险指数分布情况

指数描述性统计	年份	样本量	极小值	极大值	均值	标准差
	2017	3023	0	97.7810	2.6117	6.2582
	2016	2673	0	74.6666	2.7256	6.0216
	2015	2455	0	54.7346	2.6835	5.6887

指数等级区间	2017		2016		2015	
	个数	百分比/%	个数	百分比/%	个数	百分比/%
99.9999~90	1	0.03	0	0	0	0
89.9999~80	1	0.03	0	0	0	0
79.9999~70	2	0.10	1	0.04	0	0
69.9999~60	0	0	1	0.04	0	0
59.9999~50	2	0.07	5	0.19	2	0.08
49.9999~40	8	0.26	5	0.19	7	0.29
39.9999~30	17	0.56	11	0.41	13	0.53
29.9999~20	41	1.36	37	1.38	35	1.43
19.9999~10	146	4.83	157	5.87	132	5.38
9.9999~2.28（阈值）	824	27.26	738	27.61	706	28.76
0	1981	65.53	1718	64.27	1560	63.54
合计	3023	100	2673	100	2455	100

表 6-3 是 2017 年舞弊风险指数排名前 10 的公司分指标得分情况，第 2 列的公司舞弊风险指数最高为 97.7810，其分指标得分为：应收账款周转指数得分 13.5447，高于均值 0 分 13.5447 个标准差，存货周转指数得分 13.2339，固定资产折旧率指数得分 3.3896，应收账款周转天数得分 6.4042，其他应收款占比得分 5.5930，存货周转天数得分 13.6997，盈余现金流量差得分 12.1653，经营性应计利润的绝对值得分 12.0301，销售现金比率得分 11.2710，应计盈余管理程度得分 6.4495。虚构销售业务、虚增营业收入和应收账款从而虚增应计利润，营业收入、净利润与经营活动产生的现金流量净额差额大，背离严重；虚增存货、虚减营业成本从而虚增利润；虚减固定资产折旧从而虚减

管理费用和制造费用以虚增利润；通过其他应收款科目隐藏费用虚增利润或是向关联方违规出借资金。以上几种情况是主要的舞弊风险点。

如表 6-3 所示，最后一列的公司，即宁波东力的舞弊风险指数为 43.3420，其分指标得分为：营业收入增长指数得分 12.3629，期间费用率指数得分 11.8195，存贷双高得分 5.2731，其他应收款占比得分 2.6436，营业收入期间费用比得分 11.2429。虚增营业收入，虚减管理费用、销售费用和财务费用从而虚增利润；虚增货币资金；支付的费用借记其他应收款科目而不是费用科目，即通过其他应收款科目隐藏支付的费用虚增利润，或是将关联方违规占用的资金借记其他应收款科目，以上几种情况是主要的舞弊风险点。这与证监会行政处罚决定书中的描述相吻合，即"宁波东力与年富供应链重大资产重组后，于 2017 年 8 月将年富供应链纳入合并财务报表。2014 年 7 月至 2018 年 3 月，年富供应链存在虚增营业收入、利润，虚增应收款项，隐瞒关联交易等行为，导致宁波东力 2017 年年度报告存在虚假记载"①。

表 6-3 2017 年舞弊风险指数排名前 10 的公司分指标得分

代码	600 ***	600 ***	600 ***	300 ***	002 ***	601 ***	002 ***	000 ***	600 ***	002 ***
行业	C26	C39	C39	C35	D44	C34	E48	C38	C30	C35
指数	97.7810	86.0689	74.5881	72.0438	52.3912	51.9481	49.9487	49.2445	43.9134	43.3420
应收账款周转指数	13.5447	0	14.7409	7.0287	0	9.0219	4.2890	0	0	0
应收账款变动指数	0	11.2045	0	0	0	0	8.7061	0	0	0
其他应收款变动指数	0	13.2764	0	0	4.5735	0	9.0314	0	5.1330	0
存货周转指数	13.2339	0	16.3096	3.0887	0	8.5821	7.4511	0	0	0
存货变动指数	0	0	16.2782	0	0	0	8.8142	0	0	0

---

① 中国证监会. 中国证监会行政处罚决定书〔2021〕2 号［EB/OL］. 中国证监会网，2021-01-06.

续表

代码	600***	600***	600***	300***	002***	601***	002***	000***	600***	002***
固定资产折旧率指数	3.3896	0	0	0	0	0	0	0	0	0
资产质量指数	0	0	14.1262	0	0	0	0	0	0	0
营业收入增长指数	0	0	0	0	3.5160	0	4.0788	0	8.5292	12.3629
期间费用率指数	0	0	0	0	0	0	2.8914	0	0	11.8195
存贷双高	0	7.7141	2.6579	0	0	0	0	0	0	5.2731
应收账款周转天数	6.4042	0	5.4880	7.5624	0	10.1421	0	8.9570	0	0
预付账款占比	0	0	0	0	4.1393	0	0	0	0	0
其他应收款占比	5.5930	15.1716	0	7.7709	4.5025	0	0	8.7807	8.5326	2.6436
存货周转天数	13.6997	0	0	2.8914	0	9.5776	0	0	0	0
资产质量	0	0	0	0	0	0	0	0	0	0
营业收入毛利率	0	0	0	0	0	0	0	0	0	0
第四季度营收占比	0	0	2.4454	0	0	4.5247	4.6866	0	0	0
非营业收入占比	0	0	0	10.8570	0	10.0996	0	0	0	0
营业收入期间费用比	0	0	0	0	0	0	0	0	0	11.2429
盈余现金流量差	12.1653	15.1259	0	4.6590	8.8494	0	0	11.4433	6.2326	0

代码	600 ***	600 ***	600 ***	300 ***	002 ***	601 ***	002 ***	000 ***	600 ***	002 ***
经营性应计利润的绝对值	12. 0301	15. 1850	0	3. 2983	8. 9876	0	0	5. 3299	5. 7977	0
销售现金比率	11. 2710	0	2. 5418	11. 8349	5. 9909	0	0	0	5. 1644	0
其他经营现金流占比	0	0	0	8. 7246	2. 6551	0	0	5. 8762	0	0
应计盈余管理程度	6. 4495	8. 3915	0	4. 3281	9. 1768	0	0	8. 8572	4. 5239	0

（二）2016年指数

在总计2673家样本公司中，有955家公司的指数不为0，即35.73%的公司出现指标异常，存在舞弊风险。表6-4列出了舞弊风险指数排名前60的公司，指数最高为74.6666。由表6-2可知，指数为0的公司有1718家，占64.27%；指数在区间（2.28，9.9999］中的公司有738家，占27.61%；指数在区间［10，19.9999］中的公司有157家，占5.87%，随着指数的递增相应舞弊家数递减。

表6-4 2016年舞弊风险指数排名前60的公司

序	代码	行业	指数	序	代码	行业	指数
1	600 ***	C30	74. 6666	31	002 ***	C39	26. 5579
2	000 ***	E48	64. 4729	32	600 ***	G54	26. 3305
3	300 ***	I64	52. 7938	33	600 ***	C31	26. 2198
4	000 ***	C27	52. 6990	34	000 ***	C17	25. 6864
5	600 ***	C39	52. 6825	35	603 ***	C35	25. 5230
6	000 ***	D44	52. 2584	36	600 ***	C26	25. 5119
7	600 ***	F51	51. 2192	37	600 ***	C18	25. 4342
8	600 ***	C36	49. 5470	38	002 ***	C39	25. 1196
9	600 ***	B11	48. 4577	39	600 ***	E50	24. 5483
10	600 ***	C15	47. 7906	40	000 ***	C26	24. 3260

序	代码	行业	指数	序	代码	行业	指数
11	600***	C35	44.5665	41	600***	R86	24.0067
12	002***	I64	42.8967	42	300***	A01	23.8361
13	600***	C39	36.6312	43	600***	C38	23.7727
14	300***	C38	35.8796	44	300***	C38	23.7240
15	600***	C26	35.3953	45	600***	D44	23.6995
16	600***	F51	34.5186	46	300***	C35	23.4768
17	600***	C26	33.9868	47	600***	K70	23.4204
18	000***	M75	33.9457	48	000***	D44	23.1838
19	000***	C37	33.4943	49	002***	C27	22.9680
20	600***	F51	31.9907	50	600***	G59	22.4646
21	000***	C38	31.7227	51	603***	L71	22.3538
22	300***	C35	31.5793	52	000***	N78	22.1791
23	002***	C39	30.2099	53	000***	L72	22.1480
24	000***	K70	29.2124	54	600***	C26	22.1331
25	000***	I65	29.0930	55	002***	C39	21.6346
26	600***	C30	28.3273	56	300***	C26	21.2604
27	600***	C38	28.1503	57	600***	C38	20.6953
28	600***	C26	27.7150	58	600***	C25	20.6650
29	002***	C34	27.1620	59	000***	C33	20.6242
30	002***	C39	26.9144	60	000***	C26	20.0242

表6-5是2016年舞弊风险指数排名前10的公司分指标得分情况，第2列公司的舞弊风险指数最高为74.6666，其分指标得分为：资产质量指数得分8.2471，高于均值0分8.2471个标准差，营业收入增长指数得分4.7219，期间费用率指数得分8.2467，应收账款周转天数得分8.1845，其他应收款占比得分4.5268，第四季度营收占比得分5.3503，营业收入期间费用比得分3.0586，盈余现金流量差得分5.9216，经营性应计利润的绝对值得分6.1258，销售现金比率得分8.1630，其他经营现金流量占比得分6.9053，应计盈余管

理程度得分 5.2149。虚增商誉，违规将研发费用资本化计入无形资产从而虚减费用虚增资产，违规将借款费用资本化计入在建工程从而虚减费用虚增资产；虚构销售业务、虚增应收账款、虚增营业收入（尤其是在第四季度），虚减财务费用、销售费用和管理费用，从而虚增应计利润，致使经营活动产生的现金流量净额与营业收入、净利润差额大，背离严重；关联方违规占用公司资金并借记其他应收款科目，支付的费用借记其他应收款科目而不是费用科目从而虚增利润；诸如质保金和保证金、租赁固定资产收到的现金、罚款收入、除税费返还外的政府补助收入等其他现金流入（而不是销售商品收到的现金流入）比例过高。以上几种情况是主要的舞弊风险点。

如表 6-5 所示，第 4 列公司的舞弊风险指数为 52.7938，排名第三，其分指标得分为：应收账款周转指数得分 13.0896，应收账款变动指数得分 13.0143，预付账款占比得分 12.8304，营业收入期间费用比得分 13.8595。虚构销售业务又不能获得现金流，致使应收账款异常增高，导致应收账款与营业收入的比例异常；虚增营业收入和虚减期间费用，或者只虚增前者或者只虚减后者，都导致二者的比例异常；关联方之间签订虚假采购合同，关联方违规占用的资金借记预付账款科目长期挂账，或者将费用资本化借记预付账款科目而不是费用科目从而虚增利润。以上几种情况是主要的舞弊风险点。

表 6-5 2016 年舞弊风险指数排名前 10 的公司分指标得分

代码	600 ***	000 ***	300 ***	000 ***	600 ***	000 ***	600 ***	600 ***	600 ***	600 ***
行业	C30	E48	I64	C27	C39	D44	F51	C36	B11	C15
指数	74.6666	64.4729	52.7938	52.6990	52.6825	52.2584	51.2192	49.5470	48.4577	47.7906
应收账款周转指数	0	8.0265	13.0896	10.0452	5.9213	0	0	2.4584	7.8758	0
应收账款变动指数	0	7.8657	13.0143	6.1646	9.4737	0	0	0	7.7188	2.3669
其他应收款变动指数	0	0	0	0	0	0	0	0	7.1136	5.7648
存货周转指数	0	8.0336	0	0	0	0	10.9672	7.2736	3.0917	0

续表

代码	600 ***	000 ***	300 ***	000 ***	600 ***	000 ***	600 ***	600 ***	600 ***	600 ***
存货变动指数	0	7.9955	0	0	14.9960	0	11.7456	0	6.1758	0
固定资产折旧率指数	0	0	0	0	0	7.5226	0	0	0	0
资产质量指数	8.2471	7.9238	0	0	0	0	11.7900	0	0	6.0732
营业收入增长指数	4.7219	5.5063	0	0	8.2936	0	5.1214	0	8.1563	3.7916
期间费用率指数	8.2467	5.4951	0	0	10.7584	9.4506	0	0	0	5.2725
存贷双高	0	0	0	2.3695	0	0	0	0	0	0
应收账款周转天数	8.1845	0	0	0	0	0	3.0378	0	0	0
预付账款占比	0	0	12.8304	2.2946	0	0	0	0	0	0
其他应收款占比	4.5268	0	0	2.8291	0	0	0	7.7837	0	5.3065
存货周转天数	0	0	0	8.1504	0	0	0	9.2657	0	4.2465
资产质量	0	0	0	0	0	0	0	0	0	0
营业收入毛利率	0	0	0	0	0	0	0	2.7967	0	0
第四季度营收占比	5.3503	4.0084	0	6.4772	0	2.3240	5.6250	0	5.3275	0
非营业收入占比	0	0	0	7.3907	0	0	0	3.1302	0	0
营业收入期间费用比	3.0586	0	13.8595	0	3.2395	4.0730	0	0	0	0
盈余现金流量差	5.9216	0	0	0	0	8.8090	0	0	0	3.2797

续表

代码	600 ***	000 ***	300 ***	000 ***	600 ***	000 ***	600 ***	600 ***	600 ***	600 ***
经营性应计利润的绝对值	6.1258	0	0	0	0	7.0503	0	3.6836	0	0
销售现金比率	8.1630	4.2752	0	6.9777	0	3.4229	0	9.2598	0	5.9591
其他经营现金流量占比	6.9053	0	0	0	0	0	2.9323	3.8953	0	5.7299
应计盈余管理程度	5.2149	5.3428	0	0	0	9.6061	0	0	2.9983	0

（三）2015 年指数

在总计 2455 家样本公司中，有 895 家公司的指数不为 0，即 36.46% 的公司出现指标异常，存在舞弊风险。表 6-6 列出了舞弊风险指数排名前 60 的公司，指数最高为 54.7346。由表 6-2 可知，指数为 0 的公司有 1560 家，占 63.54%；指数在区间（2.28，9.9999］中的公司有 706 家，占 28.76%；指数在区间［10，19.9999］中的公司有 132 家，占 5.38%，随着指数的递增相应舞弊家数递减。

表 6-6　2015 年舞弊风险指数排名前 60 的公司

序	代码	行业	指数	序	代码	行业	指数
1	300 ***	C35	54.7346	31	300 ***	C35	26.3338
2	600 ***	C39	52.0639	32	300 ***	C13	26.2680
3	600 ***	C30	48.6592	33	600 ***	C38	25.8294
4	600 ***	C39	45.4117	34	300 ***	I64	25.3278
5	600 ***	C27	43.1386	35	600 ***	F51	24.7965
6	000 ***	E48	42.5668	36	600 ***	D45	24.5863
7	600 ***	F51	42.5574	37	002 ***	C26	24.5109
8	000 ***	C17	41.4089	38	600 ***	C38	24.0650
9	600 ***	C36	40.0404	39	000 ***	A04	23.5213
10	600 ***	K70	38.4046	40	600 ***	B06	23.3885

续表

序	代码	行业	指数	序	代码	行业	指数
11	600 ***	E50	35.7260	41	000 ***	E48	23.1270
12	600 ***	D45	35.2878	42	600 ***	C38	23.0852
13	600 ***	C39	34.8271	43	600 ***	C26	22.6632
14	600 ***	C22	34.4038	44	600 ***	F51	22.6600
15	002 ***	D44	33.8310	45	002 ***	C27	22.2861
16	002 ***	G54	32.2193	46	600 ***	F52	21.7592
17	000 ***	C26	31.9192	47	600 ***	F51	21.5708
18	600 ***	F51	31.4641	48	000 ***	R87	21.3331
19	000 ***	C37	31.2371	49	000 ***	B09	21.2516
20	300 ***	C39	30.7541	50	000 ***	C36	21.1949
21	002 ***	I64	30.5638	51	600 ***	C32	21.1614
22	600 ***	C26	30.0085	52	000 ***	I65	21.1441
23	600 ***	C15	29.9411	53	000 ***	D44	21.0681
24	600 ***	C18	29.3044	54	600 ***	C14	20.9158
25	600 ***	C26	28.0615	55	002 ***	E50	20.3634
26	600 ***	I64	27.6395	56	300 ***	C38	20.3503
27	000 ***	C26	27.4362	57	002 ***	L72	20.1681
28	002 ***	C34	26.9564	58	002 ***	C27	19.9954
29	600 ***	C13	26.6387	59	600 ***	G58	19.9113
30	300 ***	I63	26.4425	60	002 ***	C36	19.4185

表6-7是2015年舞弊风险指数排名前10的公司分指标得分情况,第2列公司的舞弊风险指数最高为54.7346,其分指标得分为:营业收入增长指数得分4.5259,期间费用率指数得分4.6221,存贷双高得分3.3222,资产质量得分3.5889,第四季度营收占比得分3.0074,盈余现金流量差得分4.1082,经营性应计利润的绝对值得分4.2455,销售现金比率得分9.7442,其他经营现金流量占比得分7.0322,应计盈余管理程度得分10.5380。本年度营业收入异常增高,尤其是第四季度营业收入异常增高,从而虚增应计利润;净利润或

营业利润与经营活动产生的现金流量净额的差值（应计利润）异常增大，背离严重；虚增货币资金；租赁固定资产收到的现金、罚款收入、除税费返还外的政府补助收入、质保金和保证金返还等其他经营现金流占比异常；无形资产、商誉等软性资产或是在建工程等资产比例异常。以上几种情况是主要的舞弊风险点。

如表 6-7 所示，第 8 列公司的舞弊风险指数为 42.5574，排名第七，其分指标得分为：第四季度营收占比得分 5.8855，非营业收入占比得分 10.4563，盈余现金流量差得分 5.7943，经营性应计利润的绝对值得分 7.2999，其他经营现金流量占比得分 7.1067，应计盈余管理程度得分 6.0148。第四季度营业收入比例异常增高；盘盈、接受捐赠、投资、处置非流动资产等非经常性损益的利得收入与正常经营活动的营业收入的比例异常；营业利润或净利润与经营活动产生的现金流量净额的差值即应计利润异常增高；租赁固定资产收到的现金、罚款收入、除税费返还外的政府补助收入、质保金和保证金返还等其他经营现金流与经营活动现金流入的比例异常增高。以上几种情况是主要的舞弊风险点。

表 6-7　2015 年舞弊风险指数排名前 10 的公司分指标得分

代码	300 ***	600 ***	600 ***	600 ***	600 ***	000 ***	600 ***	000 ***	600 ***	600 ***
行业	C35	C39	C30	C39	C27	E48	F51	C17	C36	K70
指数	54.7346	52.0639	48.6592	45.4117	43.1386	42.5668	42.5574	41.4089	40.0404	38.4046
应收账款周转指数	0	14.2124	6.8501	0	6.8348	7.2160	0	2.7445	4.8867	0
应收账款变动指数	0	14.3270	0	0	0	7.6802	0	0	0	6.7859
其他应收款变动指数	0	0	0	0	0	0	0	5.0961	0	4.7269
存货周转指数	0	3.9319	5.4946	0	3.2722	0	0	0	3.3372	0
存货变动指数	0	0	0	0	0	2.5429	0	4.4050	0	0

续表

代码	300***	600***	600***	600***	600***	000***	600***	000***	600***	600***
固定资产折旧率指数	0	0	0	0	0	0	0	0	0	0
资产质量指数	0	0	0	0	0	0	0	0	0	0
营业收入增长指数	4.5259	0	0	0	0	0	0	0	0	10.4855
期间费用率指数	4.6221	0	0	13.9486	0	0	0	0	0	9.9194
存贷双高	3.3222	0	0	0	0	0	0	0	0	0
应收账款周转天数	0	0	7.3919	0	0	0	0	5.0721	0	0
预付账款占比	0	0	0	0	0	0	0	0	0	0
其他应收款占比	0	0	7.6779	0	2.5128	5.2969	0	5.0581	7.8499	0
存货周转天数	0	10.1461	0	0	0	0	0	0	8.7773	0
资产质量	3.5889	0	0	0	0	0	0	0	0	0
营业收入毛利率	0	0	0	0	0	4.4972	0	0	0	0
第四季度营收占比	3.0074	0	0	4.8579	4.8528	0	5.8855	0	0	0
非营业收入占比	0	0	7.7235	0	0	5.2398	10.4563	0	0	0
营业收入期间费用比	0	0	0	7.0792	5.4021	0	0	0	0	0
盈余现金流量差	4.1082	0	0	8.6571	10.2300	0	5.7943	4.9861	0	0
经营性应计利润的绝对值	4.2455	0	2.6954	10.8688	10.0338	7.4793	7.2999	4.9903	0	0

代码	300 ***	600 ***	600 ***	600 ***	600 ***	000 ***	600 ***	000 ***	600 ***	600 ***
销售现金比率	9.7442	3.3817	3.9604	0	0	2.6146	0	0	8.2364	0
其他经营现金流量占比	7.0322	6.0648	6.8654	0	0	0	7.1067	4.9093	6.9528	0
应计盈余管理程度	10.5380	0	0	0	0	0	6.0148	4.1475	0	6.4869

（四）2015—2017 年指数纵向评价

2015—2017 年指数的描述性统计如表 6-2 所示，K 个独立样本克鲁斯卡尔（Kruskal）和沃利斯（Wallis）检验（简称 K-W 检验）的显著性概率 p=0.245，即三年指数相等的概率为 0.245，说明三年的指数均值无显著差异。

二、指数均值差异检验

（一）2017 年指数均值差异检验

如表 6-8 所示，将 2017 年 3023 家样本公司按照行业、省份、地区、上市地点、上市板块、上市年限是否大于中位数（中位数为 10 年）、实际控制人、董事长与总经理兼任否、是否为四大审计、是否为标准无保留意见进行分类，对指数进行均值差异检验，结果如下。

1. 按照行业分类评价。如表 6-8 所示，C13 农副食品加工业指数平均值最高为 3.5213，C20 和 C42 行业指数平均值最低为 0。K 个独立样本 K-W 检验的显著性概率 p=0.019，说明各个行业的公司之间（至少有两个行业的公司之间）指数均值差异显著。

2. 按照省份分类评价。如表 6-8 所示，K-W 检验的显著性概率 p=0.008，说明各个省份直辖市的公司之间（至少有两个省份直辖市的公司之间）指数均值差异显著。

3. 按照地区分类评价。参照国家统计局网站的划分方法，将我国经济区域分为东部、中部、西部和东北四大地区①。如表6-8所示，K-W检验的显著性概率 p=0.00036，说明各个地区的公司之间（至少有两个地区的公司之间）指数均值差异显著。

4. 按照上市地点分类评价。如表6-8所示，在深交所和上交所上市的公司分别为1867家和1156家，指数平均值分别为2.4915和2.8057，两个独立样本曼恩（Mann）和惠特尼（Whitney）U检验的结果显示，指数均值差异不显著（p=0.475）。

5. 按照上市板块分类评价。如表6-8所示，主板、中小板和创业板公司分别为1603家、823家、597家，指数平均值分别为3.0619、2.0835、2.1307，K-W检验的显著性概率 p=0.001，说明各个板块的公司之间（至少有两个板块的公司之间）指数均值差异显著。进一步，使用U检验，结果显示：主板公司舞弊风险指数平均值大于中小板公司，且差异显著（p=0.00026）；主板与创业板公司指数均值在10%的水平上差异显著（p=0.084）；中小板与创业板公司指数均值差异不显著（p=0.134）。

6. 按照上市年限分类评价。如表6-8所示，所有公司上市年限的中位数为10年，将上市年限大于中位数的公司分为一组，其指数均值为3.4207；将小于等于中位数的公司分为一组，其指数均值为1.8776。U检验的结果显示，指数均值差异显著（p=0.000），说明上市年限大于10年的公司舞弊风险指数平均值大于上市年限小于等于10年的公司，上市年限长的公司是舞弊审计和监管的重点。

7. 按照实际控制人分类评价。如表6-8所示，公司的实际控制人分为国家或地方政府、其他（企事业集体、个人、无实际控制人）两大类。U检验的结果显示，指数均值差异显著（p=0.002），实际控制人为非国家或地方政府的公司是舞弊审计和监管的重点。

8. 按照是否两职兼任分类评价。如表6-8所示，董事长与总经理兼任的公司有853家、不兼任的有2170家，指数平均值分别为2.7045和2.5751。U

---

① 东部包括北京、天津、河北、山东、江苏、上海、浙江、福建、广东和海南。中部包括山西、河南、安徽、江西、湖北和湖南。西部包括内蒙古、宁夏、甘肃、青海、陕西、四川、重庆、广西、贵州、云南、西藏和新疆。东北包括辽宁、吉林和黑龙江。

检验的结果显示，指数均值差异不显著（p＝0.663）。

9. 按照是否为四大审计分类评价。国际四大会计师事务所包括安永华明、普华永道中天、德勤华永、毕马威华振。如表6-8所示，四大和非四大所审计的公司分别为163家和2860家，指数平均值分别为1.2015和2.6920。U检验的结果显示，指数均值差异显著（p＝0.007），说明由非四大所审计的公司舞弊风险指数平均值大于四大所审计的公司。

10. 按照是否为标准无保留意见分类评价。如表6-8所示，年报审计意见为标准无保留意见的公司有2896家，年报审计意见为非标类型（带强调事项段的无保留意见、保留意见、无法表示意见、否定意见）的公司为127家，指数平均值分别为2.1529和13.0727。U检验的结果显示，指数均值差异显著（p＝0.000），说明得到非标准审计意见的公司，其舞弊风险指数平均值也远大于标准无保留意见的公司。

由于公司业务及会计核算的复杂性、舞弊的隐匿性以及监管力量是否充足等因素决定了舞弊被发现具有滞后性甚至长久不被发现，根据指数总体评价和均值差异检验的结论，2017年监管的重点目标应该是指数非零的公司、ST公司、非国有公司、得到非标审计意见的公司等，24个指标得分则提供了具体的监管舞弊风险点。

表6-8　2017年舞弊风险指数均值差异检验（3023家）

	分类		样本量	极小值	极大值	指数均值	标准差	显著性p值
	1	C13 农副食品加工业	41	0	27.4323	3.5213	6.3728	
	2	L 租赁和商务服务业	47	0	24.7537	3.3780	6.0115	
	3	C15 酒、饮料和精制茶制造业	40	0	31.5132	3.3754	7.2406	
	4	C18 纺织服装、服饰业	32	0	16.4233	3.2584	4.6251	
	5	R 文化、体育和娱乐业	48	0	21.8743	3.2539	5.1578	
	6	C31 黑色金属冶炼和压延加工业	31	0	31.1896	3.1594	6.6625	
	7	S 综合	17	0	24.8910	3.1310	6.5607	
行业	8	C32 有色金属冶炼和压延加工业	64	0	34.5120	3.0084	5.3393	0.019
	9	Q 卫生和社会工作	11	0	17.2785	3.0012	5.3340	
	10	C19 皮革、毛皮、羽毛及其制品和制鞋业	9	0	9.6386	2.9999	3.1541	
	11	C14 食品制造业	40	0	17.1320	2.9857	4.5353	
	12	M 科学研究和技术服务业	28	0	15.5328	2.9607	4.1995	
	13	B 采矿业	74	0	33.1339	2.9034	6.0896	
	14	C25 石油加工、炼焦和核燃料加工业	15	0	19.3261	2.8918	5.1668	
	15	G 交通运输、仓储和邮政业	89	0	27.4271	2.8705	5.1746	
	16	C37 铁路、船舶、航空航天和其他运输设备制造业	39	0	38.7108	2.8224	6.7358	
	17	A 农、林、牧、渔业	41	0	13.4504	2.8150	3.7524	

续表

		分类	样本量	极小值	极大值	指数均值	标准差	显著性 p 值
18	K	房地产业	120	0	27.2158	2.8014	5.0113	
19	E	建筑业	85	0	49.9487	2.7857	6.7105	
20	C27	医药制造业	185	0	37.5765	2.7816	5.4986	
21	C29	橡胶和塑料制品业	62	0	40.3397	2.7729	6.0405	
22	F	批发和零售业	155	0	42.7988	2.7593	6.6051	
23	C36	汽车制造业	100	0	42.9205	2.7318	5.9978	
24	D	电力、热力、燃气及水生产和供应业	102	0	52.3912	2.6604	6.7053	
25	C30	非金属矿物制品业	76	0	43.9134	2.6151	6.6590	
26	C34	通用设备制造业	107	0	51.9481	2.5876	6.5245	
27	H	住宿和餐饮业	9	0	7.9076	2.5762	3.8661	0.019
28	C17	纺织业	31	0	21.1731	2.5044	4.7938	
29	I	信息传输、软件和信息技术服务业	250	0	34.2351	2.4914	5.7943	
30	N	水利、环境和公共设施管理业	46	0	23.1201	2.4684	4.7581	
31	C38	电气机械和器材制造业	193	0	49.2445	2.4602	6.6532	
32	C28	化学纤维制造业	20	0	13.2986	2.4567	3.7650	
33	C40	仪器仪表制造业	38	0	26.2311	2.4322	5.5973	
34	C26	化学原料和化学制品制造业	197	0	97.7810	2.3531	7.9634	

行业

续表

	分类		样本量	极小值	极大值	指数均值	标准差	显著性 p 值
行业	35	C35	专用设备制造业	173	0	72.0438	2.3095	7.3670	0.019
	36	C22	造纸和纸制品业	24	0	12.0404	2.1874	3.3116	
	37	C33	金属制品业	49	0	16.0417	2.1556	3.8339	
	38	C39	计算机、通信和其他电子设备制造业	268	0	86.0689	2.1345	7.9881	
	39	C21	家具制造业	13	0	5.9537	2.1214	2.0362	
	40	C41	其他制造业	15	0	15.4767	1.9877	3.9784	
	41	P	教育	8	0	4.8639	1.8093	2.1500	
	42	C24	文教、工美、体育和娱乐用品制造业	8	0	9.4109	1.4798	3.3153	
	43	C23	印刷和记录媒介复制业	11	0	2.9820	1.2094	1.3986	
	44	C20	木材加工和木、竹、藤、棕、草制品业	7	0	0	0	0	
	45	C42	废弃资源综合利用业	5	0	0	0	0	

续表

省份	分类		样本量	极小值	极大值	指数均值	标准差	显著性 p 值
	1	海南	29	0	49.2445	6.7163	10.0500	0.008
	2	吉林	42	0	42.7988	6.2499	10.5133	
	3	新疆	49	0	43.9134	4.0424	8.4535	
	4	重庆	43	0	29.4738	3.7817	6.9658	
	5	山西	37	0	30.6630	3.6181	6.4204	
	6	广西	35	0	26.2311	3.6159	5.9414	
	7	辽宁	70	0	31.4122	3.5528	6.2886	
	8	宁夏	12	0	11.6886	3.5052	3.7882	
	9	湖北	96	0	27.4271	3.4971	6.5968	
	10	四川	110	0	40.3397	3.4786	7.2573	
	11	甘肃	32	0	22.3433	3.4425	6.2395	
	12	湖南	86	0	72.0438	3.3417	9.6036	
	13	云南	32	0	19.3261	2.9341	4.4503	
	14	上海	226	0	97.7810	2.8581	8.4567	
	15	黑龙江	33	0	15.6153	2.7632	4.5685	
	16	北京	271	0	51.9481	2.6912	6.2761	
	17	福建	114	0	74.5881	2.6828	8.6531	

续表

分类		样本量	极小值	极大值	指数均值	标准差	显著性 p 值
省份	18 西藏	14	0	11.1000	2.4394	3.6166	0.008
	19 河北	49	0	30.9510	2.3474	5.3446	
	20 陕西	43	0	38.7108	2.3428	6.2419	
	21 江苏	308	0	86.0689	2.3379	6.8491	
	22 青海	11	0	11.9716	2.2827	4.4773	
	23 内蒙古	24	0	26.8223	2.2234	6.0603	
	24 浙江	340	0	49.9487	2.2007	5.3641	
	25 河南	75	0	23.6187	2.1797	4.3337	
	26 山东	171	0	24.7801	2.0631	4.3816	
	27 天津	47	0	17.8524	2.0416	4.1086	
	28 广东	467	0	24.8127	1.9001	3.8743	
	29 安徽	94	0	22.8078	1.6345	3.7081	
	30 江西	41	0	8.0906	1.5194	2.3526	
	31 贵州	22	0	6.3997	1.4360	2.0725	

续表

分类		样本量	极小值	极大值	指数均值	标准差	显著性 p 值
地区	东部	2022	0	97.7810	2.3716	6.1061	0.00036
	中部	429	0	72.0438	2.6489	6.2387	
	西部	427	0	43.9134	3.1873	6.4165	
	东北	145	0	42.7988	4.1543	7.5470	
上市地点	深交所	1867	0	72.0438	2.4915	5.6603	0.475
	上交所	1156	0	97.7810	2.8057	7.1169	
上市板块	主板	1603	0	97.7810	3.0619	7.1085	0.001
	中小板	823	0	52.3912	2.0835	5.1003	
	创业板	597	0	72.0438	2.1307	5.0716	
上市年限是否大于中位数 10 年	是	1438	0	97.7810	3.4207	7.6380	0.000
	否	1585	0	72.0438	1.8776	4.5454	
实际控制人	政府	842	0	49.9487	2.0421	4.8625	0.002
	其他	2181	0	97.7810	2.8315	6.7079	
董事长与总经理兼任否	是	853	0	72.0438	2.7045	6.1443	0.663
	否	2170	0	97.7810	2.5751	6.3034	
是否四大审计	是	163	0	22.3972	1.2015	2.7625	0.007
	否	2860	0	97.7810	2.6920	6.3910	

155

续表

是否为标准无保留意见	分类	样本量	极小值	极大值	指数均值	标准差	显著性 p 值
	是	2896	0	52.3912	2.1529	4.8273	0.000
	否	127	0	97.7810	13.0727	16.9931	

注：二分类和多分类分别使用 Mann-Whitney U 和 Kruskal-Wallis 检验。

（二）2016 年指数均值差异检验

如表 6-9 所示，将 2016 年 2673 家样本公司按照行业、省份、地区、上市地点、上市板块、上市年限是否大于中位数（中位数为 10 年）、实际控制人、董事长与总经理兼任否、是否为四大审计、是否为标准无保留意见进行分类，对指数进行均值差异检验，显著的结果有：各个省份的公司之间（至少有两个省份的公司之间）指数均值差异显著。各个地区（按照国家统计局网站的划分方法）的公司之间（至少有两个地区的公司之间）指数均值差异显著。各个板块的公司之间（至少有两个板块的公司之间）指数均值差异显著。上市年限大于中位数的公司，与小于等于中位数的公司之间指数均值差异显著。实际控制人为政府的公司，其指数平均值小于其他类型的公司且在10%的水平上差异显著。由非四大所审计的公司指数平均值大于四大所（安永华明、普华永道中天、德勤华永、毕马威华振）审计的公司且差异显著。得到非标准审计意见的公司，其指数平均值远大于得到标准无保留意见的公司且差异显著。

表6-9 2016年舞弊风险指数均值差异检验 (2673家)

		分类	样本量	极小值	极大值	指数均值	标准差	显著性p值
1	S	综合	13	0	18.1036	4.2234	5.7474	0.113
2	A	农、林、牧、渔业	39	0	23.8361	3.4469	5.3046	
3	C25	石油加工、炼焦和核燃料加工业	12	0	20.6650	3.3525	5.8939	
4	C13	农副食品加工业	35	0	18.4030	3.3063	5.3178	
5	L	租赁和商务服务业	46	0	22.3538	3.2944	5.5104	
6	C15	酒、饮料和精制茶制造业	39	0	47.7906	3.2033	8.4183	
7	R	文化、体育和娱乐业	41	0	24.0067	3.1438	5.5451	
8	G	交通运输、仓储和邮政业	82	0	26.3305	3.1211	5.2595	
9	D	电力、热力、燃气及水生产和供应业	101	0	52.2584	3.1153	6.6440	
10	C28	化学纤维制造业	20	0	14.9254	3.1089	4.6621	
11	N	水利、环境和公共设施管理业	46	0	22.1791	3.0826	5.9404	
12	P	教育	9	0	17.7944	3.0783	5.7900	
13	C18	纺织服装、服饰业	28	0	25.4342	2.9942	5.4830	
14	E	建筑业	67	0	64.4729	2.9834	8.7548	
15	C31	黑色金属冶炼和压延加工业	29	0	26.2198	2.9791	5.8406	
16	B	采矿业	69	0	48.4577	2.8861	6.8317	
17	F	批发和零售业	141	0	51.2192	2.8403	6.6742	

行业

续表

	分类		样本量	极小值	极大值	指数均值	标准差	显著性 p 值
18	C37	铁路、船舶、航空航天和其他运输设备制造业	38	0	33.4943	2.8399	6.2458	0.113
19	Q	卫生和社会工作	12	0	11.0703	2.8236	4.0122	
20	K	房地产业	114	0	29.2124	2.8217	5.1131	
21	C34	通用设备制造业	85	0	27.1620	2.8205	4.3078	
22	C14	食品制造业	36	0	17.4878	2.7859	4.8389	
23	C30	非金属矿物制品业	70	0	74.6666	2.7849	9.6589	
24	C29	橡胶和塑料制品业	44	0	11.6507	2.7324	3.0017	
25	C26	化学原料和化学制品制造业	169	0	35.3953	2.6926	6.1777	
26	C32	有色金属冶炼和压延加工业	62	0	18.4800	2.6899	4.4619	
27	C27	医药制造业	172	0	52.6990	2.6575	5.7946	
28	M	科学研究和技术服务业	25	0	33.9457	2.6536	6.8608	
29	C22	造纸和纸制品业	20	0	17.9068	2.6256	4.6214	
30	C38	电气机械和器材制造业	179	0	35.8796	2.6067	5.7263	
31	C35	专用设备制造业	147	0	44.5665	2.6032	6.1423	
32	C36	汽车制造业	88	0	49.5470	2.5923	6.2750	
33	C33	金属制品业	43	0	20.6242	2.5443	4.5298	
34	C39	计算机、通信和其他电子设备制造业	228	0	52.6825	2.5234	6.4090	

行业

续表

			分类	样本量	极小值	极大值	指数均值	标准差	显著性 p 值
行业	35	C17	纺织业	29	0	25.6864	2.5122	5.0297	0.113
	36	I	信息传输、软件和信息技术服务业	210	0	52.7938	2.4433	6.2573	
	37	C40	仪器仪表制造业	29	0	17.6101	2.3254	4.2964	
	38	C24	文教、工美、体育和娱乐用品制造业	12	0	8.8316	1.9834	2.7032	
	39	C23	印刷和记录媒介复制业	8	0	2.3969	0.5903	1.0931	
	40	C21	家具制造业	8	0	2.3950	0.2994	0.8467	
	41	C19	皮革、毛皮、羽毛及其制品和制鞋业	6	0	0	0	0	
	42	C20	木材加工和木、竹、藤、棕、草制品业	6	0	0	0	0	
	43	C41	其他制造业	5	0	0	0	0	
	44	C42	废弃资源综合利用业	4	0	0	0	0	
	45	H	住宿和餐饮业	7	0	0	0	0	
省份	1		青海	10	0	22.1331	7.1618	8.5436	0.000
	2		海南	28	0	31.7227	7.0071	9.3227	
	3		新疆	42	0	74.6666	6.5411	14.3667	
	4		黑龙江	31	0	64.4729	6.1600	12.2168	

续表

省份	分类		样本量	极小值	极大值	指数均值	标准差	显著性 p 值
	5	宁夏	12	0	25.4342	5.3898	7.7279	
	6	广西	33	0	33.9868	4.7303	7.2667	
	7	吉林	36	0	29.0930	4.5672	5.8306	
	8	陕西	43	0	35.8796	4.3290	9.0836	
	9	内蒙古	24	0	27.7150	4.2897	7.9498	
	10	天津	43	0	51.2192	4.1063	9.3462	
	11	山西	37	0	36.6312	3.8663	7.1081	
	12	贵州	21	0	35.3953	3.4465	8.4762	0.000
	13	湖北	83	0	42.8967	3.2945	6.8611	
	14	四川	98	0	52.2584	3.1301	6.9498	
	15	辽宁	65	0	22.1791	3.0330	4.7399	
	16	上海	196	0	52.7938	3.0276	6.7629	
	17	西藏	11	0	11.8244	2.9735	4.2186	
	18	甘肃	28	0	18.2208	2.7975	4.3604	
	19	重庆	42	0	26.3305	2.6111	5.3030	
	20	福建	96	0	52.6825	2.4754	6.1890	
	21	湖南	76	0	33.9457	2.4682	5.1807	

续表

分类		样本量	极小值	极大值	指数均值	标准差	显著性 p 值
省份	22 云南	29	0	20.6650	2.4296	4.9682	0.000
	23 河南	71	0	44.5665	2.4016	6.2250	
	24 江苏	256	0	34.5186	2.3746	4.7640	
	25 河北	48	0	23.6995	2.3293	4.7779	
	26 广东	398	0	52.6990	2.2294	5.1961	
	27 山东	156	0	29.2124	2.1428	4.5617	
	28 浙江	295	0	27.1620	2.1238	4.4418	
	29 北京	239	0	49.5470	1.8496	4.4187	
	30 江西	42	0	17.8279	1.7484	3.4806	
	31 安徽	84	0	18.1811	1.7237	3.4397	
地区	东部	1755	0	52.7938	2.4010	5.3785	0.000
	中部	393	0	44.5665	2.5263	5.5511	
	西部	393	0	74.6666	3.8842	8.1035	
	东北	132	0	64.4729	4.1858	7.4740	
上市地点	深交所	1677	0	64.4729	2.6072	5.5339	0.803
	上交所	996	0	74.6666	2.9250	6.7621	

续表

分类		样本量	极小值	极大值	指数均值	标准差	显著性 p 值
上市板块	主板	1435	0	74.6666	3.1820	6.9651	
	中小板	757	0	42.8967	2.0422	4.2827	0.014
	创业板	481	0	52.7938	2.4394	5.1565	
上市年限是否大于中位数10年	是	1287	0	74.6666	3.4648	7.3339	0.000
	否	1386	0	52.7938	2.0392	4.3628	
实际控制人	政府	816	0	52.2584	2.3095	5.1386	0.089
	其他	1857	0	74.6666	2.9084	6.3638	
董事长与总经理兼任否	是	697	0	52.6990	2.6149	5.1916	0.742
	否	1976	0	74.6666	2.7647	6.2891	
是否四大审计	是	144	0	51.2192	1.6416	5.1113	0.002
	否	2529	0	74.6666	2.7873	6.0644	
是否为标准无保留意见	是	2584	0	64.4729	2.4685	5.4742	0.000
	否	89	0	74.6666	10.1902	12.7712	

（三）2015 年指数均值差异检验

如表 6-10 所示，将 2015 年全部 2455 家样本公司按照行业、省份、地区、上市地点、上市板块、上市年限是否大于中位数（中位数为 10 年）、实际控制人、董事长与总经理兼任否、是否为四大审计、是否为标准无保留意见进行分类，对指数进行均值差异检验，显著的结果有：各个行业的公司之间（至少有两个行业的公司之间）指数均值差异显著。各个省份的公司之间（至少有两个省份的公司之间）指数均值差异显著。各个地区（按照国家统计局网站的划分方法）的公司之间（至少有两个地区的公司之间）指数均值差异显著。各个板块的公司之间（至少有两个板块的公司之间）指数均值差异显著。上市年限大于中位数的公司，与小于等于中位数的公司之间指数均值差异显著。实际控制人为政府的公司，其指数平均值小于其他类型的公司且差异显著。由非四大所审计的公司指数平均值大于四大所（安永华明、普华永道中天、德勤华永、毕马威华振）审计的公司且差异显著。得到非标准审计意见的公司，其指数平均值远大于得到标准无保留意见的公司且差异显著。

表6-10 2015年舞弊风险指数均值差异检验（2455家）

		分类		样本量	极小值	极大值	指数均值	标准差	显著性p值
	1	S	综合	13	0	15.2778	3.7169	4.8608	
行业	2	R	文化、体育和娱乐业	36	0	21.3331	3.3823	5.4331	
	3	C15	酒、饮料和精制茶制造业	37	0	29.9411	3.3423	6.2596	
	4	Q	卫生和社会工作	12	0	16.7151	3.2777	5.0784	
	5	C25	石油加工、炼焦和核燃料加工业	12	0	15.0033	3.2537	4.8035	
	6	C31	黑色金属冶炼和压延加工业	28	0	13.4706	3.2102	3.9568	
	7	G	交通运输、仓储和邮政业	78	0	32.2193	3.2074	5.5791	
	8	E	建筑业	61	0	42.5668	3.2070	8.0342	0.030
	9	C13	农副食品加工业	35	0	26.6387	3.2009	6.7765	
	10	L	租赁和商务服务业	41	0	20.1681	3.1745	5.0883	
	11	C14	食品制造业	31	0	20.9158	3.1565	5.0770	
	12	M	科学研究和技术服务业	20	0	16.0098	3.0826	4.6788	
	13	C22	造纸和纸制品业	19	0	34.4038	3.0144	7.8406	
	14	B	采矿业	66	0	23.3885	3.0066	5.5999	
	15	K	房地产业	112	0	38.4046	2.9397	5.2972	
	16	D	电力、热力、燃气及水生产和供应业	97	0	35.2878	2.9139	6.5157	
	17	C37	铁路、船舶、航空航天和其他运输设备制造业	36	0	31.2371	2.8879	5.8124	

续表

		分类	样本量	极小值	极大值	指数均值	标准差	显著性 p 值
行业	18 C28	化学纤维制造业	20	0	12.2895	2.8813	3.8345	0.030
	19 C17	纺织业	28	0	41.4089	2.8701	7.8240	
	20 A	农、林、牧、渔业	36	0	23.5213	2.7718	5.0367	
	21 C35	专用设备制造业	124	0	54.7346	2.7684	6.4064	
	22 C27	医药制造业	156	0	43.1386	2.7467	5.5873	
	23 C18	纺织服装、服饰业	25	0	29.3044	2.7329	6.3676	
	24 C34	通用设备制造业	78	0	26.9564	2.7293	4.4218	
	25 F	批发和零售业	135	0	42.5574	2.7202	6.3173	
	26 C32	有色金属冶炼和压延加工业	60	0	21.1614	2.6060	4.2024	
	27 C26	化学原料和化学制品制造业	154	0	31.9192	2.6024	6.0696	
	28 N	水利、环境和公共设施管理业	42	0	17.7502	2.6003	4.5187	
	29 C29	橡胶和塑料制品业	42	0	18.8660	2.5850	4.0307	
	30 C38	电气机械和器材制造业	163	0	25.8294	2.5335	4.7005	
	31 C36	汽车制造业	80	0	40.0404	2.4818	5.9593	
	32 I	信息传输、软件和信息技术服务业	192	0	30.5638	2.4668	5.4732	
	33 C39	计算机、通信和其他电子设备制造业	209	0	52.0639	2.4375	6.5976	
	34 C30	非金属矿物制品业	62	0	48.6592	2.2305	6.7571	

续表

		分类	样本量	极小值	极大值	指数均值	标准差	显著性p值
行业	35	C33	金属制品业	36	0	17.6340	2.2060	4.6046	0.030
	36	C40	仪器仪表制造业	22	0	8.9581	1.9540	2.9030	
	37	C24	文教、工美、体育和娱乐用品制造业	9	0	2.4827	1.0547	1.2516	
	38	P	教育	9	0	2.3968	1.0425	1.2366	
	39	C19	皮革、毛皮、羽毛及其制品和制鞋业	5	0	0	0	0	
	40	C20	木材加工和木、竹、藤、棕、草制品业	6	0	0	0	0	
	41	C21	家具制造业	4	0	0	0	0	
	42	C23	印刷和记录媒介复制业	8	0	0	0	0	
	43	C41	其他制造业	5	0	0	0	0	
	44	C42	废弃资源综合利用业	4	0	0	0	0	
	45	H	住宿和餐饮业	7	0	0	0	0	
省份	1		青海	10	0	31.9192	8.0688	10.3745	0.002
	2		内蒙古	24	0	41.4089	5.8305	10.6983	
	3		贵州	21	0	30.0085	5.1318	8.7781	
	4		黑龙江	28	0	42.5668	4.9768	9.1581	
	5		宁夏	12	0	29.3044	4.9589	8.3837	

续表

	分类	样本量	极小值	极大值	指数均值	标准差	显著性 p 值
6	陕西	42	0	54.7346	4.9379	10.9001	
7	甘肃	26	0	27.4362	4.8045	7.8406	
8	吉林	36	0	21.1614	4.7591	5.8665	
9	新疆	40	0	48.6592	4.6839	8.6129	
10	山西	35	0	34.8271	3.9923	7.5069	
11	广西	30	0	28.0615	3.5573	6.9524	
12	辽宁	61	0	23.3885	3.2832	5.2078	
13	上海	179	0	38.4046	3.2667	6.5608	0.002
14	海南	28	0	22.2861	3.2561	5.4944	
15	福建	88	0	45.4117	3.1158	7.4198	
16	天津	42	0	31.4641	3.0651	5.9259	
17	河北	45	0	17.2349	2.9930	4.4096	
18	湖北	81	0	52.0639	2.9040	7.1736	
19	山东	148	0	43.1386	2.8912	5.8668	
20	四川	85	0	34.4038	2.8463	6.4956	
21	江苏	233	0	33.8310	2.5546	5.4057	
22	重庆	39	0	17.6022	2.4587	4.2523	

省份

续表

分类		样本量	极小值	极大值	指数均值	标准差	显著性 p 值
省份	23 北京	213	0	40.0404	2.1500	5.1212	
	24 西藏	10	0	10.1340	2.1356	3.3671	
	25 江西	36	0	15.3109	2.1074	3.6960	
	26 广东	363	0	23.1270	2.0862	4.2418	0.002
	27 湖南	70	0	26.2680	1.9719	4.4131	
	28 云南	28	0	18.7109	1.9066	4.1093	
	29 安徽	76	0	21.1949	1.7516	3.0533	
	30 河南	65	0	16.4229	1.6576	3.3222	
	31 浙江	261	0	17.7044	1.4127	2.5072	
地区	东部	1600	0	45.4117	2.3879	5.1060	
	中部	363	0	52.0639	2.2857	5.1089	0.000
	西部	367	0	54.7346	3.8879	7.7756	
	东北	125	0	42.5668	4.0876	6.4597	
上市地点	深交所	1546	0	54.7346	2.4953	5.1084	0.515
	上交所	909	0	52.0639	3.0037	6.5495	

续表

分类		样本量	极小值	极大值	指数均值	标准差	显著性 p 值
上市板块	主板	1347	0	52.0639	3.1257	6.4138	
	中小板	713	0	33.8310	2.0107	4.2657	0.009
	创业板	395	0	54.7346	2.3902	5.1547	
上市年限是否大于中位数 10 年	是	1225	0	52.0639	3.3527	6.6831	0.000
	否	1230	0	54.7346	2.0171	4.3869	
实际控制人	政府	805	0	40.0404	2.0954	4.4346	0.004
	其他	1650	0	54.7346	2.9705	6.1903	
董事长与总经理兼任否	是	624	0	54.7346	2.9592	6.1608	0.125
	否	1831	0	52.0639	2.5896	5.5173	
是否四大审计	是	134	0	31.4641	1.4517	3.7265	0.005
	否	2321	0	54.7346	2.7547	5.7743	
是否为标准无保留意见	是	2368	0	54.7346	2.3335	4.9313	0.000
	否	87	0	48.6592	12.2123	12.6057	

（四）2015—2017 年合计指数均值差异检验

如表 6-11 所示，将 2015—2017 年合计 8151 家样本公司按照行业、省份、地区、上市地点、上市板块、上市年限是否大于中位数（中位数为 10 年）、实际控制人、董事长与总经理兼任否、是否为四大审计、是否为标准无保留意见进行分类，对指数进行均值差异检验，显著的结果有：各个行业的公司之间（至少有两个行业的公司之间）指数均值差异显著。各个省份的公司之间（至少有两个省份的公司之间）指数均值差异显著。各个地区（按照国家统计局网站的划分方法）的公司之间（至少有两个地区的公司之间）指数均值差异显著。各个板块的公司之间（至少有两个板块的公司之间）指数均值差异显著。上市年限大于中位数的公司，与小于等于中位数的公司之间指数均值差异显著。实际控制人为政府的公司，其指数平均值小于其他类型的公司且差异显著。由非四大所审计的公司指数平均值大于四大所（安永华明、普华永道中天、德勤华永、毕马威华振）审计的公司且差异显著。得到非标准审计意见的公司，其指数平均值远大于得到标准无保留意见的公司且差异显著。

表6-11　2015—2017三年合计舞弊风险指数均值差异检验（8151家）

		分类	样本量	极小值	极大值	指数均值	标准差	显著性p值
行业	1	S	综合	43	0	24.8910	3.6384	5.7269	0.000
	2	C13	农副食品加工业	111	0	27.4323	3.3525	6.1417	
	3	C15	酒、饮料和精制茶制造业	116	0	47.7906	3.3070	7.3122	
	4	L	租赁和商务服务业	134	0	24.7537	3.2870	5.5287	
	5	R	文化、体育和娱乐业	125	0	24.0067	3.2548	5.3238	
	6	C25	石油加工、炼焦和核燃料加工业	39	0	20.6650	3.1449	5.1588	
	7	C31	黑色金属冶炼和压延加工业	88	0	31.1896	3.1161	5.5815	
	8	G	交通运输、仓储和邮政业	249	0	32.2193	3.0586	5.3124	
	9	Q	卫生和社会工作	35	0	17.2785	3.0351	4.6858	
	10	C18	纺织服装、服饰业	85	0	29.3044	3.0168	5.4026	
	11	A	农、林、牧、渔业	116	0	23.8361	3.0141	4.6917	
	12	E	建筑业	213	0	64.4729	2.9685	7.7461	
	13	C14	食品制造业	107	0	20.9158	2.9680	4.7556	
	14	B	采矿业	209	0	48.4577	2.9303	6.1705	
	15	D	电力、热力、燃气及水生产和供应业	300	0	52.3912	2.8955	6.6044	
	16	M	科学研究和技术服务业	73	0	33.9457	2.8890	5.3021	
	17	K	房地产业	346	0	38.4046	2.8529	5.1242	

续表

	分类		样本量	极小值	极大值	指数均值	标准差	显著性 p 值
18	C37	铁路、船舶、航空航天和其他运输设备制造业	113	0	38.7108	2.8492	6.2321	
19	C28	化学纤维制造业	60	0	14.9254	2.8157	4.0464	
20	F	批发和零售业	431	0	51.2192	2.7736	6.5243	
21	C32	有色金属冶炼和压延加工业	186	0	34.5120	2.7724	4.6835	
22	C27	医药制造业	513	0	52.6990	2.7294	5.6155	
23	N	水利、环境和公共设施管理业	134	0	23.1201	2.7206	5.0957	
24	C29	橡胶和塑料制品业	148	0	40.3397	2.7075	4.7238	0.000
25	C34	通用设备制造业	270	0	51.9481	2.7019	5.3081	
26	C17	纺织业	88	0	41.4089	2.6233	5.9239	
27	C36	汽车制造业	268	0	49.5470	2.6114	6.0570	
28	C22	造纸和纸制品业	63	0	34.4038	2.5759	5.3459	
29	C30	非金属矿物制品业	208	0	74.6666	2.5576	7.7891	
30	C26	化学原料和化学制品制造业	520	0	97.7810	2.5373	6.8691	
31	C35	专用设备制造业	444	0	72.0438	2.5349	6.7036	
32	C38	电气机械和器材制造业	535	0	49.2445	2.5316	5.7924	
33	I	信息传输、软件和信息技术服务业	652	0	52.7938	2.4687	5.8482	
34	C39	计算机、通信和其他电子设备制造业	705	0	86.0689	2.3501	7.0947	

行业

续表

分类			样本量	极小值	极大值	指数均值	标准差	显著性 p 值
行业	35	C33 金属制品业	128	0	20.6242	2.3004	4.2680	0.000
	36	C40 仪器仪表制造业	89	0	26.2311	2.2792	4.5929	
	37	P 教育	26	0	17.7944	1.9831	3.6430	
	38	C24 文教、工美、体育和娱乐用品制造业	29	0	9.4109	1.5563	2.4954	
	39	C19 皮革、毛皮、羽毛及其制品和制鞋业	20	0	9.6386	1.3500	2.5560	
	40	C21 家具制造业	25	0	5.9537	1.1989	1.8035	
	41	C41 其他制造业	25	0	15.4767	1.1926	3.1969	
	42	H 住宿和餐饮业	23	0	7.9076	1.0081	2.6623	
	43	C23 印刷和记录媒介复制业	27	0	2.9820	0.6676	1.1564	
	44	C20 木材加工和木、竹、藤、棕、草制品业	19	0	0	0	0	
	45	C42 废弃资源综合利用业	13	0	0	0	0	
省份	1	青海	31	0	31.9192	5.7231	8.2300	0.000
	2	海南	85	0	49.2445	5.6722	8.6153	
	3	吉林	114	0	42.7988	5.2478	7.8670	
	4	新疆	131	0	74.6666	5.0394	10.7181	

续表

分类		样本量	极小值	极大值	指数均值	标准差	显著性 p 值
5	宁夏	36	0	29.3044	4.6180	6.7851	
6	黑龙江	92	0	64.4729	4.5815	9.1391	
7	内蒙古	72	0	41.4089	4.1145	8.4653	
8	广西	98	0	33.9868	3.9732	6.6738	
9	陕西	128	0	54.7346	3.8616	8.9313	
10	山西	109	0	36.6312	3.8225	6.9532	
11	甘肃	86	0	27.4362	3.6443	6.2436	
12	贵州	64	0	35.3953	3.3084	7.1443	
13	辽宁	196	0	31.4122	3.2965	5.4552	0.000
14	湖北	260	0	52.0639	3.2477	6.8426	
15	四川	293	0	52.2584	3.1786	6.9217	
16	天津	132	0	51.2192	3.0399	6.7568	
17	上海	601	0	97.7810	3.0351	7.3810	
18	重庆	124	0	29.4738	2.9691	5.6468	
19	福建	298	0	74.5881	2.7439	7.5454	
20	湖南	232	0	72.0438	2.6422	6.9855	
21	河北	142	0	30.9510	2.5459	4.8472	

省份

续表

分类			样本量	极小值	极大值	指数均值	标准差	显著性 p 值
省份	22	西藏	35	0	11.8244	2.5205	3.6536	0.000
	23	云南	89	0	20.6650	2.4465	4.4934	
	24	江苏	797	0	86.0689	2.4130	5.8213	
	25	山东	475	0	43.1386	2.3473	4.9497	
	26	北京	723	0	51.9481	2.2535	5.3849	
	27	河南	211	0	44.5665	2.0935	4.7950	
	28	广东	1228	0	52.6990	2.0619	4.4457	
	29	浙江	896	0	49.9487	1.9459	4.3959	
	30	江西	119	0	17.8279	1.7781	3.1928	
	31	安徽	254	0	22.8078	1.6991	3.4209	
地区		东部	5377	0	97.7810	2.3860	5.5865	0.000
		中部	1185	0	72.0438	2.4970	5.6811	
		西部	1187	0	74.6666	3.6346	7.4339	
		东北	402	0	64.4729	4.1439	7.1838	
上市地点		深交所	5090	0	72.0438	2.5308	5.4552	0.538
		上交所	3061	0	97.7810	2.9033	6.8353	

续表

分类	样本量	极小值	极大值	指数均值	标准差	显著性 p 值
上市板块	主板	4385	0	97.7810	3.1208	6.8532	0.000
中小板	2293	0	52.3912	2.0472	4.5861	
创业板	1473	0	72.0438	2.3011	5.1203	
上市年限是否大于中位数 10 年	是	3950	0	97.7810	3.4140	7.2519	0.000
否	4201	0	72.0438	1.9718	4.4391	
实际控制人	政府	2463	0	52.2584	2.1481	4.8221	0.000
其他	5688	0	97.7810	2.8969	6.4482	
董事长与总经理兼任否	是	2174	0	72.0438	2.7489	5.8597	0.211
否	5977	0	97.7810	2.6422	6.0681	
是否四大审计	是	441	0	51.2192	1.4213	3.9411	0.000
否	7710	0	97.7810	2.7421	6.1028	
是否为标准无保留意见	是	7848	0	64.4729	2.3113	5.0808	0.000
否	303	0	97.7810	11.9790	14.6533	

177

第二节　会计舞弊风险预警

根据上市公司对外发布的财务报表数据，计算出每个公司的舞弊风险指数大小并进行排序和评价，将舞弊风险指数状况对外发布，可以达到预警投资者、债权人、供应商等市场参与者防范投资风险、信贷风险和赊销坏账风险的作用，指数越高的公司越应当作为重点审计和监管的对象。这里按照均值差异检验的分类，分行业、省份、地区、上市地点、上市板块、上市年限是否大于中位数（中位数为 10 年）、实际控制人、董事长与总经理兼任否、是否四大审计、是否为标准无保留意见以及按照分指标发布预警前 10 名或者前 20 名信息，其中很多都是 *ST 或 ST 公司。限于篇幅，只发布 2017 年预警信息。

一、按照行业预警

A 农、林、牧、渔业，指数前 10 名为：13.4504、12.7032、11.5347、9.8389、8.2089、6.0824、5.8048、5.7808、4.9703、4.3084。①

B 采矿业，指数前 10 名为：33.1339、24.8184、20.7659、16.4447、12.4676、12.0051、9.7278、9.6671、9.5847、8.2949。

C13 农副食品加工业，指数前 10 名为：27.4323、23.9108、15.8119、11.9526、11.3036、8.3554、7.3387、6.6434、5.4844、4.5298。

C14 食品制造业，指数前 10 名为：17.1320、13.0726、11.0900、10.3209、9.6233、9.4266、8.9283、7.0083、6.8297、5.9081。

C15 酒、饮料和精制茶制造业，指数前 10 名为：31.5132、24.6954、22.3433、11.1000、9.6784、8.5325、6.9170、4.0035、3.0843、3.0279。

C17 纺织业，指数前 10 名为：21.1731、14.3784、9.8663、6.7691、5.0091、3.5354、3.1337、3.0548、2.9087、2.8668。

---

① 这里只给出了指数，隐去了公司名称。

C18 纺织服装、服饰业，指数前 10 名为：16.4233、13.5991、12.7296、11.6886、8.7731、6.3167、5.9867、4.6943、3.9689、3.6626。

C19 皮革、毛皮、羽毛及其制品和制鞋业，指数前 10 名为：9.6386、4.9837、4.9369、2.5555、2.5095、2.3750，其余样本公司指数均为 0。

C20 木材加工和木、竹、藤、棕、草制品业，指数前 10 名为：样本公司指数均为 0。

C21 家具制造业，指数前 10 名为：5.9537、5.3103、3.1191、2.7932、2.6958、2.6810、2.5335、2.4921，其余样本公司指数均为 0。

C22 造纸和纸制品业，指数前 10 名为：12.0404、9.5751、5.9622、5.5959、3.6693、3.6593、3.5649、3.2538、2.6122、2.5657。

C23 印刷和记录媒介复制业，指数前 10 名为：2.9820、2.8203、2.6700、2.4667、2.3647，其余样本公司指数均为 0。

C24 文教、工美、体育和娱乐用品制造业，指数前 10 名为：9.4109、2.4277，其余样本公司指数均为 0。

C25 石油加工、炼焦和核燃料加工业，指数前 10 名为：19.3261、8.5996、4.7891、3.0638、2.8507、2.4387、2.3083，其余样本公司指数均为 0。

C26 化学原料和化学制品制造业，指数前 10 名为：97.7810、26.8223、22.3972、20.6295、14.7866、13.9355、13.6282、13.6193、11.9716、11.1925。

C27 医药制造业，指数前 10 名为：37.5765、30.6357、24.2298、23.6187、16.9789、16.3505、14.4863、14.0863、12.9840、12.2736。

C28 化学纤维制造业，指数前 10 名为：13.2986、7.6368、6.7132、6.5363、6.5095、3.6058、2.4818、2.3526，其余样本公司指数均为 0。

C29 橡胶和塑料制品业，指数前 10 名为：40.3397、15.0819、14.9227、10.3012、9.1126、9.0234、8.3601、6.3546、6.2878、6.1613。

C30 非金属矿物制品业，指数前 10 名为：43.9134、31.4122、16.5100、12.1947、9.7240、9.0482、6.7577、6.6296、5.9119、5.6421。

C31 黑色金属冶炼和压延加工业，指数前 10 名为：31.1896、20.8406、8.9969、5.8664、5.6110、5.4058、3.4131、2.9673、2.9106、2.9092。

C32 有色金属冶炼和压延加工业，指数前 10 名为：34.5120、15.7563、

13.8482、10.4162、9.4428、8.8142、7.4726、7.1741、5.8959、5.4305。

C33 金属制品业，指数前 10 名为：16.0417、15.4651、9.6300、8.2355、8.2134、6.7602、6.2152、6.1584、3.7573、3.6362。

C34 通用设备制造业，指数前 10 名为：51.9481、22.8078、19.0150、15.5914、13.6973、12.9471、12.9069、12.8848、12.6042、9.4182。

C35 专用设备制造业，指数前 10 名为：72.0438、43.3420、28.5446、22.9052、16.3931、16.1749、15.3842、15.3088、10.0828、9.8855。

C36 汽车制造业，指数前 10 名为：42.9205、20.2438、18.9857、18.7876、15.2154、13.1564、12.7340、9.5663、8.8493、8.5467。

C37 铁路、船舶、航空航天和其他运输设备制造业，指数前 10 名为：38.7108、12.7397、11.8598、8.0906、6.5115、5.1732、4.8263、4.7563、3.9758、3.4858。

C38 电气机械和器材制造业，指数前 10 名为：49.2445、40.9439、38.3168、24.7801、22.7439、21.8072、19.9215、18.4418、16.0159、14.9405。

C39 计算机、通信和其他电子设备制造业，指数前 10 名为：86.0689、74.5881、33.5056、30.6630、18.4195、17.9460、16.6572、16.0946、15.5843、13.6021。

C40 仪器仪表制造业，指数前 10 名为：26.2311、18.0369、15.8552、6.1657、4.6757、3.5688、3.4037、2.5300、2.4820、2.4274。

C41 其他制造业，指数前 10 名为：15.4767、3.0736、3.0374、2.9458、2.7399、2.5426，其余样本公司指数均为 0。

C42 废弃资源综合利用业，指数前 10 名为：样本公司指数均为 0。

D 电力、热力、燃气及水生产和供应业，指数前 10 名为：52.3912、30.9510、15.3257、13.9643、13.2115、12.8023、11.9650、9.4501、9.1199、7.7384。

E 建筑业，指数前 10 名为：49.9487、20.8969、20.5033、14.0711、13.6059、11.1618、9.3878、8.6092、8.5537、8.4499。

F 批发和零售业，指数前 10 名为：42.7988、38.1386、30.3540、29.4738、22.0763、20.6723、19.8139、13.4849、10.9118、10.8101。

G 交通运输、仓储和邮政业，指数前 10 名为：27.4271、20.2238、18.9455、17.8524、15.3504、13.4075、11.3864、10.8177、9.0505、8.3825。

H 住宿和餐饮业，指数前 10 名为：7.9076、7.8119、7.4666，其余样本公司指数均为 0。

I 信息传输、软件和信息技术服务业，指数前 10 名为：34.2351、31.1506、30.4725、27.9231、24.9688、24.8127、24.2098、23.1048、20.6019、19.1824。

K 房地产业，指数前 10 名为：27.2158、18.4339、18.1695、17.5601、17.0145、15.8956、14.6309、13.9702、11.7805、11.7634。

L 租赁和商务服务业，指数前 10 名为：24.7537、23.1876、20.7207、13.8685、9.9383、8.6633、8.0424、5.1262、4.9795、4.9610。

M 科学研究和技术服务业，指数前 10 名为：15.5328、14.3653、9.2368、7.3864、5.9924、4.7680、3.6772、3.5607、3.4350、2.8444。

N 水利、环境和公共设施管理业，指数前 10 名为：23.1201、17.0397、10.7869、9.1873、7.7486、7.1231、6.4496、5.0102、4.5680、4.1294。

P 教育业，指数前 10 名为：4.8639、4.8568、2.4017、2.3521，其余样本公司指数均为 0。

Q 卫生和社会工作业，指数前 10 名为：17.2785、8.0998、2.6244、2.5110、2.4995，其余样本公司指数均为 0。

R 文化、体育和娱乐业，指数前 10 名为：21.8743、17.2520、16.7273、12.7837、12.0509、8.9834、8.5394、5.5411、5.3287、5.1088。

S 综合业，指数前 10 名为：24.8910、12.6940、7.0401、3.1357、3.1174、2.3490，其余样本公司指数均为 0。

二、按照省份直辖市预警

安徽，指数前 10 名为：22.8078、15.5914、14.6309、9.1873、9.1516、8.8493、6.8062、5.9958、5.3492、5.1471。

北京，指数前 10 名为：51.9481、42.9205、34.2351、33.5056、28.5446、24.8910、23.1876、20.6723、15.3257、14.4863。

福建，指数前 10 名为：74.5881、37.5765、30.3540、21.1731、13.4504、

9.9465、9.0482、8.9283、8.3601、8.2949。

甘肃，指数前 10 名为：22.3433、20.7659、18.9857、10.3012、8.2089、5.8816、5.1880、4.3556、3.6772、3.0374。

广东，指数前 10 名为：24.8127、22.7439、20.8969、20.6295、19.9215、19.1824、18.7876、17.5601、16.3505、16.1749。

广西，指数前 10 名为：16.9515、13.6282、13.6193、9.4266、7.3387、6.5095、5.3920、4.7691、3.7585、3.7214。

贵州，指数前 10 名为：6.3997、4.6454、4.2388、3.9758、3.9714、2.9820、2.9392、2.4392，其余样本公司指数均为0。

海南，指数前 10 名为：49.2445、17.2785、15.8956、15.2154、14.5631、12.7032、10.8489、10.0864、9.8663、9.6671。

河北，指数前 10 名为：30.9510、16.4447、10.3283、8.2355、8.2060、6.1009、6.0929、4.9369、3.9126、3.4230。

河南，指数前 10 名为：23.6187、17.1320、12.9471、12.7340、12.0404、11.7634、6.9771、5.8048、5.2261、5.2107。

黑龙江，指数前 10 名为：15.6153、15.4767、15.3504、8.3554、5.6778、4.7891、3.3920、3.3674、3.2747、2.8439。

湖北，指数前 10 名为：27.4271、23.9108、23.1048、22.3972、20.7207、20.2438、16.9789、16.7273、15.8552、15.5843。

湖南，指数前 10 名为：72.0438、38.1386、27.4323、18.9455、14.3653、13.9944、9.6784、9.6233、8.6092、8.2134。

吉林，指数前 10 名为：42.7988、31.5132、30.6357、30.4725、24.6954、17.0397、13.3359、10.4162、7.1239、7.0196。

江苏，指数前 10 名为：86.0689、52.3912、24.2098、22.9052、21.8072、20.6019、17.9460、16.4233、16.0946、16.0159。

江西，指数前 10 名为：8.0906、7.8258、6.2868、5.8959、5.4984、4.0583、3.4998、2.9092、2.7924、2.7566。

辽宁，指数前 10 名为：31.4122、23.1201、18.4339、15.7563、15.3842、12.9069、12.7837、11.7335、11.3036、11.1925。

内蒙古，指数前 10 名为：26.8223、14.3784、3.4291、2.9914、2.9405、2.8007，其余样本公司指数均为 0。

宁夏，指数前 10 名为：11.6886、6.7691、6.4951、5.9622、5.1092、3.6423、2.3955，其余样本公司指数均为 0。

青海，指数前 10 名为：11.9716、10.3209、2.8172，其余样本公司指数均为 0。

山东，指数前 10 名为：24.7801、24.2298、18.4195、17.0145、15.8119、15.4651、14.0711、13.0726、12.4676、12.0051。

山西，指数前 10 名为：30.6630、17.2520、14.0863、12.2736、9.7240、8.8142、8.5996、6.9719、5.0266、3.5211。

陕西，指数前 10 名为：38.7108、11.0608、9.7172、5.1736、5.1732、4.9329、4.2379、3.6883、3.5313、2.6176。

上海，指数前 10 名为：97.7810、40.9439、31.1896、31.1506、27.2158、22.0763、20.5033、19.8139、18.4418、18.1695。

四川，指数前 10 名为：40.3397、38.3168、33.1339、24.9688、16.6572、16.3931、13.9643、13.2115、12.6940、12.5761。

天津，指数前 10 名为：17.8524、14.7866、10.8101、9.5847、7.9016、7.5185、5.6847、5.4778、3.0738、2.9598。

西藏，指数前 10 名为：11.1000、8.7264、4.7852、3.6456、3.4065、2.4877，其余样本公司指数均为 0。

新疆，指数前 10 名为：43.9134、34.5120、15.5328、13.4075、11.5347、9.8389、9.7278、8.9969、8.5325、6.9887。

云南，指数前 10 名为：19.3261、12.1947、9.9906、8.2544、6.6982、6.0156、5.6899、4.4890、3.9866、3.2362。

浙江，指数前 10 名为：49.9487、43.3420、27.9231、24.8184、24.7537、19.0150、18.0369、16.5100、15.0819、14.9227。

重庆，指数前 10 名为：21.8743、20.8406、20.2238、12.0907、9.8637、6.7577、6.3358、5.9119、3.9881、3.8962。

三、按照地区预警

东部地区，指数前 20 名为：97.7810、86.0689、74.5881、52.3912、51.9481、49.9487、49.2445、43.3420、42.9205、40.9439、37.5765、34.2351、33.5056、31.1896、31.1506、30.9510、30.3540、28.5446、27.9231、27.2158。

中部地区，指数前 20 名为：72.0438、38.1386、30.6630、27.4323、27.4271、23.9108、23.6187、23.1048、22.8078、22.3972、20.7207、20.2438、18.9455、17.2520、17.1320、16.9789、16.7273、15.8552、15.5914、15.5843。

西部地区，指数前 20 名为：43.9134、40.3397、38.7108、38.3168、34.5120、33.1339、29.4738、26.8223、26.2311、24.9688、22.3433、21.8743、20.8406、20.7659、20.2238、19.3261、18.9857、16.9515、16.6572、16.3931。

东北地区，指数前 20 名为：42.7988、31.5132、31.4122、30.6357、30.4725、24.6954、23.1201、18.4339、17.0397、15.7563、15.6153、15.4767、15.3842、15.3504、13.3359、12.9069、12.7837、11.7335、11.3036、11.1925。

四、按照上市地点预警

深交所，指数前 20 名为：72.0438、52.3912、49.9487、49.2445、43.3420、40.3397、38.7108、38.3168、37.5765、34.5120、34.2351、33.1339、31.4122、31.1506、30.6357、30.4725、29.4738、28.5446、27.9231、27.4323。

上交所，指数前 20 名为：97.7810、86.0689、74.5881、51.9481、43.9134、42.9205、42.7988、40.9439、38.1386、33.5056、31.5132、31.1896、30.9510、30.6630、30.3540、27.4271、27.2158、26.8223、24.9688、24.6954。

五、按照上市板块预警

主板，指数前 20 名为：97.7810、86.0689、74.5881、51.9481、49.2445、43.9134、42.9205、42.7988、40.9439、40.3397、38.7108、38.3168、38.1386、34.5120、33.5056、33.1339、31.5132、31.4122、31.1896、30.9510。

中小板，指数前 20 名为：52.3912、49.9487、43.3420、37.5765、30.6357、27.9231、26.2311、24.8184、24.8127、24.7537、23.1048、21.8072、21.1731、

19. 9215、19. 0150、16. 3931、16. 3505、16. 0946、15. 8119、15. 0819。

创业板，指数前 20 名为：72. 0438、34. 2351、31. 1506、28. 5446、27. 4323、24. 7801、24. 2098、18. 7876、18. 4195、18. 0369、16. 6572、15. 8552、15. 5914、15. 3842、15. 3088、14. 9227、13. 6973、12. 9069、12. 8745、12. 7032。

六、按照上市年限是否大于中位数预警

上市年限大于中位数 10 年，指数前 20 名为：97. 7810、86. 0689、74. 5881、49. 9487、49. 2445、43. 9134、43. 3420、42. 9205、42. 7988、40. 9439、40. 3397、38. 7108、38. 3168、38. 1386、37. 5765、34. 5120、33. 5056、33. 1339、31. 5132、31. 4122。

上市年限小于等于中位数 10 年，指数前 20 名为：72. 0438、52. 3912、51. 9481、34. 2351、31. 1506、28. 5446、27. 9231、27. 4323、24. 8184、24. 8127、24. 7801、24. 2098、21. 8072、19. 9215、19. 8139、19. 0150、18. 7876、18. 4195、18. 0369、17. 0397。

七、按照实际控制人预警

实际控制人为政府，指数前 20 名为：49. 9487、42. 9205、38. 3168、31. 5132、31. 1896、29. 4738、27. 4271、24. 7801、23. 1201、22. 8078、22. 3972、22. 0763、19. 3261、18. 9455、18. 4418、17. 9460、17. 8524、17. 0397、17. 0145、16. 5100。

实际控制人为其他，指数前 20 名为：97. 7810、86. 0689、74. 5881、72. 0438、52. 3912、51. 9481、49. 2445、43. 9134、43. 3420、42. 7988、40. 9439、40. 3397、38. 7108、38. 1386、37. 5765、34. 5120、34. 2351、33. 5056、33. 1339、31. 4122。

八、按照董事长与总经理兼任否预警

董事长与总经理兼任，指数前 20 名为：72. 0438、51. 9481、43. 3420、38. 7108、38. 1386、34. 5120、33. 5056、30. 6357、27. 9231、26. 8223、26. 2311、24. 9688、24. 8910、24. 8184、24. 8127、24. 6954、24. 2298、23. 6187、23. 1876、

21.1731。

董事长与总经理不兼任，指数前 20 名为：97.7810、86.0689、74.5881、52.3912、49.9487、49.2445、43.9134、42.9205、42.7988、40.9439、40.3397、38.3168、37.5765、34.2351、33.1339、31.5132、31.4122、31.1896、31.1506、30.9510。

九、按照是否为四大审计预警

四大审计，指数前 20 名为：22.3972、15.8956、9.8855、8.6633、6.9597、5.9302、5.8959、5.6000、5.4778、5.4737、4.9955、4.7916、4.7492、3.9990、3.9866、3.8962、3.6693、3.5811、3.5148、3.4400。

非四大审计，指数前 20 名为：97.7810、86.0689、74.5881、72.0438、52.3912、51.9481、49.9487、49.2445、43.9134、43.3420、42.9205、42.7988、40.9439、40.3397、38.7108、38.3168、38.1386、37.5765、34.5120、34.2351。

十、按照是否为标准无保留意见预警

标准无保留意见，指数前 20 名为：52.3912、49.9487、43.3420、42.9205、40.9439、40.3397、38.7108、38.3168、37.5765、34.5120、31.5132、31.1896、31.1506、30.9510、30.6357、30.4725、30.3540、29.4738、27.9231、27.4323。

非标准无保留意见，指数前 20 名为：97.7810、86.0689、74.5881、72.0438、51.9481、49.2445、43.9134、42.7988、38.1386、34.2351、33.5056、33.1339、31.4122、30.6630、28.5446、26.8223、24.8184、24.7801、24.7537、24.2298。

十一、按照分指标预警

X_1 应收账款周转指数，前 20 名为：14.7409、13.5447、11.1070、9.0219、8.9930、8.5732、8.0112、7.6594、7.4431、7.4004、7.0293、7.0287、6.6982、6.2189、5.9967、5.8322、5.7118、5.6350、5.6341、5.5949。

X_2 应收账款变动指数，前 20 名为：13.0347、12.4569、12.0541、11.8495、11.2045、9.4740、8.8947、8.7061、8.4325、8.3455、7.1066、6.9930、6.7219、

6.4681、6.0846、5.9579、5.8997、5.8851、5.6361、5.2882。

X_3 其他应收款变动指数，前 20 名为：13.9355、13.2764、12.8065、11.5983、10.4755、10.3707、9.3861、9.0314、8.6544、8.5467、8.0192、7.7384、6.9705、6.6202、6.5486、6.5057、6.1467、6.0192、5.9580、5.8816。

X_4 存货周转指数，前 20 名为：16.3096、13.2339、11.3152、9.9819、8.6277、8.5821、8.0124、7.4511、6.7940、6.7101、6.6151、6.4181、6.1652、6.0128、5.3757、5.2549、4.8884、4.5376、4.2079、3.9761。

X_5 存货变动指数，前 20 名为：16.2782、12.4418、10.3044、9.3129、9.3007、9.0006、8.8142、7.5405、6.8060、6.3656、6.2453、6.1555、6.1142、5.9791、5.6538、5.2393、5.0266、5.0029、4.9289、4.9127。

X_6 固定资产折旧率指数，前 20 名为：11.5556、8.3825、8.2999、8.2370、7.9782、7.4726、7.1658、6.8317、6.8062、6.5694、6.5113、6.5033、6.4003、6.3546、6.2868、6.1584、5.9182、5.9081、5.7221、5.7175。

X_7 资产质量指数，前 20 名为：14.1262、11.8552、10.9118、10.7727、10.2479、9.3028、8.4010、8.0110、7.0862、6.4262、6.3308、6.2082、6.0249、5.8813、5.4917、5.4816、5.4675、5.3988、5.3440、5.1317。

X_8 营业收入增长指数，前 20 名为：15.2221、13.0709、12.5235、12.3629、9.5247、9.3214、8.6670、8.5292、8.5113、7.9024、7.7349、7.3242、6.9137、6.4528、6.2948、6.2180、5.9278、5.9269、5.9218、5.8756。

X_9 期间费用率指数，前 20 名为：12.8046、12.0115、11.8195、11.6596、9.5877、9.4822、8.6448、7.7780、7.7445、7.2755、6.6922、6.1141、6.1089、6.0850、5.9551、5.5951、5.5949、5.5363、5.4929、5.1967。

X_{10} 存贷双高，前 20 名为：7.7141、7.1710、6.5949、6.3778、6.2840、6.2607、6.1964、6.0033、5.6962、5.4690、5.2731、5.0092、4.7852、4.7643、4.7284、4.6533、4.5303、4.3277、4.3140、4.2952。

X_{11} 应收账款周转天数，前 20 名为：13.0413、10.1421、8.9570、7.5624、7.5363、7.4385、6.4042、6.3934、6.2752、5.8618、5.8387、5.6778、5.6465、5.4880、5.3528、5.3374、5.2782、5.2100、5.1735、4.9731。

X_{12} 预付账款占比，前 20 名为：13.3219、12.7065、9.5524、8.8164、

8.1072、7.1311、6.6066、6.1471、5.8745、5.6906、5.3556、5.3492、5.2785、5.2707、5.2700、5.1585、4.9581、4.8615、4.7319、4.5384。

X_{13}其他应收款占比，前20名为：15.1716、10.7484、8.7807、8.5326、8.4900、7.7709、7.6225、7.3428、7.2503、7.2168、7.1934、6.2503、6.1339、5.9901、5.8502、5.7945、5.7702、5.5930、5.5332、5.4859。

X_{14}存货周转天数，前20名为：13.6997、10.3644、10.3563、9.6070、9.5776、9.2980、9.1040、9.0464、8.9343、8.4859、7.7352、6.6521、6.6315、6.0990、5.7496、5.6755、5.4508、5.2291、4.9037、4.6399。

X_{15}资产质量，前20名为：4.9097、4.2439、3.9309、3.7698、3.7388、3.6362、3.6025、3.4550、3.4425、3.4291、3.3643、3.3605、3.3565、3.3335、3.3291、3.2854、3.2694、3.2489、3.2039、3.1812。

X_{16}营业收入毛利率，前20名为：5.1193、4.8406、4.7618、4.3556、4.1181、4.0847、3.8907、3.7225、3.6342、3.6080、3.5808、3.5192、3.4642、3.3674、3.0967、3.0892、3.0782、3.0143、2.9925、2.9922。

X_{17}第四季度收入比例，前20名为：7.6096、6.7907、6.4599、5.3942、5.2672、5.2152、4.6866、4.6608、4.5988、4.5247、4.4931、3.8430、3.7383、3.6906、3.5743、3.4613、3.2794、3.2222、3.2188、3.1719。

X_{18}非营业收入占比，前20名为：11.9992、10.8570、10.6531、10.0996、9.7761、9.7565、9.7057、9.4054、8.6878、8.4316、8.4189、8.0014、7.7074、7.1747、6.9887、6.9444、6.7329、6.6237、6.6034、6.5158。

X_{19}营业收入期间费用比，前20名为：15.2381、11.2429、10.9062、10.8238、10.3283、7.0180、6.0046、5.7375、5.1471、4.9703、4.8698、4.7058、4.5604、4.4607、4.3906、4.3662、4.3520、4.3274、4.2645、4.1820。

X_{20}盈余现金流量差，前20名为：15.1259、12.1653、11.4433、10.3380、8.8494、8.0584、6.9828、6.6602、6.6559、6.2326、5.6898、5.6803、5.6662、5.5358、5.4731、5.4546、5.1598、5.1285、5.0555、4.6682。

X_{21}经营性应计利润的绝对值，前20名为：15.1850、12.0301、9.6892、8.9876、8.4564、8.0340、6.7184、6.6379、6.6352、6.1802、5.9732、5.7977、5.4757、5.3940、5.3512、5.3299、4.9517、4.9150、4.9039、4.7642。

X_{22}销售现金比率，前 20 名为：11.8349、11.2710、8.2591、7.7903、7.7720、7.4625、6.8568、6.7561、5.9909、5.5152、5.4251、5.3302、5.1644、5.0195、4.9610、4.6500、4.5805、4.5758、4.3729、4.2961。

X_{23}其他经营现金流占比，前 20 名为：9.3282、9.1345、8.7331、8.7246、7.4634、7.1060、7.0335、6.8730、6.8471、6.4672、6.3997、6.3808、6.2826、5.9998、5.9083、5.8762、5.6653、5.3600、5.3281、5.2302。

X_{24}应计盈余管理程度，前 20 名为：9.1768、8.8572、8.3915、6.8213、6.5020、6.4495、5.9661、5.9562、5.8448、5.7407、5.6526、5.5869、5.5309、5.4684、5.3868、5.3180、5.2275、4.9263、4.8934、4.6329。

第七章

会计舞弊风险指数影响因素研究

第一节　研究假设

　　各个公司的会计舞弊风险指数大小迥异，指数的大小究竟受到哪些因素的影响？使用回归模型实证检验指数与影响因素的显著性和正负相关性，如公式（7.1.1）所示，从而可以通过改变显著的影响因素，达到抑制舞弊的目的。例如，如果系数 α_1 显著且为正数，说明压力变量与舞弊风险指数正相关，减小压力因素的值就可以降低舞弊风险指数，降低舞弊发生风险。最后，根据实证显著的影响因素提出舞弊治理建议：减少压力因素，消除机会因素，堵住借口因素，为舞弊防治提供有效途径。

　　　　会计舞弊风险指数 $= \alpha_0 + \alpha_1 \times$ 压力 $+ \alpha_2 \times$ 机会 $+ \alpha_3 \times$ 借口 $+ \varepsilon$　　　（7.1.1）

　　根据第三章的舞弊三角形理论分析可知，舞弊的动因包括压力、机会和借口。由于借口多属于心理活动难以计量，故这里指数的影响因素选择压力因素和机会因素，将压力因素具体化为盈利压力和偿债压力，根据第三章舞弊动因的公司治理理论和内部控制理论分析，将机会因素具体化为公司治理和内部控制因素。另外，机会因素还包含外部审计监督因素，如表7-1所示。

一、压力因素

　　尽管存在非财务压力以及政治和社会压力因素，但从我国上市公司舞弊案例来看，多为财务压力所致。财务压力来源于财务状况恶化、连年亏损面临退市的盈利压力，以及现金流不足导致的偿债压力。财务压力是公司粉饰报表进行舞弊的主要原因，因为上述种种经营不善或导致高管职位被撤换，或是高管声誉受损难觅新的职位，最终都将导致高管个人经济利益受损。这里用总资产净利润率 ROA 代表盈利压力（由于所有者权益和净利润均存在负值，故这里不使用净资产收益率 ROE），用现金流动负债比代表偿债压力，提出假设如下。

H1：会计舞弊风险指数与总资产净利润率负相关，即总资产净利润率越小则盈利压力越大，舞弊风险指数也就越大。

H2：会计舞弊风险指数与现金流动负债比负相关，即现金流动负债比越小则偿债压力越大，舞弊风险指数也就越大。

二、机会因素

上市公司的实际控制人分为政府（国务院以及各省市区国有资产监督管理委员会，财政部以及各省市财政厅局）、企事业集体、个人和无实际控制人四类。实际控制人为政府的公司，除了受到国家或地方政府的实际控制和监管外，很多公司还因是关乎国家经济命脉的大公司，而受到媒体舆论、社会大众的更多关注和监督，因此相对于其他三种类型的公司而言舞弊的机会更少，故提出假设如下：

H3：会计舞弊风险指数与实际控制人为政府负相关。

股权集中度代表着股权结构，集中度越高，公司拥有大股东就可以避免股权过度分散在监督经理层问题上小股东都充当免费的乘车者问题，有利于堵住管理者舞弊、偷懒和高在职消费等机会主义道德风险，从而避免股东和公司利益受损。这里用第一大股东持股比例代表股权集中度（汪昌云，孙艳梅，2010），提出假设如下：

H4：会计舞弊风险指数与股权集中度负相关。

董事会接受股东会的委托，并对经理层进行监督，是公司的最高决策机构。召开董事会会议是进行决策和履职监督的关键途径，董事会越勤勉，越可以促进管理者受托责任如约履行，并能及时识别和消除诸如会计舞弊风险在内的诸多潜在风险事项。董事会会议次数越多代表董事会越勤勉尽责，但也有可能是风险问题太多所致（杨清香，俞麟，陈娜，2009；万良勇，邓路，郑小玲，2014），因此提出假设如下：

H5：会计舞弊风险指数与董事会会议次数相关，方向有待检验。

激励的核心目的在于将经理层追求个人利益最大化转变为与股东及公司的利益保持一致，并追求股东或公司利益最大化，减少管理层道德风险。代理理论认为，协调管理者和所有者的利益一致，通过降低确保管理者以所有者的最佳利益行事所需的监控成本，增加公司价值。因此，代理理论认为，随着高管持股的增加，舞弊的可能性应该降低（Fanning，Cogger，1998）。另外，以公司业绩为基数的短期薪酬激励或是长期股权激励，都能促使管理者努力经营使得公司绩效提高，从而减小舞弊压力因素，自然也就能降低舞弊风险，减少舞弊机会。汪昌云和孙艳梅（2010）通过实证研究发现，高管薪酬激励与会计舞弊负相关。这里用高管年薪代表高管薪酬激励，用高管持股比例代表高管股权激励，提出假设如下：

H6：会计舞弊风险指数与高管薪酬激励负相关。

H7：会计舞弊风险指数与高管股权激励负相关。

正如第三章会计舞弊动因的内部控制理论分析叙述的那样，内部控制与公司治理虽有嵌合但是核心并不相同，公司治理的核心是董事会，侧重处理股东会、董事会和总经理之间的委托代理关系；内部控制的核心是总经理，侧重处理总经理、中层经理和员工之间的委托代理关系。内部控制的目标是：财务报告的可靠性、经营活动的有效率和效果、法律法规的遵循、资产保值增值、发展战略的实现。多年来，我国企业因内部控制缺失导致的会计舞弊、经营不善陷入财务困境或退市或破产、巨额财产损失等时有发生，因此企业构建高水平的内部控制是防范重大风险、提高经营绩效的必然要求，对会计舞弊的发生也必将起到巨大的抑制作用。由于内部控制指标众多不便于一一比较评价，因此常使用内部控制指数（一个综合数字）来衡量一个企业的内部控制水平，具有简便、直观、综合的优点。目前，我国的内部控制指数包括厦门大学披露指数、东北财经大学目标和披露混合指数、专门服务于浙江省上市公司的浙江大学指数，以及商品化的迪博目标指数和披露指数。目标指数由内部控制五个目标指标体系以及内部控制缺陷修正指标合成，侧重衡量内部控制实施的有效性；披露指数由内部环境、风险评估、控制活动、信息与沟通、内部监督五要素指标合成，侧重于内部控制设计的有效性。鉴于指数的可得性，这里使用迪博指数，为了避免因变量会计舞弊风险指数与自变量迪博目标指数指标可能出现少许重合而出现自己解释自己的情况，最终使用迪博披露指数作为内部控制水平替代变量。迪博披露指数由 5 个一级指标、30 个二级指标、87 个三级指标构成（66 个正向指标，21 个负向指标），即内部环境一级指标 1 个、二级指标 7 个、三级指标 22 个（19 个正向，3 个负向），风险评估一级指标 1 个、二级指标 3 个、三级指标 11 个（均为正向），控制活动一级指标 1 个、二级指标 8 个、三级指标 18 个（14 个正向，4 个负向），信息与沟通一级指标 1 个、二级指标 5 个、三级指标 10 个（6 个正向，4 个负向），内部监督一级指标 1 个、二级指标 7 个、三级指标 26 个（16 个正向，10 个负向）。每个指标披露得 1 分（或者-1 分），未披露得 0 分。鉴于所有指标同等重要，宜采用算术平均法确定每层权重，逐层累加最后构成披露指数。迪博披露指数越大，表明该企业内部控制水平越高，会计舞弊风险越小，因此提出假设如下：

H8：会计舞弊风险指数与内部控制水平负相关。

外部审计监督是消除舞弊机会、防范会计舞弊发生的重要屏障，标准无保留意见是对年报可靠性给予的最高评分，而带强调事项段的无保留意见、保留意见、无法表示意见和否定意见等非标意见则是对年报可靠性渐强地亮起了红灯，因此提出假设如下：

H9：会计舞弊风险指数与标准无保留意见负相关。

第二节 研究设计

一、样本选取

以我国沪深 A 股（因数据结构不同故不含金融类）公司 2015 年、2016 年、2017 年年度报表数据为样本，构建会计舞弊风险指数，进行指数影响因素研究。最终得到样本数量如下：2015 年 2455 家公司，2016 年 2673 家公司，2017 年 3023 家公司，总计 8151 家样本公司。共采集使用了 407550 个指标数据，其中：（1）构建指数共采集了 8151 个样本，8151×24＝195624 个指标数据；（2）进行指数的影响因素研究共采集了 8151×9＝73359 个指标数据；（3）稳健性检验共采集了 8151×8＝65208 个指标数据；（4）内生性检验共采集了 8151×9＝73359 个指标数据。影响因素自变量数据取自 CSMAR、锐思和迪博数据库，以及新浪网、巨潮资讯网等。统计分析使用 SPSS 或 Stata 软件。

二、变量选取

如表 7-1 所示，因变量为第五章计算所得的会计舞弊风险指数，影响因素自变量包括：盈利压力（总资产净利润率），偿债压力（现金流动负债比），公司治理机会因素［实际控制人为政府，股权结构（集中度），董事会履职（会议次数），高管薪酬激励，高管股权激励］，内部控制机会因素（内部控制水平），外部审计监督机会因素（标准无保留意见）。

表 7-1　会计舞弊风险指数的影响因素

变量类型		变量名	计算公式	预期符号
因变量		会计舞弊风险指数（ZS）	本文第五章计算的 2015—2017 年会计舞弊风险指数	
自变量	压力	盈利压力 总资产净利润率（ROA）	净利润/总资产，该指标越小盈利压力越大	－
		偿债压力 现金流动负债比（XJ）	经营活动产生的现金流量净额/流动负债，该指标越小偿债压力越大	－

续表

变量类型			变量名	计算公式	预期符号
自变量	机会	公司治理	实际控制人为政府（SJ）	实际控制人为国家或地方政府取1，其他取0	-
			股权结构（集中度）（GQ）	第一大股东持股比例	-
			董事会履职（会议次数）（DS）	董事会会议次数	?
			高管薪酬激励（GX）	高级管理人员年薪合计数	
			高管股权激励（GG）	高级管理人员持股数量/总股数	
		内部控制	内部控制水平（NK）	迪博内部控制披露指数，指数越大内控水平越高	-
		外部审计监督	标准无保留意见（YJ）	年报审计意见为标准无保留意见取1，否则取0	-

三、模型构建

指数影响因素回归模型如下

$$ZS_i = \alpha_0 + \alpha_1 ROA_i + \alpha_2 XJ_i + \alpha_3 SJ_i + \alpha_4 GQ_i + \alpha_5 DS_i + \alpha_6 GX_i + \alpha_7 GG_i + \alpha_8 NK_i + \alpha_9 YJ_i + \varepsilon_i$$

$$(7.2.1)$$

式中，α_i（$i=0$，1，…，9）为待估系数，ε_i 为误差项。

对于回归结果，首先看待估系数是否显著，如果显著再看待估系数与因变量是正相关还是负相关，正相关说明该自变量对指数有正向影响，通过降低该自变量的值可以达到抑制舞弊风险的目的，负相关说明该自变量对指数有负向影响，提高该自变量的值可以达到降低舞弊风险的目的。t 检验的零假设为待估系数等于 0，如果某个待估系数不显著即其显著性概率 p 值较大，例如大于 5%（或者大于 10%），说明该系数等于 0 的概率较大，即该自变量对于舞弊风险指数没有影响；如果某个待估系数的显著性概率 p 值较小（如小于 5% 或 10%），说明该系数等于 0 的概率较小，既然该系数不为 0，那么就意味着该自变量对舞弊风险指数有显著影响。

第三节 实证分析与结论

一、描述性统计分析

表7-2为变量的描述性统计。舞弊风险指数最小值为0,最大值为97.7810,两者悬殊两极分化,标准差为6.0130。实际控制人为政府时取1否则取0,其均值为0.3,即30%的公司实际控制人为政府。董事会会议次数中位数为10次,最小值为2,最大值为57,两者悬殊,平均召开10.59次会议。高管持股比例平均值为6.35%,中位数仅为0.07%,有较大提升空间。内部控制披露指数最小值为6.0201,最大值为53.1900,两极分化严重。标准无保留意见取1其他取0,平均值为0.96,说明有4%的公司得到非标审计意见。

表7-2 描述性统计

	样本量	极小值	极大值	均值	中位数	标准差
会计舞弊风险指数（ZS）	8151	0	97.7810	2.6707	0	6.0130
总资产净利润率（ROA）	8151	-3.9111	7.4451	0.0333	0.0336	0.1270
现金流动负债比（XJ）	8151	-13.2782	7.2832	0.2005	0.1258	0.5045
实际控制人为政府（SJ）	8151	0	1	0.3000	0	0.4590
股权结构（集中度）（GQ）	8151	0.2863	89.9858	33.5248	31.4061	14.6728
董事会履职（会议次数）（DS）	8148	2	57	10.5900	10	4.6050
高管薪酬激励（GX）	8137	0	67469200	3882234	2736700	4317276
高管股权激励（GG）	8151	0	0.8096	0.0635	0.0007	0.1303
内部控制水平（NK）	8144	6.0201	53.1900	35.2184	35.9027	6.1485
标准无保留意见（YJ）	8151	0	1	0.9600	1	0.1890
有效的样本	8128					

二、依自变量分组指数均值差异检验

表 7-3 是将样本依据自变量中位数分成两组后（连续变量以中位数分组，虚拟变量依 0-1 分组），两组舞弊风险指数均值差异的 t 检验结果，用以初步探测各自变量对于指数的区分能力，或称探测指数随自变量变化的趋势、正负相关性。由表可见，指数差异 t 检验均显著。在董事会履职（会议次数）变量大于中位数组中其样本指数均值更大，即 3.2963>2.2057，该变量呈现出与指数的正相关趋势；在其他变量大于中位数组中其指数更小，如 ROA 变量 2.0836<3.2576，这些变量呈现出与指数的负相关趋势。

表 7-3　依自变量中位数分组后指数均值差异 t 检验

分组变量	指数 （自变量大于中位数）		指数 （自变量小于等于中位数）		均值差	t 值	p 值
	样本量	均值	样本量	均值			
总资产净利润率（ROA）	4075	2.0836	4076	3.2576	−1.1741	−8.856	0.000
现金流动负债比（XJ）	4075	1.8253	4076	3.5158	−1.6905	−12.818	0.000
实际控制人为政府（SJ）	2463	2.1481	5688	2.8969	−0.7488	−5.786	0.000
股权结构（集中度）（GQ）	4074	2.2389	4077	3.1021	−0.8632	−6.498	0.000
董事会履职（会议次数）（DS）	3475	3.2963	4676	2.2057	1.0906	7.748	0.000
高管薪酬激励（GX）	4068	1.7876	4083	3.5505	−1.7628	−13.390	0.000
高管股权激励（GG）	4074	1.9931	4077	3.3478	−1.3547	−10.236	0.000

分组变量	指数 （自变量大于中位数）		指数 （自变量小于等于 中位数）		均值差	t 值	p 值
	样本量	均值	样本量	均值			
内部控制 水平（NK）	4072	1.9642	4072	3.3286	-1.3644	-10.572	0.000
标准无保留 意见（YJ）	7848	2.3113	303	11.9790	-9.6677	-11.458	0.000

注：内部控制水平变量有缺失值。

三、依指数分组自变量均值差异检验

表7-4是将样本依据指数大于0或等于0分成两组后，对自变量在两组中的均值进行差异t检验的结果，用以初步探测自变量区分指数的能力，或称探测指数与自变量的正负相关趋势。例如，ROA在指数等于0的组中均值更大，即0.0398>0.0214，且p=0.000差异显著，即变量ROA与指数呈现负相关趋势；DS在指数大于0的组中均值更大，即11.14>10.29，且差异显著，即自变量DS与指数呈现正相关趋势。

表7-4 依指数分组后自变量均值差异t检验

检验变量	指数	样本	均值	标准差	均值差	t	p 值
总资产净利润率 （ROA）	>0	2892	0.0214	0.2031	-0.0184	-4.799	0.000
	=0	5259	0.0398	0.0471			
现金流动负债比 （XJ）	>0	2892	0.1289	0.6414	-0.1111	-8.436	0.000
	=0	5259	0.2400	0.4048			
实际控制人为 政府（SJ）	>0	2892	0.2800	0.4480	-0.039	-3.666	0.000
	=0	5259	0.3200	0.4650			
股权结构 （集中度）（GQ）	>0	2892	32.7554	14.7342	-1.1925	-3.513	0.000
	=0	5259	33.9479	14.6231			
董事会履职 （会议次数）（DS）	>0	2891	11.1400	4.6470	0.8530	7.986	0.000
	=0	5257	10.2900	4.5530			

续表

检验变量	指数	样本	均值	标准差	均值差	t	p 值
高管薪酬激励 （GX）	>0	2887	3287029	3593037	-922511	-9.968	0.000
	= 0	5250	4209540	4635764			
高管股权激励 （GG）	>0	2892	0.0606	0.1320	-0.0045	-1.489	0.137
	= 0	5259	0.0651	0.1293			
内部控制水平 （NK）	>0	2885	34.1377	6.6787	-1.6735	-11.347	0.000
	= 0	5259	35.8113	5.7522			
标准无保留意见 （YJ）	>0	2892	0.92	0.2750	-0.0700	-13.113	0.000
	= 0	5259	0.99	0.1100			

四、相关系数分析

表 7-5 是两两变量之间的皮尔逊（Pearson）相关分析，用以初步探测两个变量之间的相关性和显著性，由于零假设为"H_0：相关系数为 0"，由表可知，与指数相关的各个相关系数为 0 的概率很小（小于 1%），也就是说相关系数不为 0，即会计舞弊风险指数与解释变量的相关方向分别与假设 H1~H4、假设 H6~H9 相符且显著负相关，即会计舞弊风险指数与总资产净利润率、现金流动负债比、实际控制人为政府、股权集中度、高管薪酬激励、高管股权激励、内部控制水平（披露指数）、标准无保留意见负相关。另外，指数与董事会会议次数显著正相关。

表 7-5　皮尔逊相关系数

	指数	ROA	XJ	SJ	GQ	DS	GX	GG	NK	YJ
指数	1	-0.204 **	-0.196 **	-0.057 **	-0.090 **	0.092 **	-0.105 **	-0.046 **	-0.190 **	-0.304 **
ROA	-0.204 **	1	0.085 **	-0.039 **	0.064 **	-0.061 **	0.066 **	0.075 **	0.098 **	0.203 **
XJ	-0.196 **	0.085 **	1	-0.040 **	0.083 **	-0.131 **	0.026 *	0.056 **	0.067 **	0.087 **
SJ	-0.057 **	-0.039 **	-0.040 **	1	0.264 **	-0.059 **	0.043 **	-0.312 **	0.031 **	0.015
GQ	-0.090 **	0.064 **	0.083 **	0.264 **	1	-0.082 **	0.013	-0.024 *	0.043 **	0.094 **
DS	0.092 **	-0.061 **	-0.131 **	-0.059 **	-0.082 **	1	0.154 **	-0.006	0.036 **	-0.015
GX	-0.105 **	0.066 **	0.026 *	0.043 **	0.013	0.154 **	1	-0.071 **	0.152 **	0.075 **

	指数	ROA	XJ	SJ	GQ	DS	GX	GG	NK	YJ
GG	-0.046 **	0.075 **	0.056 **	-0.312 **	-0.024 *	-0.006	-0.071 **	1	0.004	0.058 **
NK	-0.190 **	0.098 **	0.067 **	0.031 **	0.043 **	0.036 **	0.152 **	0.004	1	0.252 **
YJ	-0.304 **	0.203 **	0.087 **	0.015	0.094 **	-0.015	0.075 **	0.058 **	0.252 **	1

注：*、**分别在 0.05 或 0.01 水平（双侧）上显著相关。

五、多重共线性检验

多重共线性的后果包括（李子奈，2000）："一般共线性下最小二乘法参数估计量非有效，完全共线性下参数估计量不存在，参数估计量会计含义不合理，变量的显著性检验无意义，模型的预测功能失效"。如表 7-6 所示，共线性检验常使用容忍度或方差膨胀因子 VIF，二者互为倒数关系。一个自变量的容忍度等于将该自变量作为因变量，然后与其他所有自变量进行回归后的拟合优度 R^2 再用 1 减去后的值。一个大致的判断标准是，"容忍度小于 0.1 时共线性较严重，容忍度小于 0.2 时存在共线性"（王济川，郭志刚，2001）。由于这里容忍度均较大，故自变量之间不存在多重共线性。

六、回归结果与实证结论

回归结果如表 7-6 所示，因有 14 家公司只披露了薪酬合计数未披露董监高薪酬明细，以及 7 家公司内部控制指数缺失，故回归有效样本量为 8128 家，而不是总样本量 8151 家。线性方程总体检验的 F 值为 158.724，显著性 Sig. 值为 0.000，说明回归模型线性关系总体成立。调整后的 R^2 为 0.149，说明模型具有较好的拟合优度。实证结论如下：

1. "总资产净利润率"的系数为 -4.225，t 检验的显著性概率为 Sig. = 0.000，在 1% 的水平上负相关，即当该指标越小时，盈利压力就越大，舞弊风险指数也就越大，验证了假设 H1，说明盈利压力对会计舞弊风险指数有显著的正向影响。该指标每增加 1%，则舞弊风险指数平均下降 0.04225 分。

2. "现金流动负债比"的系数为 -1.702，在 1% 的水平上负相关，即当该指标越小时，偿债压力就越大，舞弊风险指数也就越大，验证了假设 H2，说明偿债压力对会计舞弊风险指数有显著的正向影响。该指标每增加 1%，则舞弊风险指数平均下降 0.01702 分。

3. "实际控制人为政府"与会计舞弊风险指数显著负相关，验证了假设 H3，即实际控制人为国家或地方政府的公司，其舞弊风险指数平均低 0.759 分。

4. "股权结构（集中度）"的系数为 -0.010，在 5% 的水平上负相关，说明其对会计舞弊风险指数有显著的负向影响，验证了假设 H4。

5. "董事会履职（会议次数）"与会计舞弊风险指数显著正相关，说明频繁的董事会会议已经成为为舞弊等风险事件补窟窿甚至进行粉饰活动的被动反映。董事会会议多召开一次，就意味着舞弊风险指数平均高 0.093 分。

6. "高管薪酬激励"对会计舞弊风险指数有显著的负向影响，验证了假设 H6，高管薪酬总额每增加 100 万，则舞弊风险指数平均减少 0.1023 分。

7. "高管股权激励"对会计舞弊风险指数有显著的负向影响，验证了假设 H7，高管持股比例每增加 1%，则舞弊风险指数平均减少 0.01951 分。

8. "内部控制水平"与会计舞弊风险指数显著负相关，验证了假设 H8，迪博内部控制披露指数每增加 1 分，则舞弊风险指数平均减少 0.095 分。

9. "标准无保留意见"与会计舞弊风险指数显著负相关，验证了假设 H9，与年报审计意见为非标意见的公司相比，得到标准无保留意见的公司舞弊风险指数平均低 7.044 分。由于"标准无保留意见"的标准化系数的绝对值最大（也就是 t 值的绝对值最大），因此该指标是所有自变量里对舞弊风险指数影响最大、最显著的变量。

表7-6　主回归结果

变量	非标准化系数		标准化系数	t 检验		共线性统计量	
	B	标准误	B1	t	Sig.	容忍度	VIF
（常量）	13.371	0.456		29.306	0.000		
总资产净利润率（ROA）	-4.225	0.502	-0.089	-8.421	0.000	0.944	1.059
现金流动负债比（XJ）	-1.702	0.121	-0.146	-14.024	0.000	0.960	1.042

变量	非标准化系数		标准化系数	t 检验		共线性统计量	
	B	标准误	B1	t	Sig.	容忍度	VIF
实际控制人为政府（SJ）	−0.759	0.143	−0.060	−5.305	0.000	0.830	1.205
股权结构（集中度）（GQ）	−0.010	0.004	−0.025	−2.315	0.021	0.908	1.102
董事会履职（会议次数）（DS）	0.093	0.013	0.073	6.966	0.000	0.946	1.057
高管薪酬激励（GX）	−1.023E−7	0.000	−0.076	−7.171	0.000	0.942	1.061
高管股权激励（GG）	−1.951	0.487	−0.043	−4.005	0.000	0.888	1.126
内部控制水平（NK）	−0.095	0.010	−0.100	−9.361	0.000	0.914	1.094
标准无保留意见（YJ）	−7.044	0.337	−0.225	−20.883	0.000	0.899	1.112
样本量 8128；$R^2 = 0.150$，调整 $R^2 = 0.149$；$F = 158.724$，$Sig. = 0.000$							

七、稳健性检验

（一）替换变量

更换样本、模型和变量是最常见的稳健性检验方法。由于研究的是影响因素，故主要采取替换变量的方法进行稳健性检验。从证监会行政处罚决定书中可以看到，公司舞弊往往涉及董事、监事和高管各方面人员，因此替换变量扩展到了董事和监事层面。

如表 7-7 所示，将偿债压力指标替换成经营活动产生的现金流量净额/总负债（模型 1），或是资产负债率（模型 2），其他变量同表 7-1 未改变，实证结论未变。

如表 7-8 所示，将高管薪酬激励替换成高级管理人员前三名薪酬总额（模型 1），或是董监高前三名薪酬总额（模型 2），或是董监高薪酬总额（模型 3），或是董事薪酬总额（模型 4），其他变量同表 7-1 未改变，实证结论未变。

如表 7-9 所示，将高管股权激励替换成董监高持股比例（模型 1），或是董事会持股比例（模型 2），其他变量同表 7-1 未改变，实证结论未变。

表 7-7　稳健性检验——替换偿债压力

变量	模型 1			模型 2		
	系数	t	Sig.	系数	t	Sig.
（常量）	13.511	29.621	0.000	12.586	25.857	0.000
总资产净利润率（ROA）	−4.071	−8.106	0.000	−3.962	−7.607	0.000
经营活动产生的现金流量净额/总负债（XJ）	−2.219	−14.259	0.000			
资产负债率（XJ）				1.647	5.058	0.000
实际控制人为政府（SJ）	−0.809	−5.651	0.000	−0.827	−5.563	0.000
股权结构（集中度）（GQ）	−0.010	−2.324	0.020	−0.016	−3.617	0.000
董事会履职（会议次数）（DS）	0.090	6.708	0.000	0.099	7.128	0.000
高管薪酬激励（GX）	−1.019E−7	−7.145	0.000	−1.199E−7	−8.238	0.000
高管股权激励（GG）	−1.846	−3.791	0.000	−1.851	−3.733	0.000
内部控制水平（NK）	−0.096	−9.466	0.000	−0.099	−9.586	0.000
标准无保留意见（YJ）	−7.106	−21.087	0.000	−6.982	−20.237	0.000
	样本量 8128；$R^2 = 0.150$，调整 $R^2 = 0.149$；$F = 159.575$，$Sig. = 0.000$			样本量 8128；$R^2 = 0.132$，调整 $R^2 = 0.131$；$F = 136.899$，$Sig. = 0.000$		

表 7-8 稳健性检验——替换高管薪酬激励

变量	模型 1			模型 2			模型 3			模型 4		
	系数	t	Sig.	系数	t	Sig.	系数	t	Sig.	系数	t	Sig.
(常量)	13.474	29.533	0.000	13.502	29.606	0.000	13.397	29.403	0.000	13.532	29.699	0.000
总资产净利润率(ROA)	-4.247	-8.453	0.000	-4.248	-8.451	0.000	-4.188	-8.349	0.000	-4.209	-8.380	0.000
现金流动负债比(XJ)	-1.703	-14.016	0.000	-1.700	-13.984	0.000	-1.694	-13.962	0.000	-1.692	-13.928	0.000
实际控制人为政府(SJ)	-0.811	-5.665	0.000	-0.822	-5.741	0.000	-0.780	-5.464	0.000	-0.884	-6.154	0.000
股权结构(集中度)(GQ)	-0.010	-2.250	0.025	-0.010	-2.304	0.021	-0.010	-2.381	0.017	-0.011	-2.596	0.009
董事会履职(会议次数)(DS)	0.090	6.719	0.000	0.089	6.659	0.000	0.094	7.052	0.000	0.090	6.787	0.000
高级管理人员前三名薪酬总额(GX)	-1.662E-7	-5.813	0.000									
董监高前三名薪酬总额(GX)				-1.379E-7	-5.359	0.000						

续表

变量	模型 1			模型 2			模型 3			模型 4		
	系数	t	Sig.	系数	t	Sig.	系数	t	Sig.	系数	t	Sig.
董监高薪酬总额 (GX)							-8.649E-8	-7.604	0.000			
董事薪酬总额 (GX)										-1.575E-7	-6.540	0.000
高管股权激励 (GG)	-1.943	-3.981	0.000	-1.971	-4.032	0.000	-2.031	-4.168	0.000	-1.899	-3.901	0.000
内部控制水平 (NK)	-0.097	-9.546	0.000	-0.098	-9.640	0.000	-0.095	-9.293	0.000	-0.098	-9.609	0.000
标准无保留意见 (YJ)	-7.069	-20.940	0.000	-7.081	-20.977	0.000	-7.028	-20.849	0.000	-7.058	-20.922	0.000
	样本量 8128;$R^2=0.148$,调整 $R^2=0.147$,$F=156.435$,$Sig.=0.000$			样本量 8128;$R^2=0.147$,调整 $R^2=0.146$,$F=155.901$,$Sig.=0.000$			样本量 8128;$R^2=0.150$,调整 $R^2=0.149$,$F=159.680$,$Sig.=0.000$			样本量 8128;$R^2=0.149$,调整 $R^2=0.148$,$F=157.705$,$Sig.=0.000$		

表7-9 稳健性检验——替换高管股权激励

变量	模型1			模型2		
	系数	t	Sig.	系数	t	Sig.
（常量）	13.505	29.610	0.000	13.493	29.584	0.000
总资产净利润率（ROA）	-4.103	-8.185	0.000	-4.115	-8.209	0.000
现金流动负债比（XJ）	-1.665	-13.720	0.000	-1.668	-13.744	0.000
实际控制人为政府（SJ）	-0.978	-6.606	0.000	-0.968	-6.538	0.000
股权结构（集中度）（GQ）	-0.011	-2.512	0.012	-0.010	-2.433	0.015
董事会履职（会议次数）（DS）	0.092	6.928	0.000	0.093	6.954	0.000
高管薪酬激励（GX）	-1.078E-7	-7.548	0.000	-1.078E-7	-7.545	0.000
董监高持股比例（GG）	-2.425	-6.705	0.000			
董事会持股比例（GG）				-2.449	-6.554	0.000
内部控制水平（NK）	-0.094	-9.283	0.000	-0.095	-9.304	0.000
标准无保留意见（YJ）	-6.930	-20.543	0.000	-6.938	-20.567	0.000
	样本量8128；$R^2=0.153$，调整$R^2=0.152$；$F=162.495$，$Sig.=0.000$			样本量8128；$R^2=0.152$，调整$R^2=0.152$；$F=162.234$，$Sig.=0.000$		

（二）控制年份行业

表7-10是控制年份和行业的稳健性检验结果，各个变量均显著且正负相关性与假设相符，结论未改变是稳健的。为规避虚拟变量陷阱防止自变量共

线性，回归时以 2015 年为基准，其他年度与之比较；以 A 打头的行业（农、林、牧、渔业）为基准，其他行业与之比较。

表 7-10 稳健性检验——控制年份和行业

变量	系数	标准误	t	Sig.	95%置信区间	
（常量）	13. 309	0. 666	19. 99	0. 000	12. 004	14. 614
总资产净利润率（ROA）	-4. 386	0. 505	-8. 68	0. 000	-5. 376	-3. 395
现金流动负债比（XJ）	-1. 828	0. 125	-14. 65	0. 000	-2. 073	-1. 583
实际控制人为政府（SJ）	-0. 930	0. 150	-6. 20	0. 000	-1. 224	-0. 636
股权结构（集中度）（GQ）	-0. 014	0. 004	-3. 16	0. 002	-0. 023	-0. 005
董事会履职（会议次数）（DS）	0. 092	0. 014	6. 66	0. 000	0. 065	0. 119
高管薪酬激励（GX）	-1. 05E-07	1. 45E-08	-7. 26	0. 000	-1. 34E-07	-7. 68E-08
高管股权激励（GG）	-1. 628	0. 496	-3. 28	0. 001	-2. 601	-0. 656
内部控制水平（NK）	-0. 113	0. 011	-10. 14	0. 000	-0. 135	-0. 091
标准无保留意见（YJ）	-6. 909	0. 339	-20. 36	0. 000	-7. 574	-6. 244
2016 年	0. 720	0. 163	4. 43	0. 000	0. 402	1. 039
2017 年	0. 394	0. 157	2. 52	0. 012	0. 087	0. 701
行业	控制	控制	控制	控制	控制	控制
样本量 8128；$R^2 = 0.161$，调整 $R^2 = 0.155$；$F = 28.130$，$Sig. = 0.000$						

（三）GLS 回归

如果存在严重的序列相关和异方差，即违背了经典高斯假设，但此时仍用普通最小二乘法 OLS 回归，其后果是"参数估计量虽然无偏但不再有效（有效性即方差最小），变量的显著性检验失去意义，预测功能失效"（李子奈，2000），也就是说上述违背会影响我们最关注的验证研究假设正负相关性的结论。故这里采用广义最小二乘法（GLS）进行研究假设成立与否的稳健性检验回归，如果存在序列相关和异方差，则 GLS 能有效地消除之，如果不存在，则 GLS 等价于 OLS。表 7-11 中 Stata 软件计算的 GLS 结果显示，指数与 8 个自变量负相关，与 1 个自变量正相关且呈现极显著（p = 0.000），与研究假设及主回归正负相关性相符，表明研究结论是稳健的。

表 7-11　稳健性检验——GLS 回归

Cross-sectional time-series FGLS regression				Number of obs = 7774		
Coefficients：generalized least squares				Number of groups = 2669		
Panels：heteroskedastic				Obs per group：min = 2		
Correlation：panel-specific AR（1）				avg = 2.912701		
Estimated covariances = 2669				max = 3		
Estimated autocorrelations = 2669				Wald chi2（9）= 62776.24		
Estimated coefficients = 10				Prob>chi2 = 0.0000		
变量	系数	标准误	z	P>|z|	95%置信区间	
（常量）	12.340	0.079	155.81	0.000	12.184	12.495
总资产净利润率（ROA）	-1.203	0.112	-10.71	0.000	-1.423	-0.983
现金流动负债比（XJ）	-1.746	0.013	-132.40	0.000	-1.772	-1.720
实际控制人为政府（SJ）	-0.741	0.020	-37.69	0.000	-0.780	-0.703

续表

变量	系数	标准误	z	P>|z|	95%置信区间	
股权结构（集中度）（GQ）	−0.011	0.0004	−24.88	0.000	−0.011	−0.010
董事会履职（会议次数）（DS）	0.092	0.001	153.96	0.000	0.091	0.093
高管薪酬激励（GX）	−1.09E−07	1.08E−09	−100.47	0.000	−1.11E−07	−1.07E−07
高管股权激励（GG）	−2.299	0.028	−81.31	0.000	−2.354	−2.243
内部控制水平（NK）	−0.082	0.001	−108.19	0.000	−0.083	−0.080
标准无保留意见（YJ）	−6.507	0.080	−81.65	0.000	−6.663	−6.351

注：354个观测值被丢弃，因为组中只有1个观测值

（四）内生性检验

内生性是指有自变量与误差项相关，即 $Cov(x_i, \mu_i) \neq 0$ 不满足高斯假设 $Cov(x_i, \mu_i) = 0$。内生性的后果是估计的系数有偏，不是无偏估计量，此时系数期望 $E(\hat{B}) = B + (X'X)^{-1}E(X'N)$，由于内生性使得 $E(X'N) \neq 0$，故 $E(\hat{B}) \neq B$，即系数的期望不等于总体真值，或大或小（李子奈，2000；陈强，2010），即便是样本量再大亦如此。引起内生性的原因有自变量和因变量互为因果、测量误差、自变量遗漏进入误差项且与其他自变量相关（若不相关只影响误差项方差和估计精度）等，不难推导出前两种原因也将导致 $Cov(x_i, \mu_i) \neq 0$（黄钟，2020）。这里选取前一年（t−1）的自变量与当年（t）的因变量进行回归（盛来运，2007；万良勇，邓路，郑小玲，2014；权晓峰，肖斌卿，尹洪英，2016；邹洋，张瑞君，孟庆斌，等，2019；吴芃，卢珊，杨楠，2019；卜君，孙光国，2020；乔菲，文雯，徐经长，2021；文雯，乔菲，2021；李晓慧，王彩，孙龙渊，等，2022；王依攀，朱晓满，2022），也

就是说当年的因变量不会对前一年的自变量产生影响了，当年的误差项可能与前一年取值已定的前定自变量不相关（陈强，2010），以规避潜在内生性对回归正负相关结论的影响。

表7-12中所有自变量均为前一年取值，回归结果显示所有自变量的显著性和正负相关性与假设一致均未改变，因此在考虑了潜在的内生性影响下结论仍是稳健的。

表7-13中模型1将最有可能受到因变量舞弊反向影响的财务指标ROA、XJ取为前一年数值，结论未改变是稳健的。表7-13中模型2将有可能受到因变量舞弊反向影响的ROA、XJ、DS、GX、NK、YJ取为前一年数值，结论未改变是稳健的。

表7-12　内生性检验——所有前一年自变量

变量	非标准化系数		标准系数	t检验		共线性统计量	
	B	标准误	B1	t	Sig.	容忍度	VIF
（常量）	13.815	0.467		29.593	0.000		
上年总资产净利润率（ROA）	−0.811	0.113	−0.075	−7.207	0.000	0.989	1.011
上年现金流动负债比（XJ）	−0.699	0.103	−0.072	−6.783	0.000	0.964	1.037
上年实际控制人为政府（SJ）	−0.515	0.153	−0.037	−3.362	0.001	0.874	1.145
上年股权结构（集中度）（GQ）	−0.024	0.004	−0.060	−5.613	0.000	0.937	1.068
上年董事会履职（会议次数）（DS）	0.096	0.015	0.070	6.599	0.000	0.949	1.054
上年高管薪酬激励（GX）	−1.363E-7	0.000	−0.091	−8.539	0.000	0.939	1.065
上年高管股权激励（GG）	−1.576	0.470	−0.037	−3.353	0.001	0.900	1.111

续表

变量	非标准化系数		标准系数	t 检验		共线性统计量	
	B	标准误	B1	t	Sig.	容忍度	VIF
上年内部控制 水平（NK）	−0.072	0.010	−0.080	−7.350	0.000	0.917	1.090
上年标准无保留 意见（YJ）	−8.147	0.361	−0.245	−22.598	0.000	0.917	1.091

样本量 8138；$R^2 = 0.127$，调整 $R^2 = 0.126$；$F = 131.017$，$Sig. = 0.000$

表 7-13　内生性检验——部分前一年自变量

变量	模型 1			模型 2		
	系数	t	Sig.	系数	t	Sig.
（常量）	13.562	29.547	0.000	13.648	29.148	0.000
（上年）总资产净 利润率（ROA）	−0.846	−7.764	0.000	−0.815	−7.239	0.000
（上年）现金流动 负债比（XJ）	−0.664	−6.613	0.000	−0.714	−6.918	0.000
实际控制人为 政府（SJ）	−0.652	−4.517	0.000	−0.680	−4.557	0.000
股权结构 （集中度）（GQ）	−0.014	−3.168	0.002	−0.016	−3.602	0.000
董事会履职 （会议次数）（DS）	0.113	8.428	0.000			
（上年）董事会履职 （会议次数）（DS）				0.095	6.522	0.000
高管薪酬激励 （GX）	$-1.121E{-}7$	−7.791	0.000			
（上年）高管薪酬激励 （GX）				$-1.335E{-}7$	−8.353	0.000

变量	模型 1			模型 2		
	系数	t	Sig.	系数	t	Sig.
高管股权激励（GG）	-2.116	-4.296	0.000	-1.918	-3.768	0.000
内部控制水平（NK）	-0.101	-9.789	0.000			
（上年）内部控制水平（NK）				-0.070	-7.188	0.000
标准无保留意见（YJ）	-7.444	-22.055	0.000			
（上年）标准无保留意见（YJ）				-8.243	-22.882	0.000
	样本量 8128；$R^2 = 0.132$，调整 $R^2 = 0.131$；$F = 136.674$，$Sig. = 0.000$			样本量 8138；$R^2 = 0.126$，调整 $R^2 = 0.125$；$F = 130.085$，$Sig. = 0.000$		

第八章

结论和政策建议

第一节 结 论

会计信息是决策的重要依据，舞弊导致了会计信息扭曲，从而误导了利益相关者的判断决策，造成资源错配和各方损失，阻碍了资本市场健康发展。由于发生频繁、危害巨大、防范困难，因此关于会计舞弊识别和治理的研究从未间断。舞弊识别模型包括二分类识别模型和舞弊风险指数模型。二分类识别模型发展较早，基于统计和人工智能方法构建的模型较为丰富、层出不穷，原因在于：一方面舞弊频发屡禁不止，有识别预警需求；另一方面，近几十年来各类模型的识别准确率始终未能达到令人满意的水平，处于停滞状态，有较大提升空间，存在诸如构建基础存疑等瓶颈问题难以突破；反观会计舞弊风险指数研究则刚刚起步，尚属空白，本书试图填补这一空白。本书创新性地基于正态分布法确定指标阈值构建了会计舞弊风险指数，并进行了指数评价和影响因素研究，为舞弊识别和治理研究开辟了新途径。指数将多种手段的舞弊风险用一个数字直观表征，实现对舞弊风险程度的连续精细刻画、快速识别和实时预警，是识别和治理舞弊的有效工具之一。本书的主要研究内容和结论如下：

1. 目前研究存在的问题。归纳总结了会计舞弊识别模型目前研究存在的主要问题，诸如二分类模型中非舞弊公司难以判定进而造成构建基础存疑；舞弊风险指数研究尚属空白、亟待突破，指数指标体系以及指标阈值的确定方法有待深入探讨；尚缺乏通过舞弊风险指数对全部公司的舞弊风险分布状况和程度做出全局评价和预警的掌控能力与手段；等等。

2. 舞弊动因理论。回顾归纳总结了舞弊发生的各种动因理论，如冰山理论、三角形理论、公司治理理论、内部控制理论等，用于指导选择舞弊风险指数影响因素自变量，为寻找降低舞弊风险指数、降低舞弊发生风险的治理路径，提供理论支撑。

3. 二分类识别模型。为了清楚地了解会计舞弊识别模型的发展脉络，对比分析二分类识别模型和会计舞弊风险指数构建原理与构建基础的差异、各自优缺点的不同。在构建舞弊风险指数之前，先行构建了二分类统计和人工智能识别模型中具有代表性的模型：Logistic 舞弊识别模型、因子分析 Logistic 舞弊识别模型和 BP 人工神经网络舞弊识别模型。

4. 指数构建。为了识别和治理会计舞弊，本书构建了会计舞弊风险指数。指数研究的重点和难点分别是识别指标体系的构建和舞弊阈值的确定。基于舞弊手段选取了 24 个指标，首次借鉴医学参考值的确定方法，使用我国上市公司舞弊发生概率 1.129%、标准正态分布和标准分数等统计方法确定了舞弊阈值为 2.28，以 8151 家沪深 A 股上市公司 2015—2017 年年报数据为样本，构建了会计舞弊风险指数，并进行了指数排序、评价、均值差异检验，旨在使隐性的舞弊风险一目了然。

5. 指数评价。在 2015—2017 年的 8151 个样本公司中，有 2892 家公司（占 35.5%）指标值异常，超过了阈值，存在舞弊风险。很多被特别处理的 ST 公司的指数不为 0，存在舞弊风险。其中：在 2017 年的 3023 家样本公司中，有 1042 家公司（占 34.5%）指标值异常，超过了阈值，存在舞弊风险，指数最高为 97.7810；在 2016 年的 2673 家样本公司中，有 955 家公司（占 35.7%）指标值异常，超过了阈值，存在舞弊风险，指数最高为 74.6666；在 2015 年的 2455 家样本公司中，有 895 家公司（占 36.5%）指标值异常，超过了阈值，存在舞弊风险，指数最高为 54.7346。

分别按照行业、省份、地区、上市地点、上市板块、上市年限是否大于中位数、实际控制人、董事长与总经理兼任否、是否为四大审计、是否为标准无保留意见，对公司进行分类和检验，指数均值差异均显著。2015 年、

2016 年、2017 年的指数均值无显著差异。

6. 风险预警。分别按照行业、省份直辖市、地区、上市地点、上市板块、上市年限是否大于中位数、实际控制人、董事长与总经理兼任否、是否为四大审计、是否为标准无保留意见，以及按照分指标进行了指数降序排序预警。

2015 年，指数前 20 名为①：54.7346、52.0639、48.6592、45.4117、43.1386、42.5668、42.5574、41.4089、40.0404、38.4046、35.7260、35.2878、34.8271、34.4038、33.8310、32.2193、31.9192、31.4641、31.2371、30.7541。

2016 年，指数前 20 名为：74.6666、64.4729、52.7938、52.6990、52.6825、52.2584、51.2192、49.5470、48.4577、47.7906、44.5665、42.8967、36.6312、35.8796、35.3953、34.5186、33.9868、33.9457、33.4943、31.9907。

2017 年，指数前 20 名为：97.7810、86.0689、74.5881、72.0438、52.3912、51.9481、49.9487、49.2445、43.9134、43.3420、42.9205、42.7988、40.9439、40.3397、38.7108、38.3168、38.1386、37.5765、34.5120、34.2351。

2015—2017 年，指数前 20 名为：97.7810、86.0689、74.6666、74.5881、72.0438、64.4729、54.7346、52.7938、52.6990、52.6825、52.3912、52.2584、52.0639、51.9481、51.2192、49.9487、49.5470、49.2445、48.6592、48.4577。

7. 指数影响因素和舞弊防范对策。为了找到降低会计舞弊风险指数的路径，基于舞弊三角形理论进行了指数影响因素研究，实证结果显示：会计舞弊风险指数与总资产净利润率、现金流动负债比、实际控制人为政府、股权集中度、高管薪酬激励、高管股权激励、内部控制水平、标准无保留意见负相关，与董事会会议次数正相关。通过改变这些显著影响因素的大小可以降低舞弊风险指数，防范舞弊的发生。

8. 创新点。本书的创新点主要包括：总结了二分类模型和指数模型的构建基础和优缺点；进行了指数指标体系设计；使用统计方法确定了指标舞弊阈值为 2.28；构建了舞弊风险指数；进行了大样本指数评价；分类别进行了指数预警；实证检验了指数的影响因素并据此提出了舞弊防范对策。

---

① 这里只给出了指数，隐去了公司名称。

第二节　舞弊防范政策建议

发布指数可以达到预警资本市场利益相关者防范欺诈风险的目的。会计舞弊风险指数主要从四个方面满足使用者需求：识别投资和信贷风险，规避不良企业，满足投资者和债权人需求；扩充审计方法，提升审计效率，满足外部审计需求；提供自查方式，突出治理重点，满足企业内部治理者需求；提升监管效率，维护市场秩序，满足市场监管者需求。由于公司业务及会计核算的复杂性、舞弊的隐匿性以及监管力量是否充足等因素决定了舞弊被发现具有滞后性甚至长久不被发现，根据本文指数评价的结论，监管的重点目标应该是指数非零的公司、ST 公司等，24 个指标得分则提供了具体的监管舞弊风险点。此外，根据指数影响因素的实证结论，对监管者、审计人员、投资者、债权人等利益相关者和企业自身提出政策建议如下所述。

1. 既然会计舞弊风险指数与总资产净利润率负相关，那么降低会计舞弊风险指数，防范会计舞弊发生的有效途径之一就是，公司自身要努力经营，获得好的经济效益，避免业绩压力和退市风险，创造丰厚的利润永远是公司的立命之本。对于监管者或审计人员，舞弊监管和审计的重点公司是业绩较差的公司。

2. 既然会计舞弊风险指数与现金流动负债比负相关，那么降低会计舞弊风险指数，防范会计舞弊发生的有效途径之一就是，公司应保持充足的现金流，避免高负债或是财务困境的偿债压力。而舞弊监管和审计的重点公司是偿债压力较大的公司。

3. 既然会计舞弊风险指数与实际控制人为政府负相关，那么舞弊监管和审计的重点公司就是实际控制人为企事业集体、个人和无实际控制人的公司。

4. 既然会计舞弊风险指数与股权集中度负相关，那么降低会计舞弊风险指数，防范会计舞弊发生的有效途径之一就是提高股权集中度，引入战略投资者或是由基金公司以及其他机构投资者较多地持有本公司股票，这些大股东才有能力和经济动力去监督公司稳健经营，从而避免因股权分散"搭便车"

导致的监督缺失引发舞弊等道德风险发生。而舞弊监管和审计的重点公司是股权集中度较低的公司。

5. 既然会计舞弊风险指数与董事会会议次数正相关，那么舞弊监管和审计的重点公司就是董事会会议次数较多的公司。

6. 既然会计舞弊风险指数与高管薪酬激励负相关，那么降低会计舞弊风险指数，防范会计舞弊发生的有效途径之一就是提高与业绩挂钩的薪酬激励水平。即便是经济拮据的公司，若能下决心聘用高水平的管理者并签订昂贵的薪酬激励契约，则在能够摆脱财务困境提高公司绩效的同时，也能够堵住舞弊的机会。而舞弊监管和审计的重点公司是高管薪酬激励较低的公司。

7. 既然会计舞弊风险指数与高管股权激励负相关，那么降低会计舞弊风险指数，防范会计舞弊发生的有效途径之一就是提高高管持股比例。在本文样本中，高管持股比例中位数为 0.1324%，有 30% 的公司高管持股比例为 0，高管股权激励提升空间巨大，限制性股票和股票期权都是有效选项。高管持股使其与其他股东及公司利益目标趋同，有利于提升公司绩效和提升高管谋划公司长远发展、基业长青的责任感，从而减轻舞弊盈利压力因素，消除短视的舞弊机会因素。而舞弊监管和审计的重点公司是高管股权激励较低的公司。

8. 既然会计舞弊风险指数与内部控制水平负相关，那么降低会计舞弊风险指数，防范会计舞弊发生的有效途径之一就是，公司自身要扎扎实实地落实财政部、证监会、审计署、原银监会、原保监会联合发布实施的企业内部控制基本规范、18 项应用指引、评价指引、审计指引的要求，以及上海证券交易所、深圳证券交易所、北京证券交易所有关内部控制风险防范的要求，避免内部控制实施的形式主义走过场，切实做到内部控制设计和实施的有效性，通过授权审批、联签、不相容职责分离、岗位轮换、预算、绩效考核、运营分析、会计控制、物理接触财产保护以及信息技术流程控制等手段，及时识别化解宏观经济波动带来的风险、战略风险、决策风险、操作运营风险、舞弊等财务风险和信息风险，努力建立更高水平的内部控制。而对监管者、内部控制审计人员抑或是投资者而言，舞弊监管、审计和投资避免掉入其陷阱的重点公司是内部控制指数（水平）较低的公司。

9. 既然会计舞弊风险指数与标准无保留意见负相关，那么对监管者或投资者等利益相关者而言，舞弊监管和防范的重点公司是得到非标审计意见的公司。

参考文献

一、中文文献

专著

［1］陈强. 高级计量经济学及 Stata 应用［M］. 北京：高等教育出版社，2010.

［2］樊纲，王小鲁，朱恒鹏. 中国市场化指数［M］. 北京：经济科学出版社，2011.

［3］弗洛伊德. 自我与本我［M］. 林尘，张唤民，陈伟奇，译. 上海：上海译文出版社，2015.

［4］高歌，郭秀花，黄水平. 现代实用卫生统计学［M］. 苏州：苏州大学出版社，2010.

［5］黄世忠，连竑彬，王建峰. 财务报表分析：理论、框架、方法与案例［M］. 北京：中国财政经济出版社，2007.

［6］阿妮塔·S. 霍兰德，埃星克·L. 德纳，J. 欧文·彻林顿. 现代会计信息系统：第 1 版［M］. 杨周南，赵纳晖，陈翔，等，译. 北京：经济科学出版社，1999.

［7］贾俊平，何晓群，金勇进. 统计学：第 4 版［M］. 北京：中国人民大学出版社，2009.

［8］李维安，武立东. 公司治理教程［M］. 上海：上海人民出版社，2002.

［9］李子奈. 计量经济学［M］. 北京：高等教育出版社，2000.

　　[10] 梁杰，刘英男．会计舞弊行为理论和甄别技术研究 ［M］．沈阳：东北大学出版社，2005．

　　[11] 刘顺忠．数理统计理论、方法、应用和软件计算 ［M］．武汉：华中科技大学出版社，2005．

　　[12] 米歇尔．机器学习 ［M］．曾华军，译．北京：机械工业出版社，2003．

　　[13] 邱东．多指标综合评价方法的系统分析 ［M］．北京：中国统计出版社，1991．

　　[14] 史书新，高万荣，安郁厚．会计查账方法与案例分析 ［M］．北京：中国物价出版社，2002．

　　[15] 苏为华．多指标综合评价理论与方法研究 ［M］．北京：中国物价出版社，2001．

　　[16] 孙青霞，韩传模．会计舞弊识别研究经典文献导读 ［M］．北京：经济科学出版社，2012．

　　[17] 维吉尼亚·萨提亚，约翰·贝曼，简·伯格，等．萨提亚家庭治疗模式 ［M］．聂晶，译．北京：世界图书出版公司，2007．

　　[18] 王济川，郭志刚．Logistic 回归模型：方法与应用 ［M］．北京：高等教育出版社，2001．

　　[19] 王伟．人工神经网络原理：入门与应用 ［M］．北京：北京航空航天大学出版社，1995．

　　[20] 王宏，蒋占华，胡为民，等．中国上市公司内部控制指数研究 ［M］．北京：人民出版社，2011．

　　[21] 吴敬琏．现代公司与企业改革 ［M］．天津：天津人民出版社，1994．

　　[22] 于秀林，任雪松．多元统计分析 ［M］．北京：中国统计出版社，1999．

　　[23] 运筹学教材编写组．运筹学：第 2 版 ［M］．北京：清华大学出版社，1990．

　　[24] 张明立．常用体育统计方法 ［M］．北京：北京体育学院出版社，

1990.

[25] 周春光，梁艳春．计算智能：人工神经网络、模糊系统、进化计算 [M]．长春：吉林大学出版社，2001.

期刊

[1] 卜君，孙光国．投资者实地调研与上市公司违规：作用机制与效果检验 [J]．会计研究，2020（5）．

[2] 蔡志岳，吴世农．基于公司治理的信息披露舞弊预警研究 [J]．管理科学，2006，19（4）．

[3] 蔡志岳，吴世农．董事会特征影响上市公司违规行为的实证研究 [J]．南开管理评论，2007（6）．

[4] 蔡志岳，吴世农．我国上市公司信息披露违规的预警研究：基于财务、市场和治理视角 [J]．管理评论，2007（1）．

[5] 陈关亭．我国上市公司财务报告舞弊因素的实证分析 [J]．审计研究，2007（5）．

[6] 陈国欣，吕占甲，何峰．财务报告舞弊识别的实证研究：基于中国上市公司经验数据 [J]．审计研究，2007（3）．

[7] 陈国进，林辉，王磊．公司治理、声誉机制和上市公司违法违规行为分析 [J]．南开管理评论，2005（6）．

[8] 陈峻，孙琳琳，鲍婧．审计监督、客户议价能力与上市公司财务违规 [J]．审计研究，2022（3）．

[9] 陈亮，王炫．会计信息欺诈经验分析及识别模型 [J]．证券市场导报，2003（8）．

[10] 陈西婵，刘星．供应商（客户）集中度与公司信息披露违规 [J]．南开管理评论，2021，24（6）．

[11] 陈艳，张武洲．国有企业党组织"把方向"能有效抑制财务舞弊吗：基于"讨论前置"机制的准自然实验 [J]．中国软科学，2022（1）．

[12] 陈邑早，陈艳，于洪鉴．基于认知合理化的会计舞弊治理：研究基础与框架策略 [J]．会计论坛，2020，19（1）．

[13] 陈庆杰．基于经理人特征的财务报告舞弊识别模型的改进研究：来

自中国上市公司的实证检验 [J] . 经济问题, 2012 (8) .

[14] 成慕杰, 李忠宝 . 上市公司会计造假的手段及其甄别 [J] . 商业研究, 2002 (12) .

[15] 储稀梁 . COSO 内部控制整体框架: 背景、内容、理论贡献与启示 [J] . 金融会计, 2004 (6) .

[16] 董盈厚, 马亚民, 董馨格 . 金融资产配置的同伴效应与企业违规: 来自 2007—2018 年非金融上市公司的经验证据 [J] . 外国经济与管理, 2021, 43 (8) .

[17] 杜兴强, 张颖 . 独立董事返聘与公司违规: "学习效应" 抑或 "关系效应"? [J] . 金融研究, 2021 (4) .

[18] 杜兴强 . 公司治理生态与会计信息的可靠性问题研究 [J] . 会计研究, 2004 (7) .

[19] 房琳琳 . 财务困境上市公司财务报告舞弊预警模型研究 [J] . 经济与管理研究, 2013 (10) .

[20] 冯旭南, 陈工孟 . 什么样的上市公司更容易出现信息披露违规: 来自中国的证据和启示 [J] . 财贸经济, 2011 (8) .

[21] 傅德印 . 因子分析统计检验体系的探讨 [J] . 统计研究, 2007 (6) .

[22] 葛家澍, 黄世忠 . 安然事件的反思: 对安然公司会计审计问题的剖析 [J] . 会计研究, 2002 (2) .

[23] 谷溪, 乔嗣佳 . 国企混改治理效果的资本市场证据: 基于信息披露违规事件的实证检验 [J] . 财政科学, 2021 (9) .

[24] 郭显光 . 改进的熵值法及其在经济效益评价中的应用 [J] . 系统工程理论与实践, 1998 (12) .

[25] 洪荭, 胡华夏, 郭春飞 . 基于 GONE 理论的上市公司财务报告舞弊识别研究 [J] . 会计研究, 2012 (8) .

[26] 胡海峰, 郭松林, 窦斌, 等 . 连锁董事网络与中国上市公司违规 [J] . 经济与管理研究, 2022, 43 (3) .

[27] 胡海峰, 马奔, 王爱萍 . 什么样的股权结构更容易导致公司欺诈:

基于部分可观测的 Bivariate Probit 估计 [J] . 北京师范大学学报（社会科学版），2019（5）.

[28] 胡乐群 . 风险预警中指标阈值确定方法 [J] . 金融电子化，2011（9）.

[29] 胡雪飞 . 其他应收款的舞弊与审计 [J] . 中国注册会计师，2008（8）.

[30] 黄世忠，黄京菁 . 财务报表舞弊行为特征及预警信号综述 [J] . 财会通讯，2004（12）.

[31] 黄世忠 . 从 SAS99 看财务报表舞弊风险因素有效性分析 [J] . 中国注册会计师，2006（11）.

[32] 黄世忠 . 上市公司会计信息质量面临的挑战与思考 [J] . 会计研究，2001（10）.

[33] 黄顺武，李雪 . 融券卖空与信披违规：一个准自然实验的证据 [J] . 南京审计大学学报，2022（3）.

[34] 姜金玲，李延喜，高锐 . 基于 Logistic 的上市公司利润操纵行为识别模型研究 [J] . 经济管理，2008（10）.

[35] 蒋尧明 . 赖妍 . 企业社会资本、产品市场竞争与上市公司违规行为 [J] . 中南财经政法大学学报，2017（5）.

[36] 金花妍，刘永泽 . 基于舞弊三角理论的财务舞弊识别模型研究：支持向量机与 Logistic 回归的耦合实证分析 [J] . 大连理工大学学报（社会科学版），2014，35（1）.

[37] 康金华 . 我国上市公司财务报告舞弊分析 [J] . 财会通讯（综合），2009（3）.

[38] 雷啸，唐雪松 . 会计信息可比性与公司违规行为 [J] . 财经论丛，2021（1）.

[39] 雷光勇 . 审计合谋与财务报告舞弊：共生与治理 [J] . 管理世界，2004（2）.

[40] 雷又生，耿广猛，王秋红，等 . 会计信息失真的道德分析 [J] . 会计研究，2004（4）.

[41] 李连华. 公司治理结构与内部控制的链接与互动 [J]. 会计研究, 2005（2）.

[42] 李清，党正磊. 会计舞弊风险指数构建和评价研究：基于因子分析 [J]. 数理统计与管理，2019，38（6）.

[43] 李清，任朝阳. 基于案例推理的财务报告舞弊识别研究 [J]. 财经理论与实践，2015，36（3）.

[44] 李清，任朝阳. 基于非线性：主成分 Logistic 回归的会计舞弊识别研究 [J]. 统计与信息论坛，2016（3）.

[45] 李清，任朝阳. 上市公司会计舞弊风险指数构建及预警研究 [J]. 西安交通大学学报（社会科学版），2016（1）.

[46] 李清，闫世刚. Logistic 回归会计舞弊识别模型与会计舞弊指数比较研究 [J]. 东北师大学报（哲学社会科学版），2018（4）.

[47] 李若山，敦牧. 企业舞弊与反舞弊的国际理论探析 [J]. 外国经济与管理，1999（1）.

[48] 李若山，金彧昉，祁新娥. 对当前我国企业舞弊问题的实证调查 [J]. 审计研究，2002（4）.

[49] 李世辉，卿水娟，贺勇，等. 审计收费、CEO 风险偏好与企业违规 [J]. 审计研究，2021（3）.

[50] 李双杰，陈星星. 基于 BP 神经网络模型与 DEA 模型的中国上市公司利润操纵研究 [J]. 数理统计与管理，2013（3）.

[51] 李文贵，邵毅平. 监管信息公开与上市公司违规 [J]. 经济管理，2022（2）.

[52] 李文佳，朱玉杰. 儒家文化对公司违规行为的影响研究 [J]. 经济管理，2021（9）.

[53] 李晓慧，王彩，孙龙渊. 中注协约谈监管对抑制公司违规的"补台"与"合奏"效应研究 [J]. 会计研究，2022（3）.

[54] 李延喜，高锐，包世泽，等. 基于贝叶斯判别的中国上市公司利润操纵识别模型研究 [J]. 预测，2007（3）.

[55] 李延喜，姚宏，高锐. 上市公司利润操纵行为识别模型研究 [J].

管理评论，2006（1）．

[56] 李政，张文修，钟永红．我国上市公司信息披露违规预警模型的缺陷及修正［J］．当代经济科学，2006（2）．

[57] 梁杰，王璇，李进中．现代公司治理结构与会计舞弊关系的实证研究［J］．南开管理评论，2004（6）．

[58] 梁上坤，徐灿宇，王瑞华．和而不同以为治：董事会断裂带与公司违规行为［J］．世界经济，2020（6）．

[59] 刘君，王理平．基于概率神经网络的财务舞弊识别模型［J］．哈尔滨商业大学学报（社会科学版），2006（3）．

[60] 柳东林．"冰山理论"与海明威的小说创作［J］．东北师大学报（哲学社会科学版），2001（1）．

[61] 娄权．财务报告舞弊的四因子假说［J］．财会通讯，2004（7）．

[62] 陆超，王宸．经济政策不确定性与公司违规行为［J］．中南财经政法大学学报，2022（3）．

[63] 陆蓉，常维．近墨者黑：上市公司违规行为的"同群效应"［J］．金融研究，2018（8）．

[64] 陆瑶，胡江燕．CEO与董事间"老乡"关系对公司违规行为的影响研究［J］．南开管理评论，2016，19（2）．

[65] 陆瑶，朱玉杰，胡晓元．机构投资者持股与上市公司违规行为的实证研究［J］．南开管理评论，2012，15（1）．

[66] 马奔，杨耀武．视而不见？证券分析师与上市公司欺诈关系研究：基于考虑部分可观测的 Bivariate Probit 估计［J］．南开经济研究，2020（2）．

[67] 马晨，张俊瑞．基于舞弊三因素的上市公司违规判别研究［J］．科研管理，2011，32（9）．

[68] 蒙肖莲，李金林，杨毓．基于概率神经网络的欺诈性财务报告的识别研究［J］．数理统计与管理，2009，28（1）．

[69] 孟庆斌，李昕宇，蔡欣园．公司战略影响公司违规行为吗？［J］．南开管理评论，2018，21（3）．

[70] 孟庆斌，邹洋，侯德帅．卖空机制能抑制上市公司违规吗？［J］．

经济研究，2019，54（6）．

[71] 牟卫卫，刘克富．金融科技发展能抑制公司违规吗？[J]．山西财经大学学报，2021，43（9）．

[72] 钱苹，罗玫．中国上市公司财务造假预测模型 [J]．会计研究，2015（7）．

[73] 乔菲，文雯，徐经长．纵向兼任高管能抑制公司违规吗？[J]．经济管理，2021，43（5）．

[74] 秦江萍．上市公司会计舞弊：国外相关研究综述与启示 [J]．会计研究，2005（6）．

[75] 綦好东．会计舞弊的经济解释 [J]．会计研究，2002（8）．

[76] 屈文洲，蔡志岳．我国上市公司信息披露违规的动因实证研究 [J]．中国工业经济，2007（4）．

[77] 权小锋，肖斌卿，尹洪英．投资者关系管理能够抑制企业违规风险吗：基于 A 股上市公司投资者关系管理的综合调查 [J]．财经研究，2016，42（5）．

[78] 尚娥，雷蕾．冰山理论在个性化护理服务中的应用 [J]．中国老年保健医学，2010（10）．

[79] 盛来运．中国农村劳动力外出的影响因素分析 [J]．中国农村观察，2007（3）．

[80] 沈乐平，黄维民，饶天贵．基于支持向量机的上市公司违规预警模型研究 [J]．中大管理研究，2008，3（2）．

[81] 苏欣．公司管理层舞弊治理优选路径：法审计机理及实现 [J]．经济问题，2016（8）．

[82] 汤谷良，朱蕾．公司治理与经营模式的缺陷是美国公司会计欺诈的根源 [J]．北京工商大学学报（社会科学版），2003（1）．

[83] 谭青，龙月娥．现金流量表舞弊手法及其防范 [J]．财会月刊，2010（19）．

[84] 滕飞，辛宇，顾小龙．产品市场竞争与上市公司违规 [J]．会计研究，2016（9）．

［85］万良勇，邓路，郑小玲．网络位置、独立董事治理与公司违规：基于部分可观测 Bivariate Probit 模型［J］．系统工程理论与实践，2014，34（12）．

［86］汪昌云，孙艳梅．代理冲突、公司治理和上市公司财务欺诈的研究［J］．管理世界，2010（7）．

［87］汪寿阳，敖敬宁，乔晗，等．基于知识管理的商业模式冰山理论［J］．管理评论，2015（6）．

［88］王兵，何依，吕梦．CFO 薪酬溢价和公司财务违规［J］．审计研究，2019（2）．

［89］王菁华．彩票文化能够影响企业财务违规行为吗：来自地区彩票消费的证据［J］．审计与经济研究，2021（6）．

［90］王可第，武晨．高收费与高违规之谜：基于审计师与经理人共生博弈的解释［J］．山西财经大学学报，2021，43（5）．

［91］王伊攀，朱晓满．政府大客户能够制约上市公司违规吗？［J］．上海财经大学学报，2022，24（3）．

［92］王泽霞，梅伟林．中国上市公司管理舞弊重要红旗标志之实证研究［J］．杭州电子科技大学学报（社会科学版），2006，2（3）．

［93］王泽霞，沈佳翔，甘道武．上市公司管理舞弊风险因子探索：基于问卷调查与因子分析［J］．会计之友，2014（1）．

［94］韦琳，徐立文，刘佳．上市公司财务报告舞弊的识别：基于三角形理论的实证研究［J］．审计研究，2011（2）．

［95］文雯，乔菲．“国家队”持股与公司违规［J］．管理科学，2021，34（4）．

［96］吴革，叶陈刚．财务报告舞弊的特征指标研究：来自 A 股上市公司的经验数据［J］．审计研究，2008（6）．

［97］吴世农，陈韫妍，王建勇，等．反腐倡廉、社会资本与公司违规：基于我国反腐建设的一个准自然实验［J］．厦门大学学报（哲学社会科学版），2021（4）．

［98］吴联生．企业会计信息违法性失真的责任合约安排［J］．经济研

究，2001（2）．

[99] 吴联生．会计信息失真的"三分法"：理论框架与证据 [J]．会计研究，2003（1）．

[100] 吴芃，卢珊，杨楠．财务舞弊视角下媒体关注的公司治理角色研究 [J]．中央财经大学学报，2019（3）．

[101] 徐静，李俊林，唐少清．上市公司财务异常与舞弊疑点检测研究 [J]．中国软科学，2021（12）．

[102] 姚宏，李延喜，高锐．基于主成分分析的上市公司利润操纵识别模型 [J]．管理科学，2007（10）．

[103] 阎达五，王建英．上市公司利润操纵行为的财务指标特征研究 [J]．财务与会计，2001（10）．

[104] 阎长乐．上市公司的会计舞弊分析 [J]．管理世界，2004（4）．

[105] 杨贵军，周亚梦，孙玲莉，等．基于 Benford 律的 Logistic 模型及其在财务舞弊识别中的应用 [J]．统计与信息论坛，2019，34（8）．

[106] 杨清香，俞麟，陈娜．董事会特征与财务舞弊：来自中国上市公司的经验证据 [J]．会计研究，2009（7）．

[107] 杨雄胜．会计诚信问题的理性思考 [J]．会计研究，2002（3）．

[108] 杨大楷．基于公司治理的财务报告舞弊研究 [J]．财贸经济，2009（5）．

[109] 叶康涛，刘金洋．非财务信息与企业财务舞弊行为识别 [J]．会计研究，2021（9）．

[110] 叶钦华，叶凡，黄世忠．财务舞弊识别框架构建：基于会计信息系统论及大数据视角 [J]．会计研究，2022（3）．

[111] 叶钦华，黄世忠，叶凡，等．严监管下的财务舞弊分析：基于 2020—2021 年的舞弊样本 [J]．财会月刊，2022（13）．

[112] 叶宗裕．关于多指标综合评价中指标正向化和无量纲化方法的选择 [J]．浙江统计，2003（4）．

[113] 于瑶，祁怀锦．混合所有制与民营经济健康发展：基于企业违规视角的研究 [J]．财经研究，2022，48（3）．

[114] 于跃浠，金树颖，牛择贤．基于模糊粗糙集的上市公司财务报告舞弊识别研究 [J]．辽宁工业大学学报（自然科学版），2011，31（6）．

[115] 袁芳英，朱晴．分析师关注会减少上市公司违规行为吗：基于信息透明度的中介效应 [J]．湖南农业大学学报（社会科学版），2022，23（1）．

[116] 袁先智，周云鹏，严诚幸，等．财务欺诈风险特征筛选框架的建立和应用 [J]．中国管理科学，2021（5）．

[117] 岳殿民，韩传模，吴晓丹．中国上市公司会计舞弊方式实证研究 [J]．审计研究，2009（5）．

[118] 岳殿民，吴晓丹，韩传模，等．基于 Logistic 方法的上市公司会计舞弊检测研究 [J]．经济与管理研究，2012（2）．

[119] 岳殿民，李雅欣．法律背景独立董事声誉、法律环境与企业违规行为 [J]．南方金融，2020（2）．

[120] 张曾莲，高雅．财务舞弊识别模型构建及实证检验 [J]．统计与决策，2017（9）．

[121] 张曾莲，施雯．资本市场国际化能抑制公司违规吗：基于 A 股纳入明晟（MSCI）新兴市场指数的准自然实验 [J]．证券市场导报，2021（12）．

[122] 张然，陈思，雷羽．SEC 意见信与财务造假：基于中概股危机的实证分析 [J]．会计研究，2015（7）．

[123] 张昕．中国亏损上市公司第四季度盈余管理的实证研究 [J]．会计研究，2008（4）．

[124] 张新民，葛超，杨道广，等．税收规避、内部控制与会计欺诈 [J]．中国会计评论，2021，19（1）．

[125] 张学志，李灿权，周梓洵．员工持股计划、内部监督与企业违规 [J]．世界经济，2022（3）．

[126] 章美珍．财务报告舞弊端倪甄别及治理对策 [J]．当代财经，2002（5）．

[127] 赵鹏举，刘力钢，邵剑兵．家族企业二代亲缘关系对企业违规行为的影响 [J]．北京工业大学学报（社会科学版），2022（6）．

[128] 赵德武，马永强．管理层舞弊、审计失败与审计模式重构：论治理系统基础审计 [J]．会计研究，2006（4）．

[129] 曾月明，宋新平，葛文雷．财务报告舞弊可能性识别的实证研究 [J]．经济管理，2007（22）．

[130] 中国注册会计师协会．审计技术提示第 1 号：财务欺诈风险 [N]．中国证券报，2002-08-01（6）．

[131] 周静怡，刘伟，陈莹．审计师行业专长与公司违规：监督还是合谋? [J]．财贸研究，2022（3）．

[132] 周开国，应千伟，钟畅．媒体监督能够起到外部治理的作用吗：来自中国上市公司违规的证据 [J]．金融研究，2016（6）．

[133] 周卫华，翟晓风，谭皓威．基于 XGBoost 的上市公司财务舞弊预测模型研究 [J]．数量经济技术经济研究，2022（7）．

[134] 朱国泓．上市公司财务报告舞弊的二元治理：激励优化与会计控制强化 [J]．管理世界，2001（4）．

[135] 朱荣恩，贺欣．内部控制框架的新发展：企业风险管理框架 [J]．审计研究，2003（6）．

[136] 邹洋，张瑞君，孟庆斌，等．资本市场开放能抑制上市公司违规吗：来自"沪港通"的经验证据 [J]．中国软科学，2019（8）．

其他

[1] 黄钟．内生性问题及其产生原因 [EB/OL]．（2020-03-03）[2023-03-16]．https://zhuanlan.zhihu.com/p/110645711.

[2] 娄权．财务报告舞弊四因子假说及其实证检验 [D]．厦门：厦门大学，2004.

[3] 佚名．预付账款审计底稿常见的关注点 [EB/OL]．（2019-08-09）[2022-01-27]．https://zhuanlan.zhihu.com/p/77418273.

二、英文文献

专著

[1] ALBRECHT W S, WERNZ G W, WILLIAMS T L. Fraud: bringing light

to the dark side of business [M] . New York: Irwin Professional Pub, 1995.

[2] BOLOGNA G J, LINDQUIST R J, WELLS J T. The accountant's hand-book of fraud and commercial crime [M] . New York: John Wiley Inc, 1993.

[3] BOLOGNA G J, LINDQUIST R J. Fraud auditing and forensic accounting: New tools and techniques [M] . New York: John Wiley & Sons Inc, 1995.

[4] CRESSEY D R. Other people's money: The social psychology of embez-zlement [M] . New York, NY: The Free Press, 1953.

[5] KRANACHER M J, RILEY R A , WELLS J T. Forensic accounting and fraud examination [M] . New York: John Wiley and Sons, Inc, 2011.

期刊

[1] ALBRECHT W S, ROMNEY M B. Red-flagging management fraud: A validation [J] . Advances in Accounting, 1986 (3) .

[2] ASHBAUGH - SKAIFEH, COLLINS D W, KINNEY W R. The Discovery and Reporting of Internal Control Deficiencies Prior to SOX-Mandated Au-dits [J] . Journal of Accounting and Economics, 2007, 44 (1-2) .

[3] BALL R, BROWN P. An empirical evaluation of accounting income num-bers [J] . Journal of Accounting Research, 1968, 6 (6) .

[4] BELL T B, CARCELLO J V. A decision aid for assessing the likelihood of fraudulent financial reporting [J] . Auditing: A Journal of Practice & Theory, 2000, 19 (1) .

[5] BENEISH M D. Detecting GAAP violation: Implications for assessing earnings management among firms with extreme financial performance [J] . Journal of Accounting and Public Policy, 1997, 16 (3) .

[6] BENEISH M D. The detection of earnings manipulation. [J] . Financial Analysts Journal, 1999, 55 (5) .

[7] BOTOSAN C A. Disclosure level and the cost of equity capital [J] . The Accounting Review, 1997, 72 (3) .

[8] CRESSEY D R. The criminal violation of financial trust [J] . American Sociological Review, 1950, 15 (6) .

［9］DECHOW P M, SLOAN R G, SWEENEY A P. Causes and consequences of earnings manipulation: An analysis of firms subject to enforcement actions by the SEC ［J］. Contemporary Accounting Research, 1996, 13 (1).

［10］DECHOW P M, SLOAN R G, SWEENEY A P. Detecting earnings management ［J］. The Accounting Review, 1995, 70 (2).

［11］DECHOW P M, GE W, LARSON C R, et al. Predicting material accounting misstatements ［J］. Contemporary Accounting Research, 2011, 28 (1).

［12］DORMINEY J, FLEMING A S, KRANACHER M J, et al. The evolution of fraud theory ［J］. Issues in Accounting Education, 2012, 27 (2).

［13］FANNING K M, COGGER K O. Neural network detection of management fraud using published financial data ［J］. International Journal of Intelligent Systems in Accounting, Finance and Management, 1998, 7 (1).

［14］GBEGI D O, ADEBISI J F. The new fraud diamond model: How can it help forensic accountants in fraud investigation in Nigeria? ［J］. European Journal of Accounting Auditing and Finance Research, 2013, 1 (4).

［15］GREEN B P, CHOI J H. Assessing the risk of management fraud through neural network technology ［J］. Auditing, 1997, 16 (1).

［16］HAJEK P, HENRIQUES R. Mining corporate annual reports for intelligent detection of financial statement fraud: A comparative study of machine learning methods ［J］. Knowledge-Based Systems, 2017, 128 (7).

［17］JENSEN M C, MECKLING W H. Theory of the firm: Managerial behavior, agency costs and ownership structure ［J］. Journal of Financial Economics, 1976, 3 (4).

［18］JONES J. Earnings management during import relief investigation ［J］. Journal of Accounting Research, 1991, 29 (2).

［19］KASSEM R, HIGSON A. The new fraud triangle model ［J］. Journal of Emerging Trends in Economics and Management Sciences, 2012, 3 (3).

［20］KASSEM R. Exploring external auditors' perceptions of the motivations behind management fraud in Egypt - a mixed methods approach ［J］. Managerial

Auditing Journal, 2018, 33 (1) .

[21] KIRKOSA E, SPATHISB C, MANOLOPOULOSC Y. Data mining techniques for the detection of fraudulent financial statements [J] . Expert Systems with Applications, 2007, 32 (4) .

[22] KRANACHER M J, MORRIS B W, PEARSON T A, et al. A model curriculum for education in fraud and forensic accounting [J] . Issues in Accounting Education, 2008, 23 (4) .

[23] LEE T A, INGRAM R W, HOWARD T P. The difference between earnings and operating cash flow as an indicator of financial reporting fraud [J] . Contemporary Accounting Research, 1999, 16 (4) .

[24] LIN J W, HWANG M I, BECKER J D. A fuzzy neural network for assessing the risk of fraudulent financial reporting [J] . Managerial Auditing Journal, 2003, 18 (8) .

[25] LISTER L M. A practical approach to fraud risk [J] . Internal Auditor, 2007 (12) .

[26] MURDOCH H. The three dimensions of fraud [J] . Internal Auditor, 2008, 65 (4) .

[27] PERSONS O S. Using financial statement data to identify factors associated with fraudulent financial reporting [J] . Journal of Applied Business Research, 1995, 11 (3) .

[28] ROSNER R L. Earnings manipulation in failing firms [J] . Contemporary Accounting Research, 2003, 20 (2) .

[29] SKOUSEN C J, SMITH K R, WRIGHT C J. Detecting and predicting financial statement fraud: The effectiveness of the fraud triangle and SAS No. 99 [J] . Advances in Financial Economics, 2008, 13 (99) .

[30] SPATHIS C T. Detecting false financial statements using published data: some evidence from Greece [J] . Managerial Auditing Journal, 2002, 17 (4) .

[31] SUMMERS S L, SWEENEY J T. Fraudulently misstated financial statements and insider trading: An empirical analysis [J] . The Accounting Review,

1998, 73 (1).

[32] Treadway Committee. Fraud commission issues final report [J]. Journal of Accountancy, 1987 (11).

[33] TUGAS F C. Exploring a new element of fraud: A study on selected financial accounting fraud cases in the world [J]. American International Journal of Contemporary Research, 2012, 2 (6).

[34] WOLFE D T, HERMANSON D R. The fraud diamond: Considering the four elements of fraud [J]. The CPA Journal, 2004, 74 (12).

其他

[1] ALBRECHT W S, HOWE K R, ROMNEY M B. Deterring fraud: the internal auditor's perspective [R]. FLorida: Institute of Internal Auditors Research Foundation, 1984: 1-42.

[2] Auditing Standards Board. Statement on Auditing Standards No. 99: Consideration of Fraud in a Financial Statement Audit [S]. New York: AICPA, 2002.

[3] COSO. Internal Control - Integrated Framework [R]. Jersey City, NJ. COSO, 1992.

[4] HOWARD T P, INGRAM R W. Don't forget cash flow [R]. Austin: The Association of Certified Fraud Examiners' and Assurance, 1996.

[5] International Auditing and Assurance Standards Board. International Standard on Auditing No. 240: the Auditor's responsibilities relating to fraud in an audit of financial statements [S]. London: IAASB 2009.

[6] MOERLAND L. Incentiver for reporting on internal control: A study of internal control reporting practices in Finland, Norway, Sweden, The Netherlands and United Kingdom [D]. Maastricht: Maastricht University, 2007.

[7] TSENG C Y. Internal control, enterprise risk management, and firm performance [D]. Washington, D. C.: University of Maryland, College Park, 2007.

附　录

附表　2017 年会计舞弊风险指数（部分）①

序	代码	指数	行业	实际控制人
1	600 ***	97. 7810	C26	其他
2	600 ***	86. 0689	C39	其他
3	600 ***	74. 5881	C39	其他
4	300 ***	72. 0438	C35	其他
5	002 ***	52. 3912	D44	其他
6	601 ***	51. 9481	C34	其他
7	002 ***	49. 9487	E48	政府
8	000 ***	49. 2445	C38	其他
9	600 ***	43. 9134	C30	其他
10	002 ***	43. 3420	C35	其他
11	600 ***	42. 9205	C36	政府
12	600 ***	42. 7988	F51	其他
13	600 ***	40. 9439	C38	其他
14	000 ***	40. 3397	C29	其他
15	000 ***	38. 7108	C37	其他
16	000 ***	38. 3168	C38	政府

---

① 表中隐去了公司代码和名称。实际控制人包括国家及地方政府、其他（企事业集体、个人及无实际控制人）。

序	代码	指数	行业	实际控制人
17	600 ***	38. 1386	F51	其他
18	002 ***	37. 5765	C27	其他
19	000 ***	34. 5120	C32	其他
20	300 ***	34. 2351	I64	其他
21	600 ***	33. 5056	C39	其他
22	000 ***	33. 1339	B09	其他
23	600 ***	31. 5132	C15	政府
24	000 ***	31. 4122	C30	其他
25	600 ***	31. 1896	C31	政府
26	300 ***	31. 1506	I64	其他
27	600 ***	30. 9510	D44	其他
28	600 ***	30. 6630	C39	其他
29	002 ***	30. 6357	C27	其他
30	000 ***	30. 4725	I65	其他
31	600 ***	30. 3540	F51	其他
32	000 ***	29. 4738	F51	政府
33	300 ***	28. 5446	C35	其他
34	002 ***	27. 9231	I65	其他
35	300 ***	27. 4323	C13	其他
36	600 ***	27. 4271	G54	政府
37	600 ***	27. 2158	K70	其他
38	600 ***	26. 8223	C26	其他
39	002 ***	26. 2311	C40	其他
40	600 ***	24. 9688	I65	其他
41	000 ***	24. 8910	S90	其他
42	002 ***	24. 8184	B11	其他
43	002 ***	24. 8127	I65	其他

序	代码	指数	行业	实际控制人
44	300 ***	24.7801	C38	政府
45	002 ***	24.7537	L72	其他
46	600 ***	24.6954	C15	其他
47	600 ***	24.2298	C27	其他
48	300 ***	24.2098	I64	其他
49	600 ***	23.9108	C13	其他
50	600 ***	23.6187	C27	其他
51	000 ***	23.1876	L72	其他
52	000 ***	23.1201	N78	政府
53	002 ***	23.1048	I64	其他
54	000 ***	22.9052	C35	其他
55	600 ***	22.8078	C34	政府
56	000 ***	22.7439	C38	其他
57	000 ***	22.3972	C26	政府
58	000 ***	22.3433	C15	其他
59	600 ***	22.0763	F51	政府
60	000 ***	21.8743	R86	其他
61	002 ***	21.8072	C38	其他
62	002 ***	21.1731	C17	其他
63	000 ***	20.8969	E48	其他
64	601 ***	20.8406	C31	其他
65	600 ***	20.7659	B09	其他
66	600 ***	20.7207	L72	其他
67	000 ***	20.6723	F51	其他
68	000 ***	20.6295	C26	其他
69	600 ***	20.6019	I64	其他
70	600 ***	20.5033	E50	其他

序	代码	指数	行业	实际控制人
71	000 ***	20. 2438	C36	其他
72	600 ***	20. 2238	G54	其他
73	002 ***	19. 9215	C38	其他
74	603 ***	19. 8139	F51	其他
75	600 ***	19. 3261	C25	政府
76	600 ***	19. 1824	I65	其他
77	002 ***	19. 0150	C34	其他
78	000 ***	18. 9857	C36	其他
79	000 ***	18. 9455	G54	政府
80	300 ***	18. 7876	C36	其他
81	600 ***	18. 4418	C38	政府
82	000 ***	18. 4339	K70	其他
83	300 ***	18. 4195	C39	其他
84	000 ***	18. 1695	K70	其他
85	300 ***	18. 0369	C40	其他
86	000 ***	17. 9460	C39	政府
87	600 ***	17. 8524	G59	政府
88	000 ***	17. 5601	K70	其他
89	600 ***	17. 2785	Q83	其他
90	000 ***	17. 2520	R87	其他
91	600 ***	17. 1320	C14	其他
92	603 ***	17. 0397	N78	政府
93	000 ***	17. 0145	K70	政府
94	600 ***	16. 9789	C27	其他
95	600 ***	16. 9515	I65	其他
96	600 ***	16. 7273	R86	其他
97	300 ***	16. 6572	C39	其他

序	代码	指数	行业	实际控制人
98	600 ∗∗∗	16.5100	C30	政府
99	000 ∗∗∗	16.4447	B08	政府
100	600 ∗∗∗	16.4233	C18	其他
101	002 ∗∗∗	16.3931	C35	其他
102	002 ∗∗∗	16.3505	C27	其他
103	000 ∗∗∗	16.1749	C35	其他
104	002 ∗∗∗	16.0946	C39	其他
105	600 ∗∗∗	16.0417	C33	其他
106	603 ∗∗∗	16.0159	C38	其他
107	600 ∗∗∗	15.8956	K70	其他
108	300 ∗∗∗	15.8552	C40	政府
109	002 ∗∗∗	15.8119	C13	其他
110	603 ∗∗∗	15.7563	C32	其他
111	600 ∗∗∗	15.6153	I65	其他
112	300 ∗∗∗	15.5914	C34	其他
113	600 ∗∗∗	15.5843	C39	其他
114	600 ∗∗∗	15.5328	M73	其他
115	600 ∗∗∗	15.4767	C41	其他
116	603 ∗∗∗	15.4651	C33	其他
117	300 ∗∗∗	15.3842	C35	其他
118	601 ∗∗∗	15.3504	G54	其他
119	000 ∗∗∗	15.3257	D46	其他
120	300 ∗∗∗	15.3088	C35	其他
121	000 ∗∗∗	15.2154	C36	其他
122	002 ∗∗∗	15.0819	C29	其他
123	600 ∗∗∗	14.9405	C38	其他
124	300 ∗∗∗	14.9227	C29	其他

序	代码	指数	行业	实际控制人
125	600 ***	14.7866	C26	政府
126	000 ***	14.6309	K70	其他
127	000 ***	14.5631	I64	政府
128	600 ***	14.4863	C27	政府
129	000 ***	14.3784	C17	其他
130	000 ***	14.3653	M75	政府
131	000 ***	14.0863	C27	其他
132	002 ***	14.0711	E50	其他
133	002 ***	13.9944	I64	其他
134	600 ***	13.9702	K70	其他
135	000 ***	13.9643	D44	政府
136	002 ***	13.9355	C26	其他
137	002 ***	13.8685	L72	其他
138	002 ***	13.8482	C32	其他
139	300 ***	13.6973	C34	其他
140	600 ***	13.6282	C26	政府
141	000 ***	13.6193	C26	其他
142	002 ***	13.6059	E48	其他
143	000 ***	13.6021	C39	政府
144	002 ***	13.5991	C18	其他
145	600 ***	13.4849	F52	其他
146	002 ***	13.4504	A02	政府
147	002 ***	13.4075	G54	其他
148	002 ***	13.3359	C38	其他
149	002 ***	13.2986	C28	其他
150	600 ***	13.2115	D44	政府
151	000 ***	13.1564	C36	其他

续表

序	代码	指数	行业	实际控制人
152	002***	13.0726	C14	政府
153	000***	12.9840	C27	其他
154	002***	12.9471	C34	其他
155	300***	12.9069	C34	其他
156	002***	12.8848	C34	其他
157	300***	12.8745	I65	其他
158	600***	12.8312	I65	其他
159	600***	12.8023	D46	政府
160	600***	12.7837	R86	政府
161	600***	12.7397	C37	政府
162	600***	12.7340	C36	其他
163	600***	12.7296	C18	其他
164	300***	12.7032	A01	其他
165	600***	12.6940	S90	其他
166	002***	12.6042	C34	其他
167	300***	12.5761	I64	其他
168	600***	12.4676	B07	其他
169	600***	12.2903	C39	其他
170	000***	12.2846	C39	其他
171	600***	12.2736	C27	其他
172	600***	12.1947	C30	其他
173	600***	12.0907	C38	政府
174	600***	12.0509	R86	其他
175	600***	12.0404	C22	其他
176	600***	12.0051	B09	其他
177	000***	11.9716	C26	其他
178	000***	11.9650	D45	政府

续表

序	代码	指数	行业	实际控制人
179	002 ***	11.9526	C13	其他
180	600 ***	11.8598	C37	政府
181	300 ***	11.8552	C27	其他
182	600 ***	11.7805	K70	其他
183	600 ***	11.7634	K70	其他
184	002 ***	11.7335	I64	其他
185	600 ***	11.6886	C18	其他
186	300 ***	11.5983	I65	其他
187	600 ***	11.5347	A01	政府
188	600 ***	11.3864	G54	政府
189	002 ***	11.3036	C13	其他
190	000 ***	11.1925	C26	其他
191	000 ***	11.1618	E50	其他
192	600 ***	11.1499	C27	其他
193	000 ***	11.1000	C15	其他
194	002 ***	11.0900	C14	其他
195	000 ***	11.0721	C27	其他
196	600 ***	11.0608	C39	其他
197	600 ***	10.9910	K70	其他
198	000 ***	10.9819	C27	其他
199	002 ***	10.9118	F52	其他
200	002 ***	10.8489	C27	其他
201	600 ***	10.8177	G60	其他
202	600 ***	10.8101	F51	政府
203	300 ***	10.7869	N77	其他
204	300 ***	10.7727	C26	其他
205	600 ***	10.4495	F51	其他

序	代码	指数	行业	实际控制人
206	600 ***	10. 4162	C32	其他
207	002 ***	10. 4026	C26	其他
208	002 ***	10. 3476	F52	其他
209	600 ***	10. 3283	C26	政府
210	600 ***	10. 3209	C14	其他
211	300 ***	10. 3012	C29	其他
212	002 ***	10. 2479	C38	其他
213	002 ***	10. 1748	C26	其他
214	000 ***	10. 0864	C27	其他
215	300 ***	10. 0828	C35	其他
216	600 ***	10. 0413	I64	其他
217	002 ***	10. 0390	K70	其他
218	000 ***	10. 0294	C39	政府
219	002 ***	9. 9906	C27	其他
220	300 ***	9. 9465	C38	其他
221	002 ***	9. 9383	L72	其他
222	600 ***	9. 9141	F52	政府
223	600 ***	9. 8855	C35	政府
224	000 ***	9. 8663	C17	其他
225	300 ***	9. 8637	C27	其他
226	600 ***	9. 8389	A01	政府
227	002 ***	9. 7278	B11	其他
228	600 ***	9. 7240	C30	其他
229	600 ***	9. 7172	F51	其他
230	000 ***	9. 6784	C15	政府
231	600 ***	9. 6671	B07	其他
232	300 ***	9. 6386	C19	其他

序	代码	指数	行业	实际控制人
233	000 ***	9.6300	C33	其他
234	002 ***	9.6233	C14	其他
235	603 ***	9.5847	B11	其他
236	603 ***	9.5751	C22	其他
237	002 ***	9.5737	C39	其他
238	600 ***	9.5663	C36	政府
239	002 ***	9.4501	D45	其他
240	600 ***	9.4428	C32	政府
241	000 ***	9.4266	C14	其他
242	300 ***	9.4182	C34	其他
243	002 ***	9.4109	C24	其他
244	002 ***	9.4054	C26	其他
245	603 ***	9.3878	E48	其他
246	300 ***	9.3861	C34	其他
247	002 ***	9.3687	C27	其他
248	300 ***	9.3028	I65	其他
249	300 ***	9.2368	M74	其他
250	300 ***	9.1929	C27	其他
251	600 ***	9.1873	N78	政府
252	002 ***	9.1516	K70	政府
253	000 ***	9.1199	D45	其他
254	002 ***	9.1126	C29	其他
255	000 ***	9.0505	G54	政府
256	603 ***	9.0482	C30	其他
257	002 ***	9.0234	C29	其他
258	600 ***	8.9969	C31	政府
259	002 ***	8.9849	C26	其他

序	代码	指数	行业	实际控制人
260	300 ***	8.9834	R86	其他
261	603 ***	8.9720	I64	其他
262	603 ***	8.9283	C14	其他
263	300 ***	8.8686	I65	其他
264	600 ***	8.8493	C36	政府
265	000 ***	8.8142	C32	其他
266	002 ***	8.7731	C18	其他
267	600 ***	8.7264	C27	其他
268	603 ***	8.6633	L72	其他
269	002 ***	8.6544	C27	其他
270	603 ***	8.6092	E48	其他
271	600 ***	8.5996	C25	政府
272	002 ***	8.5537	E50	其他
273	002 ***	8.5467	C36	其他
274	000 ***	8.5394	R86	其他
275	600 ***	8.5325	C15	政府
276	300 ***	8.5108	F51	其他
277	300 ***	8.4880	C27	其他
278	000 ***	8.4862	K70	其他
279	603 ***	8.4664	C38	其他
280	600 ***	8.4499	E48	其他
281	300 ***	8.4010	I65	其他
282	603 ***	8.3825	G58	政府
283	300 ***	8.3601	C29	其他
284	600 ***	8.3554	C13	其他
285	002 ***	8.3202	C36	其他
286	600 ***	8.3016	G55	其他

续表

序	代码	指数	行业	实际控制人
287	000 ***	8.2999	C39	其他
288	600 ***	8.2949	B09	其他
289	000 ***	8.2544	C34	政府
290	000 ***	8.2355	C33	政府
291	300 ***	8.2198	I65	其他
292	300 ***	8.2134	C33	其他
293	600 ***	8.2089	A01	政府
294	600 ***	8.2060	C38	政府
295	300 ***	8.1033	C39	其他
296	000 ***	8.0998	Q83	其他
297	002 ***	8.0984	G60	其他
298	600 ***	8.0906	C37	政府
299	000 ***	8.0480	C27	其他
300	000 ***	8.0424	L72	政府
301	002 ***	7.9782	C39	其他
302	002 ***	7.9338	C27	其他
303	600 ***	7.9235	C36	政府
304	000 ***	7.9076	H61	政府
305	600 ***	7.9016	F52	政府
306	002 ***	7.8258	C38	其他
307	000 ***	7.8119	H61	政府
308	300 ***	7.7486	N77	其他
309	000 ***	7.7473	C26	政府
310	603 ***	7.7384	D46	政府
311	002 ***	7.7352	C39	其他
312	000 ***	7.7028	K70	其他
313	002 ***	7.6443	C38	其他

续表

序	代码	指数	行业	实际控制人
314	000 ***	7.6368	C28	其他
315	000 ***	7.5185	C36	政府
316	601 ***	7.4726	C32	其他
317	002 ***	7.4666	H62	其他
318	600 ***	7.4243	C27	其他
319	002 ***	7.3864	M74	其他
320	002 ***	7.3844	C39	其他
321	300 ***	7.3840	I64	其他
322	603 ***	7.3625	C27	其他
323	000 ***	7.3387	C13	政府
324	000 ***	7.3309	C27	其他
325	002 ***	7.3108	C27	其他
326	300 ***	7.2263	C35	其他
327	600 ***	7.1888	D44	政府
328	002 ***	7.1741	C32	其他
329	300 ***	7.1248	E50	其他
330	000 ***	7.1239	C27	其他
331	000 ***	7.1231	N77	其他
332	600 ***	7.0401	S90	其他
333	600 ***	7.0196	C36	政府
334	600 ***	7.0083	C14	其他
335	002 ***	6.9887	B11	其他
336	600 ***	6.9771	C27	其他
337	600 ***	6.9719	F51	政府
338	300 ***	6.9705	C39	其他
339	002 ***	6.9597	C34	其他
340	600 ***	6.9170	C15	其他

序	代码	指数	行业	实际控制人
341	300 ***	6.9063	C35	其他
342	000 ***	6.8467	E48	政府
343	600 ***	6.8297	C14	政府
344	002 ***	6.8062	K70	其他
345	000 ***	6.7691	C17	其他
346	000 ***	6.7602	C33	其他
347	002 ***	6.7577	C30	其他
348	000 ***	6.7132	C28	其他
349	000 ***	6.6982	K70	其他
350	000 ***	6.6434	C13	政府
351	002 ***	6.6296	C30	其他
352	600 ***	6.5949	C26	其他
353	300 ***	6.5823	C35	其他
354	000 ***	6.5363	C28	政府
355	002 ***	6.5115	C37	其他
356	300 ***	6.5113	I65	其他
357	000 ***	6.5095	C28	其他
358	000 ***	6.4951	D44	政府
359	000 ***	6.4803	C35	其他
360	300 ***	6.4496	N77	其他
361	000 ***	6.3997	F52	政府
362	000 ***	6.3949	K70	其他
363	600 ***	6.3808	B08	其他
364	600 ***	6.3759	D45	其他
365	002 ***	6.3546	C29	其他
366	300 ***	6.3358	I65	其他
367	002 ***	6.3167	C18	其他

续表

序	代码	指数	行业	实际控制人
368	300 ***	6. 2878	C29	其他
369	000 ***	6. 2868	C26	其他
370	000 ***	6. 2840	C34	政府
371	000 ***	6. 2678	K70	其他
372	300 ***	6. 2607	C35	其他
373	300 ***	6. 2583	F51	其他
374	300 ***	6. 2178	C39	其他
375	300 ***	6. 2152	C33	其他
376	002 ***	6. 1657	C40	其他
377	002 ***	6. 1613	C29	其他
378	002 ***	6. 1584	C33	其他
379	002 ***	6. 1471	C27	其他
380	000 ***	6. 1009	C39	其他
381	600 ***	6. 0987	C39	政府
382	000 ***	6. 0929	C39	其他
383	600 ***	6. 0863	D45	其他
384	300 ***	6. 0824	A03	政府
385	300 ***	6. 0249	C26	其他
386	600 ***	6. 0184	C39	其他
387	600 ***	6. 0156	C34	政府
388	600 ***	6. 0033	C27	其他
389	300 ***	5. 9964	C35	其他
390	002 ***	5. 9958	F51	其他
391	300 ***	5. 9924	M74	其他
392	002 ***	5. 9867	C18	其他
393	000 ***	5. 9622	C22	政府
394	603 ***	5. 9537	C21	其他

续表

序	代码	指数	行业	实际控制人
395	600 ***	5.9302	F52	其他
396	000 ***	5.9209	C29	政府
397	603 ***	5.9119	C30	其他
398	600 ***	5.9081	C14	政府
399	600 ***	5.8959	C32	政府
400	000 ***	5.8851	C26	其他
……	……	……	……	……
3014	603 ***	0	C26	政府
3015	603 ***	0	C39	其他
3016	603 ***	0	C35	其他
3017	603 ***	0	C38	其他
3018	603 ***	0	C39	其他
3019	603 ***	0	I65	其他
3020	603 ***	0	B09	其他
3021	603 ***	0	C36	其他
3022	603 ***	0	C27	其他
3023	603 ***	0	R85	政府